Diercke
Spezial

Angloamerika

Autoren:
Klaus Claaßen
Thilo Girndt
Dr. Wilfried Hoppe
Stefan Müller
Rainer Starke
unter Mitwirkung der Verlagsredaktion

westermann

Ⓩ Zusatzaufgaben
Die Aufgaben festigen das vorhandene Wissen und können
zusätzlich zu den anderen Aufgaben bearbeitet werden.
* Ein* hinter einem Begriff weist darauf hin, dass sich ein erläuternder
Text im Glossar am Ende des Buches befindet.

Titelbild: Suburbane Siedlung in Houston (Texas)

westermann GRUPPE

© 2020 Bildungshaus Schulbuchverlage
Westermann Schroedel Diesterweg Schöningh Winklers GmbH, Braunschweig
www.westermann.de

Das Werk und seine Teile sind urheberrechtlich geschützt. Jede Nutzung in anderen als den gesetzlich zugelassenen bzw. vertraglich zugestandenen Fällen bedarf der vorherigen schriftlichen Einwilligung des Verlages. Nähere Informationen zur vertraglich gestatteten Anzahl von Kopien finden Sie auf www.schulbuchkopie.de.

Für Verweise (Links) auf Internet-Adressen gilt folgender Haftungshinweis: Trotz sorgfältiger inhaltlicher Kontrolle wird die Haftung für die Inhalte der externen Seiten ausgeschlossen. Für den Inhalt dieser externen Seiten sind ausschließlich deren Betreiber verantwortlich. Sollten Sie daher auf kostenpflichtige, illegale oder anstößige Inhalte treffen, so bedauern wir dies ausdrücklich und bitten Sie, uns umgehend per E-Mail davon in Kenntnis zu setzen, damit beim Nachdruck der Verweis gelöscht wird.

Druck A^2 / Jahr 2021
Alle Drucke der Serie A sind im Unterricht parallel verwendbar.

Redaktion: Thilo Girndt
Druck und Bindung: Westermann Druck GmbH, Braunschweig

ISBN 978-3-14-**151648**-7

Inhaltsverzeichnis

1 BEVÖLKERUNG UND NATURRAUM — 5

1.1 USA – „Aus vielen Eins" — 6
1.2 Kanada – „Von Meer zu Meer" — 8
1.3 Die Rolle der USA in der Welt — 10
1.4 Die Erschließung der USA — 12
1.5 Melting Pot oder Salad Bowl? — 14
1.6 Illegale Einwanderung in die USA — 16
1.7 Soziale Ungleichheit und ethnische Segregation — 18
1.8 Die indigene Bevölkerung Nordamerikas — 20
1.9 Naturräumliche Gliederung: Relief und Klima — 22
1.10 Naturrisiken und -katastrophen — 24
1.11 Klimawandelfolgen in den USA — 26
1.12 Klimawandel in der Polarregion — 28
Zusammenfassung, weiterführende Literatur/Internetlinks — 30

2 LANDWIRTSCHAFT UND UMWELT — 31

2.1 USA – Exportweltmeister für Agrarprodukte — 32
2.2 Räumliche Struktur der US-amerikanischen Landwirtschaft — 34
2.3 Die Entwicklung der US-amerikanischen Family Farm — 36
2.4 Agrobusiness: Rindermast in Feedlots — 38
2.5 Landwirtschaft in Kalifornien — 40
2.6 Probleme der durstigen Fruchtgärten in Kalifornien — 42
2.7 Neuer Trend: Biolandwirtschaft? — 44
2.8 Forst- und Holzwirtschaft in Kanada — 46
2.9 „Todeszone" im Golf von Mexiko — 48
2.10 Die automobile Nation — 50
Zusammenfassung, weiterführende Literatur/Internetlinks — 52

3 WIRTSCHAFT UND ENERGIE — 53

3.1 Weltwirtschaftsmacht USA — 54
3.2 Strukturwandel der Wirtschaft: IT statt Maschinen? — 56
3.3 Wirtschaftsräume in Angloamerika — 58
3.4 Automobilindustrie im Wandel — 60
3.5 Silicon Valley – vom Acker zum Innovationszentrum — 62
3.6 USA zwischen Globalisierung und Protektionismus — 64
3.7 USA – Energieverbraucher und Energieproduzent — 66
3.8 Fracking in North Dakota — 68
3.9 Ölsandförderung in Alberta (Kanada) — 70
3.10 Ölfördermaximum in Sicht? — 72
Zusammenfassung, weiterführende Literatur/Internetlinks — 74

4 STADT UND GESELLSCHAFT — 75

4.1 Höher und weiter – die nordamerikanische Stadt — 76
4.2 Funktionale Gliederung der nordamerikanischen Stadt — 78
4.3 Los Angeles – die Stadt der „tausend Vororte" — 80
4.4 Vom Trailer Park zur Gated Community — 82
4.5 Soziale und ethnische Segregation in Los Angeles — 84
4.6 Global City: New York City — 86
4.7 Gentrifizierung in New York Williamsburg — 88
4.8 Übungsklausur
„Vancouver – die lebenswerteste Stadt in Nordamerika" — 90
Zusammenfassung, weiterführende Literatur/Internetlinks — 92

ANHANG — 93

Angloamerika – Nordamerika – Amerika

Im Unterschied zu seinem Gegenstück Lateinamerika kommt uns „Angloamerika" („anglo" = englisch) nicht so leicht über die Lippen. Während die geographische Abgrenzung „Nordamerika" Mexiko und Grönland vereinnahmt, bleiben bei der sprachlichen Grenzziehung die USA und Kanada unter sich. Auch wenn das nur die halbe Wahrheit ist: Immerhin sprechen rund 30 Prozent der Kanadier Französisch (18 % ausschließlich) und gibt es in der Karibik, Mittel- und Südamerika eine ganze Reihe englischsprachiger Länder (z.B. Jamaika, Belize und Guyana).

Wir sprechen gern schlicht und einfach von „Amerika" und meinen die Vereinigten Staaten, sehr zum Ärgernis der anderen amerikanischen Länder. Diese sprachliche Vereinfachung ist wohl zum einen der Bedeutung der USA als militärische, politische und wirtschaftliche Großmacht in der Welt geschuldet, zum anderen der kulturellen und vielleicht auch emotionalen Nähe, die wir US-Amerika entgegenbringen. Wir Deutsche und Europäer mögen die Vereinigten Staaten nicht sonderlich (M 7, S. 11), und doch hat ihr Wirken einen erheblichen Einfluss auf unser Leben, sei es, dass wir Halloween feiern oder Instagram-Profile anlegen, sei es, dass wir ihre Sprache und Musik cool oder hip finden, oder sei es, dass wir Handel miteinander treiben und versuchen, gemeinsam die Welt zu befrieden.

Gliederung des Bandes

Der vorliegende Themenband stellt die USA in den Mittelpunkt, geht in allen Kapiteln aber auch immer wieder auf den Gesamtraum und speziell auf Kanada ein.

- Im ersten Kapitel werden nach einer kurzen Vorstellung der beiden Staaten die Erschließung des Raumes, Bevölkerung und Einwanderung sowie der Naturraum mit dem besonderen Fokus auf Naturrisiken und Klimawandel betrachtet.
- Im zweiten Kapitel geht es nicht nur um die Land- und Forstwirtschaft, sondern es werden auch einige Umweltfragestellungen analysiert.
- Das dritte Kapitel thematisiert die US-amerikanische und kanadische Wirtschaft, wobei dem Energiesektor ein besonderes Augenmerk geschenkt wird.
- Das vierte Kapitel widmet sich schließlich der Stadt. Dabei werden nicht nur die typischen Merkmale der nordamerikanischen Stadt vorgestellt, sondern auch die aktuellen gesellschaftlichen Prozesse in Städten einer näheren Betrachtung unterzogen.

Zur Konzeption der Reihe

Das vorliegende Konzept der Reihe Diercke Spezial stellt das selbstständige, problemorientierte Arbeiten und Lernen in den Vordergrund. Erklärende Autorentexte treten in diesem Konzept hingegen weitgehend zurück. Fertige Antworten wird man vergebens suchen. Es wird eine Vielzahl von Materialien wie Grafiken, Karten, Diagramme und Textquellen eingesetzt. So wird nicht nur Fachwissen vermittelt und räumliche Orientierung ermöglicht, sondern auch Methodenkompetenz angebahnt, Kommunikation angeregt und Beurteilungsfähigkeit gefördert.

Die doppelseitigen, aufgabengeleiteten Arbeitsseiten beginnen jeweils mit einer kurzen Einleitung in die Thematik und der Problematisierung. Die Erschließung des Themas ist an die Bearbeitung der Aufgaben gebunden, die mithilfe der Materialien dann in der Regel individuell oder kooperativ erfolgt. Webcodes führen zum Internetangebot schueler.diercke.de bzw. zu den Atlasseiten. Die ersten Doppelseiten eines Kapitels haben zudem die Aufgabe, in das Thema einzuführen und wichtige Frage aufzuwerfen.

Neben normalen thematischen Doppelseiten gibt es Sonderseiten mit Methodentrainings sowie einem Klausurtraining am Ende des Buches. Schließlich wird auf der jeweils letzten Seite das Kapitel inhaltlich zusammengefasst. Hinweise auf weiterführende Literatur und Internetlinks runden das Angebot ab. Neu eingeführte Fachbegriffe werden entweder an Ort und Stelle auf der jeweiligen Arbeitsseite oder im Glossar im Anhang (Hinweis *) erklärt. Mithilfe dieser Konzeption wird angestrebt, dass die Thematik des Bandes selbstständig im Sinne des entdeckenden Lernens erschlossen wird.

1 BEVÖLKERUNG UND NATURRAUM

Golfplatz in der Wüste bei Phoenix (Arizona)

1.1 USA – „Aus vielen Eins"

„E pluribus unum" („Aus vielen Eins"), so lautet das Staatsmotto der USA. Vielfältig ist der Naturraum mit Hoch-, Mittelgebirgen und Ebenen, von der polaren bis zur subtropischen Klimazone. Vielfältig ist die Zusammensetzung der Bevölkerung mit den Einwanderern aus Europa und Asien, den Afroamerikanern, den Hispanics* sowie den Native Americans. Wirtschaftlich und sozial treffen Hightech- und landwirtschaftlich strukturierte Regionen, Ballungsräume und nahezu menschenleere Gebiete, Millionäre und Menschen in bitterer Armut aufeinander.

Chief Arvol Looking Horse von der Great Sioux Nation
Einst gehörte ihnen der ganze Kontinent, heute leben viele der etwa zwei bis sechs Millionen Native Americans am Rande der Gesellschaft. Die meisten wohnen in Städten, da das Leben in den Reservaten von Armut und Perspektivlosigkeit geprägt ist.

Grand Canyon
Über Jahrmillionen hat der Colorado River sich in das Colorado Plateau eingefräst und die 450 km lange Schlucht und die tiefen Canyons geschaffen. Die steil aufragenden Felswände spiegeln die geologische Geschichte dieses Naturwunders wider.

Hollywood
Von den neun berühmten Buchstaben auf den Hollywood Hills schaut man nicht nur auf das Zentrum der US-amerikanischen Filmwirtschaft, sondern auch auf die schier endlose Stadtlandschaft von Los Angeles.

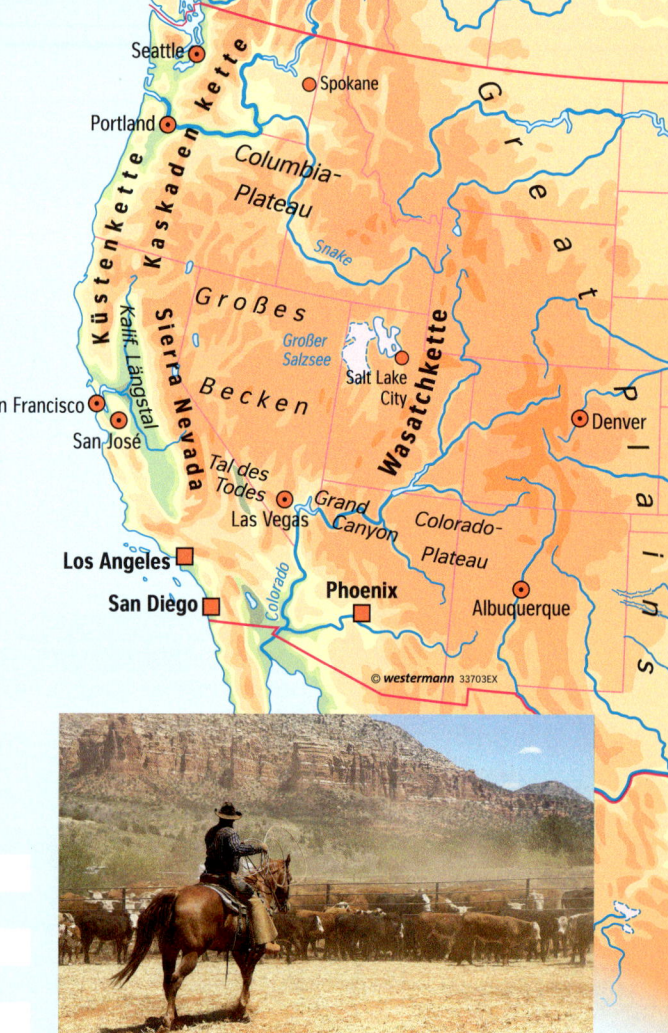

Fläche	9 833 517 km² (3.)	Staatsform	Föderale Republik
Einwohner	327 096 265 (3.)	Regierungssystem	Präsidialsystem
BIP	20 580 Mrd. US-$ (1.)	Hauptstadt	Washington D.C.
BIP/Ew.	62 869 US-$ (9.)	Währung	US-Dollar
Anteil am Welthandel	Export: 8,9 % Import: 13,2 %	Föderale Gliederung	50 Bundesstaaten (inkl. Alaska, Hawaii)
Human Development Index	0,920 (15.)	Verkehrssprache	Englisch, Spanisch (regional)

M1 Steckbrief USA (2018, in Klammern Weltrang)

Cowboys
Hut, Jeans, Chaps, Boots – die Kleidung eines amerikanischen Rinderhirten ist weltbekannt. Doch das US-Arbeitsministerium weist heute gerade einmal 10 000 professionelle Cowboys aus. Das Ranching* – die extensive Viehwirtschaft auf eingezäunten Weiden – ist zwar noch nicht ausgestorben, doch viele Hamburger stammen heute von Rindern aus riesigen Rindermastbetrieben.

1. Erheben Sie innerhalb ihres Kurses Ihr Wissen über die USA (Brainstorming).
2. Ordnen Sie die Fotos und Begleittexte Bundesstaaten der USA zu.
3. Erstellen Sie anhand des Steckbriefes und der Fotos einen Bericht über die USA.

USA – „Aus vielen Eins"

Manufacturing Belt
Noch werden in der ältesten und größten Industrieregion der USA Autos und Trucks gebaut. Doch seit der großen Krise in den 1970er-Jahren wird der ehemalige Manufacturing Belt, in dem einst mit der Kohle aus den Appalachen und dem Eisenerz vom Ohio River eine lange Zeit prosperierende Stahlindustrie entstand, spöttisch Rust Belt (Rost-Gürtel) genannt.

Neuengland
Hier betraten die ersten englischen Siedler den amerikanischen Boden und hier wurde am 4. Juli 1776 die Unabhängigkeit von der britischen Krone proklamiert. Seither gilt Neuengland als Geburtsstätte der Vereinigten Staaten. Noch heute weisen viele Orte einen europäischen, bürgerlich-kleinstädtischen Charakter auf.

New York
Früher kamen an der Mündung des Hudson River Einwandererschiffe aus der ganzen Welt an, seit 1886 begrüßt von der Freiheitsstatue. Heute verbindet die Staten-Island-Fähre die Insel vor New York mit Manhattan.

New Orleans
Es ist die Stadt des Jazz, aber auch die der Überschwemmungen – mal durch den Mississippi, mal durch Wirbelstürme. Am schlimmsten traf bislang Hurrikan Katrina 2005 New Orleans, als 80 Prozent des Stadtgebietes bis zu 7,60 Meter tief unter Wasser standen.

Die politische Gliederung der Vereinigten Staaten
Die USA haben die älteste geschriebene Verfassung der Welt (The Constitution of the United States, 1787). Das Regierungssystem ist eine präsidiale Demokratie. Der Präsident der Vereinigten Staaten ist zugleich Staatsoberhaupt und Regierungschef. Er wird nicht durch die Bevölkerung direkt gewählt, sondern durch ein Wahlmännergremium (Electoral College) mit gewählten Vertretern aus allen Bundesstaaten. An der Spitze der Exekutive sucht sich der Präsident für sein politisches Handeln Allianzen im Kongress, dem legislativen Organ, der aus den gleichberechtigten beiden Kammern Senat und Repräsentantenhaus besteht. Die Gewaltenteilung wird zudem durch den Obersten Gerichtshof (Supreme Court, Verfassungsgericht) und den Föderalismus (50 Staaten mit eigenen Zuständigkeitsbereichen) garantiert.

1.2 Kanada – „Von Meer zu Meer"

Unter dem Staatswappen Kanadas ist der Schriftzug „A mari usque ad mare (von Meer zu Meer)", also vom Atlantik zum Pazifik angebracht. Diese Aussage spiegelt die Vorstellungen von Kanada als riesigem Land mit enormen Entfernungen wider. Weiter werden mit Kanada lange Winter, Kälte und Schnee, aber auch eine einzigartige Naturlandschaft mit ausgedehnten Wäldern verbunden. Entsprechend steht das Ahornblatt für den kanadischen Staat. Das Wappen spiegelt zudem die Geschichte Kanadas wider mit dem britischen Löwen, der britischen Krone sowie dem Lilienbanner und dem Einhorn für die französischen Könige.

US-Exklave Alaska
Zu einem Schnäppchenpreis von 7,2 Millionen US-$ (4,74 US-$/km²) erwarben 1867 die USA Alaska vom russischen Zarenreich. 1968 wurden riesige Erdölfelder bei Prudhoe Bay im Norden entdeckt. Die von 1974 bis 1977 gebaute Trans-Alaska-Pipeline nach Valdez im Süden ist ökologisch nicht unumstritten.

Die Wirtschaft Kanadas
Kanadas Wirtschaft basierte zunächst auf der Gewinnung von Rohstoffen. Handelsgüter waren Fisch, Tierpelze und Holz, dann aber auch Getreide und Erze. Ende des 19. Jahrhunderts begann mit dem Bau der Eisenbahn die Industrialisierung. Die Eisen- und Stahlindustrie wurden ausgebaut, es setzte ein Kapitalfluss aus den USA ein und es entstanden Zweigwerke der US-Automobilproduktion. Heute investiert Kanada in die Forschung und Hightech-Industrie (Kommunikation, Luftfahrt, Biotechnologie). Größter Handelspartner ist mit über 70 Prozent des Exports weiterhin die USA.

Forstwirtschaft
Kanada ist eines der waldreichsten Länder der Erde. Nach wie vor stellen die Flüsse einen kostengünstigen Transportweg dar. Wurde zunächst Holz für den Schiffbau nach England exportiert, werden seit dem 20. Jahrhundert Zellulose und Papier hergestellt, im Westen für den Japanischen und im Osten für den US-Markt.

Fläche	9 984 670 km² (2.)	Staatsform	Parlamentarische Monarchie
Einwohner	37 171 921 (39.)	Regierungssystem	Parlamentarische Demokratie
BIP	1 712 Mrd. US-$ (11.)	Hauptstadt	Ottawa
BIP/Ew.	46 290 US-$ (20.)	Währung	Kanadischer Dollar
Anteil am Welthandel	Export: 2,3 % Import: 2,5%	Föderale Gliederung	10 Provinzen, 3 Territorien
Human Development Index	0,922 (13.)	Amtssprache	Englisch, Französisch

M1 Steckbrief Kanada (2018, in Klammern Weltrang)

Die Landwirtschaft Kanadas
Weizen, Weizen, Weizen – soweit das Auge reicht. Die europäischen Einwanderer begannen mit dem Acker- und Obstanbau sowie der Milchviehhaltung in den Tälern Ostkanadas. Heute gehören die Prärieprovinzen Manitoba, Saskatchewan und Alberta zu den bedeutendsten Weizenanbaugebieten der Erde. 80 Prozent der landwirtschaftlichen Nutzfläche Kanadas liegen hier. Durchgesetzt haben sich hochmechanisierte, spezialisierte, kapitalintensive Familienbetriebe. Im Peace-River-Gebiet (Alberta und British-Columbia) wurde die Getreideanbaugrenze durch Neuzüchtungen bis zum 58. Breitengrad vorgeschoben.

1. a) Notieren Sie die Assoziationen, die Sie mit Kanada verbinden.
   b) Vergleichen Sie Ihre Ergebnisse im Kurs.
2. Bestimmen Sie die Bodenschätze Kanadas und lokalisieren Sie Schwerpunkte der kanadischen Wirtschaft und Landwirtschaft (Atlas).

Kanada – „Von Meer zu Meer"

Hydroenergie
An den zahlreichen Flüssen Kanadas lässt sich Hydroenergie gewinnen. Allerdings liegen die Wasserkraftwerke weit verstreut und nach Norden vorgeschoben, sodass sich hohe Investitionskosten für die Stromtrassen ergeben. Ottawa wird bereits seit 1885 und Quebec seit 1895 mit Hydroenergie versorgt.

Die Geschichte Kanadas
Vor rund 30 000 Jahren: Landbrücke zwischen Sibirien und Alaska während der damaligen Eiszeit; asiatische Vorfahren der Indianer
10. Jh.: Handel norwegischer Seeleute mit den Inuit
1497: Landung des Briten John Cabot in Neufundland
1534: Erforschung des St. Lorenz-Stroms durch den Franzosen Jacques Cartier
1608: Errichtung von Forts zum Pelzhandel mit Indianern durch die Franzosen (Québec), Kämpfe zwischen französischen Siedlern und englischen Kolonien unter Beteiligung der Indianerstämme
1763: Verlust Kanadas an England (7-Jähriger Krieg)
1812: Abwehr des Eroberungsversuchs Kanadas durch die USA
1. und 2. Weltkrieg: Kampf kanadischer Soldaten an der Seite Großbritanniens
1945/1948: Kanada Gründungsmitglied der UNO und NATO
Nach dem 2. Weltkrieg: zunehmender politischer Anschluss Kanadas an die USA

Québec
Ein Besuch in Québec führt quasi nach Frankreich. Über 90 Prozent der Bevölkerung sprechen Französisch. Die Altstadt besitzt zahlreiche Gebäude französischer Prägung aus dem 17. Jahrhundert und ist als einzige Stadt Nordamerikas von einer Stadtmauer umgeben. Altstadt und Stadtmauer sind 1985 von der UNESCO zum Weltkulturerbe erklärt worden.

Ölsandabbau in Alberta
Im Norden Albertas ist eine riesige Mondlandschaft entstanden. Im Tagebau wird Ölsand gefördert, was der Provinz und ganz Kanada zu einem Wirtschaftsboom verholfen hat, aber zugleich mit einem erheblichen Landschafts- und Wasserverbrauch sowie hohen Kohlendioxidemissionen verbunden ist.

Das Regierungssystem in Kanada
Kanada ist parlamentarische Monarchie und demokratischer Verfassungsstaat. Staatsoberhaupt ist die britische Königin Elisabeth II. (Commonwealth). Ihre Vertretung in Kanada nimmt ein Generalgouverneur (governor general) wahr. Das Parlament besteht aus zwei Kammern, dem Unterhaus (House of Commons) und dem Senat (Senate). Die Verfassung geht bis auf das Jahr 1867 (British North America Act) zurück. Die Regierung (der Premierminister und sein Kabinett) ist auf die Mehrheit im Unterhaus angewiesen. Kanada ist zudem ein Bundesstaat mit zehn Provinzen und drei Territorien, die ebenfalls parlamentarische Regierungssysteme aufweisen.

1.3 Die Rolle der USA in der Welt

Die USA: Vorbild oder Feindbild? Über keinen Staat der Erde sind die Auffassungen wohl stärker gespalten. Einerseits herrscht Bewunderung für den amerikanischen Lebensstil, für die politische, wirtschaftliche und militärische Stellung in der Welt. Andererseits sind die USA als die selbstgerechten Weltpolizisten, die andere Völker wirtschaftlich dominieren und ihnen ihre Wertvorstellungen und ihre Kultur aufzwingen, verschrien.

1. Erklären Sie die Symbolik des Präsidentenflugzeugs für die politische Macht der USA (M4).
2. Begründen Sie, ob und inwiefern McDonald's die USA als Wirtschaftsmacht repräsentiert (M1, M2).
3. a) Vergleichen Sie die Fotos M6 und M9.
   b) Erklären Sie den unterschiedlichen „Umgang" mit den „Stars and Stripes" in Hongkong und dem Iran.
4. a) Vergleichen Sie das Image der USA und seines Präsidenten in verschiedenen Staaten der Welt (M7, M8).
   b) Erörtern Sie die Bewertung des Einflusses der USA auf das Weltgeschen im Vergleich zu der anderer Staaten (M8).
   c) Analysieren Sie die Selbsteinschätzung der US-Amerikaner hinsichtlich der Rolle der USA in der Welt (M10).
5. Stellen Sie (in Gruppenarbeit) weitere Beispiele für die Amerikanisierung zusammen (M11).
6. „Die Amerikanisierung wurde in letzter Zeit durch die Globalisierung* abgelöst." Nehmen Sie Stellung zu dieser Aussage.
7. Beurteilen Sie das politische und militärische Gewicht der USA in der Welt (M3, M5).

Land	Militärausgaben in Mrd. US-$	Anteil BIP	Aktive Streitkräfte	Atomsprengköpfe
USA	732	3,4 %	1 359 450	6 185
China	262	1,9 %	2 035 000	290
Saudi-Arabien	62	8,0 %	227 000	-
Russland	62	3,9 %	900 000	6 500
UK	49	1,7 %	148 350	200
Indien	71	2,4 %	1 444 500	135
Frankreich	50	1,9 %	203 900	300
Deutschland	49	1,3 %	179 400	-
Welt	1 909		27 414 000	13 865

Quelle: SIPRI, IISS

M3 Militärausgaben und Streitkräfte ausgewählter Länder (2019)

M4 Air Force One – das Flugzeug des US-amerikanischen Präsidenten dient nicht nur seiner Beförderung, sondern ist auch ein Symbol der präsidialen Macht.

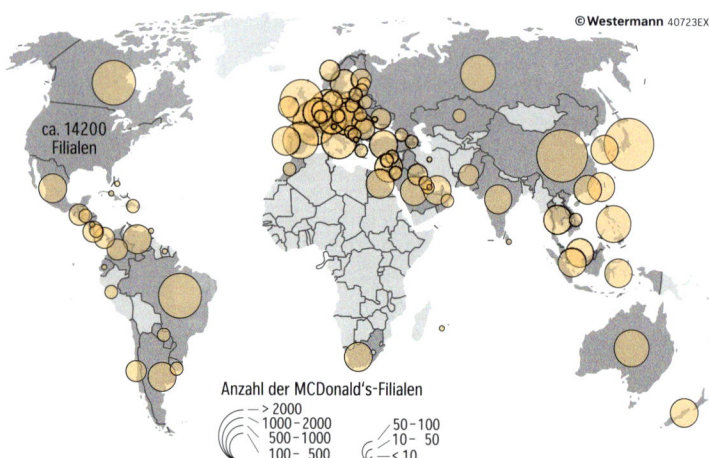

M1 McDonald's in der Welt (Anzahl der Filialen, 2019)

M2 McDonald's- und KFC-Filialen in Shanghai

Fällt heute der Name „Amerika", so assoziieren wir damit mehrere Vorstellungen: Geschehnisse auf dem Staatsgebiet der USA, konstitutives und stärkstes Mitglied der westlichen OECD-Welt, Motor und Schaltzentrale der Weltwirtschaft, singuläre Machtstellung im Weltstaatensystem („Weltpolizist") und Führungsmacht zahlreicher Bündnissysteme und Element des (populär-) kulturellen und wirtschaftlichen Alltags („Amerikanisierung"). [...] Der terroristische Angriff auf zivile Ziele in New York am 11. September 2001 machte sichtbar, dass in den amerikanischen Metropolen Menschen aus aller Herrenländer ihr Lebensschicksal mit US-Staatsbürgern teilen. Dies betrifft Geschäftsreisende und Touristen, aber natürlich auch die Einwanderer, die die zehn größten amerikanischen Städte sowie die Staaten Kalifornien und New York schon heute und die USA ab 2030/2050 zum Land der ethnischen Minderheiten machen. Die Tatsache, dass so viele Ethnien auf dem Territorium der USA zu Hause sind, trägt nicht unwesentlich dazu bei, dass die USA immer der erste Adressat sind, wenn es um humanitäre Interventionen in Krisengebieten geht. [...] Nach dem Sieg in der globalen Machtprobe mit der UdSSR sieht man die USA als singuläre Globalmacht in der Verantwortung, weltweit politisch erträgliche, wenn schon nicht friedfertige Verhältnisse zu schaffen und die Armut in der Welt zu mindern. [...] Seit dem Eintritt in den Zweiten Weltkrieg hat der Internationalismus das Regierungshandeln bestimmt. Dabei kollidiert die Bereitschaft zu Alleingängen, zum Unilateralismus, die mit der besonderen Verantwortung als Schutzmacht für viele Regionen gerechtfertigt wird, mit der Option, als Führungsmacht im Rahmen eines vielfach institutionalisierten Multilaterismus vorzugehen.

Quelle: Gustav Schmid: Geschichte der USA. Darmstadt: WBG 2004, S.211

M5 Quellentext zur Bedeutung der USA in der Welt

M 6　Demonstranten in Hongkong (2019)

M 9　Demonstranten im Iran (2018)

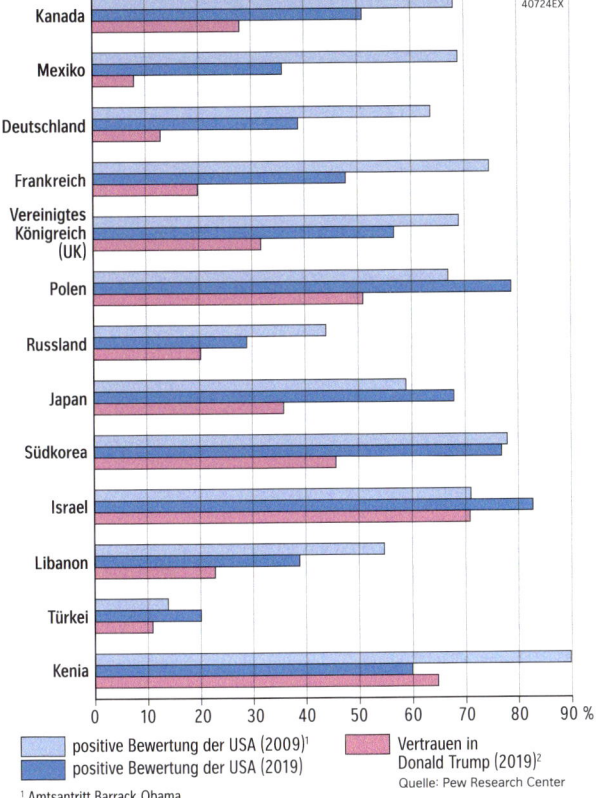

positive Bewertung der USA (2009)[1]
positive Bewertung der USA (2019)
Vertrauen in Donald Trump (2019)[2]
Quelle: Pew Research Center

[1] Amtsantritt Barrack Obama
[2] Wie viel Vertrauen haben Sie in Donald Trump, das Richtige in Bezug auf das Weltgeschehen zu tun?

M 7　Image der USA in der Welt (internationale Umfrage)

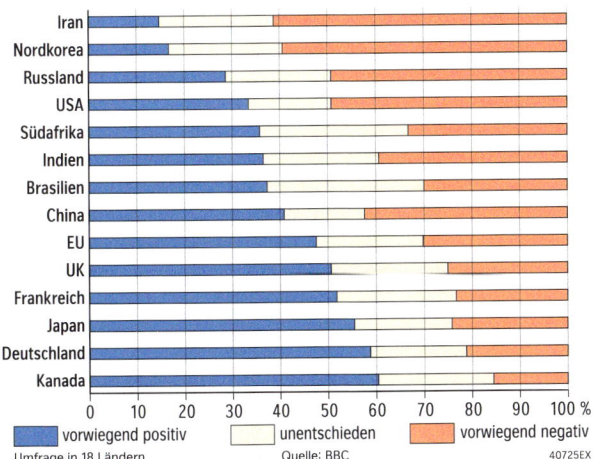

vorwiegend positiv　unentschieden　vorwiegend negativ
Umfrage in 18 Ländern　Quelle: BBC

M 8　Bewertung des Einflusses ausgewählter Staaten auf das Weltgeschehen (intern. Umfrage, 2017)

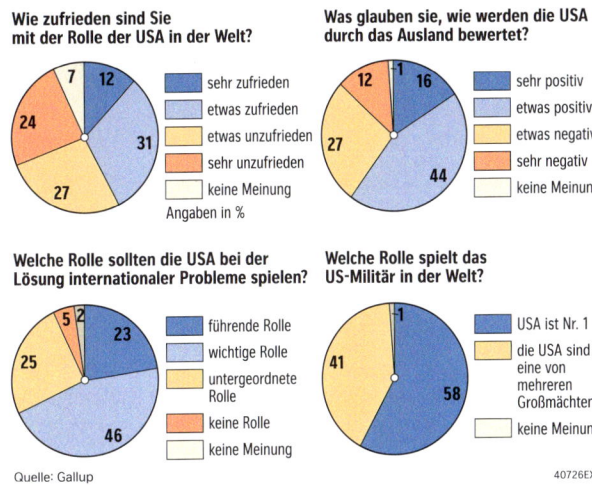

Quelle: Gallup

M 10　Umfrage zur Rolle der USA unter US-Amerikanern (2020)

Amerikanisierung

Transfer von US-amerikanischen Eigenschaften („American Way of Life"*), Wertvorstellungen, Verhaltensmustern, wirtschaftlichen Praktiken, Produkten, Alltagskultur, Kunst und vieles mehr auf andere Nationen, zum Teil als bewusste Beeinflussung durch die USA, zum Teil als freiwillige Übernahme (z.B. durch Wahrnehmung der Amerikanismen als modern), in Deutschland verstärkt vor allem seit dem Zweiten Weltkrieg.

Bereich	Beispiele
Produkte, Konsumwelt	Kaugummi, Soft Drinks, Fast Food, Jeans, Haushaltsgeräte, Wolkenkratzer, Supermarkt, Selbstbedienungstankstelle, Air conditioning, Personal Computer, Windows, Facebook
Gesellschaft	„Lässiges" Verhalten in der Öffentlichkeit, Konsummentalität, Privatisierung hoheitlicher Aufgaben, Übernahme von (kommerzialisierten) Festen wie z.B. Muttertag (1914) oder Halloween (1990er), Verwendung von Anglizismen
Kultur	Hollywood-Filmproduktionen, Jugendkulturen (z.B. Rock ‚n' Roll, Disco, Hiphop), Privatfernsehen
Politik	politische Inszenierung, Wahlkampf, Bedeutung von Talk-Shows
Wirtschaft	Marketingkultur, Public Relations, Verwendung englischer Begriffe (z.B. in der Werbung oder als Funktionsbezeichnung in Unternehmen: CEO), Managementstrategien, stärkeres Profitdenken, allgemeine Gewinnorientierung, Bachelor- und Master-Universitätsabschlüsse

M 11　Beispiele für Amerikanisierung

1.4 Die Erschließung der USA

The New World – dies waren für die Auswanderer des 19. und 20. Jahrhunderts Kanada, vor allem aber die Vereinigten Staaten. Allein zwischen 1821 und 1914 wanderten 44 Millionen Europäer in die neue Welt aus, darunter 5,5 Millionen Deutsche. Rund die Hälfte der Deutschen verließ ihre Heimat über Bremerhaven. Von den Passagierschiffen an der Columbuskaje wehten bunte Luftschlangen, die von den Auswanderern an der Reling und den Verwandten auf der Kaje gehalten wurden und die beim Ablegen – den Abschied symbolisierend – zerrissen. In Nordamerika suchten die deutschen Einwanderer vor allem Arbeit und freies Land. Vor ihnen lag ein gewaltiger Kontinent.

1. Geben Sie die Motive der europäischen/deutschen Auswanderer wieder (M 2, M 4).
2. Stellen Sie die Erschließung der USA dar (M 3, M 5, M 6, M 8, M 9, Atlas).
3. Erläutern Sie die Bedeutung des Eisenbahnausbaus für die Erschließung der USA (M 6, Atlas).
4. a) Erklären Sie die Landvermessung und Landvergabe in Nordamerika (M 7, M 9, M 10).
   b) Das Landvermessungssystem ist noch heute prägend für die USA. Überprüfen Sie diese These.
5. Ⓩ Vergleichen Sie die Auswanderung aus Deutschland im 18. und 19. Jahrhundert mit den heutigen Fluchtbewegungen nach Deutschland (M 1 – M 4, Medien).
6. Erörtern Sie den Einfluss, den die Erschließung Nordamerikas auf die Lebensbedingungen der indigenen Bevölkerung heute hat (M 6, M 8, Atlas).
7. Ⓩ Ermitteln Sie über das Deutsche Auswandererhaus in Bremerhaven Schicksale von Auswanderern nach Kanada und in die USA (www.dah-bremerhaven.de).

M 1 Auswandererschiff in Bremerhaven (Stich von 1880)

Hin nach Texas! Hin nach Texas!
Wo der Stern im blauen Felde eine neue Welt verkündet,
jedes Herz für Recht und Freiheit und für Wahrheit froh entzündet,
dahin sehnt mein Herz sich ganz. […]
Goldner Stern du bist der Bote unsres neuen schön'ren Lebens;
denn was freie Herzen hoffen, hoffen sie noch nie vergebens.
Quelle: Hoffmann von Fallersleben: Der Stern von Texas. 1847

M 2 Quellentext zur Hoffnung der Auswanderer

M 3 Siedler auf dem Oregon Trail

Können wir uns wirklich noch vorstellen, was es vor inzwischen fast zwei Jahrhunderten bedeutete auszuwandern? Kein Film, kein Fernsehen, keine Fotografien, keine Werbeprospekte, keine Bilder gab es von der fremden Neuen Welt. […] Herumziehende Werber propagierten die Auswanderung und fanden Gehör bei den von Hungersnöten geplagten Bauern, bei den durch die Industrielle Revolution um ihre Arbeit gebrachten Handwerkern, bei Anhängern der Französischen Revolution, demokratisch gesinnten Menschen, auch bei Abenteurern oder in Gemeinden, die ihre Zuchthäusler abschieben wollten. Schon immer wussten Menschen, wie man aus Notlagen, Kriegen und Naturkatastrophen Geschäfte machen kann. […] Heimlich schlummerte wohl in jedem der Traum vom großen Glück, jedenfalls von einem Leben mit weniger Armut und Mühsal. Aber Schlaraffenland sei es nicht, schreibt Johann Dietel, der jüngste Sohn einer Bauernfamilie aus Kleinlosnitz in Oberfranken, der 1848 mit 18 Jahren mit seiner Schwester Margaretha nach Oswego in Iowa ausgewandert war, in seinen Briefen nach Hause: „Wenn man zu etwas kommen will, muss man auch in Amerika arbeiten." Und: „Ein Lump ist auch hier nichts wert!" Johann Dietel gehörte 1848 zu einer Gruppe von 30 Menschen, die sich aus dem Münchberger Raum im Fichtelgebirge auf den Weg nach Amerika machten. […] Aus einer kleinen ländlichen Region wandern an einem Tag gleichzeitig 30 Menschen aus, für immer! Das ist kein Ausflug oder eine Pauschalreise! Bis Einbeck zog der Trupp zu Fuß und per Kutsche: „Eisenbahn benutzen!" rät Johann seinem älteren Bruder. Dieser folgt den Geschwistern ein Jahr später. In Oswego angekommen, stellt er die Distanz, die zwischen ihnen liegt von Kleinlosnitz bis nach Oswego in Stunden dar: „Von Kleinlosnitz nach Bremerhaven sind es 173, von da an über das atlantische Meer bis New York 2200, von da bis Oswego 680 Stunden, im ganzen 3053 deutsche Stunden."
Quelle: Brigitte Landes: Auswandern in die USA … In: Das Buch zum Deutschen Auswandererhaus, 2. Aufl., Bremerhaven 2009, S. 60

M 4 Quellentext zu deutschen Auswanderern in die USA

M 5 Deutsche Auswandererfamilie in Nebraska (1880)

Die Erschließung der USA

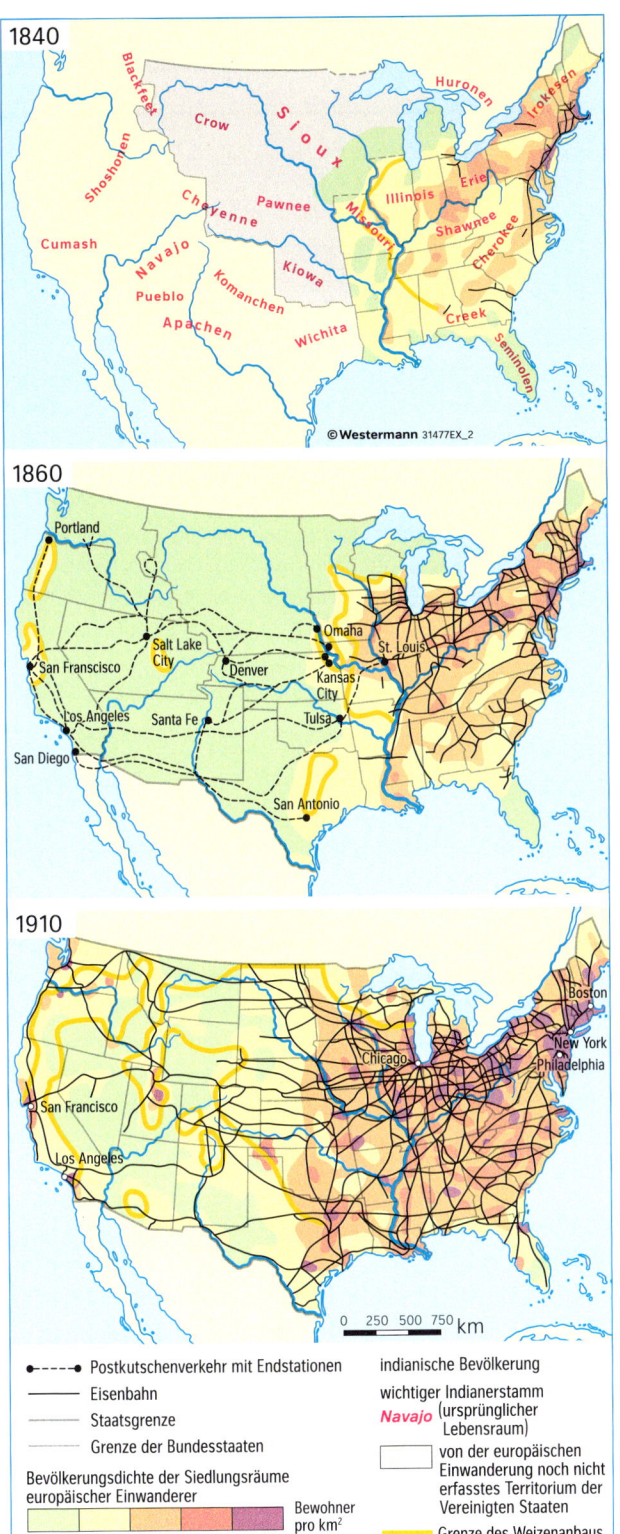

M6 Erschließung des Westens

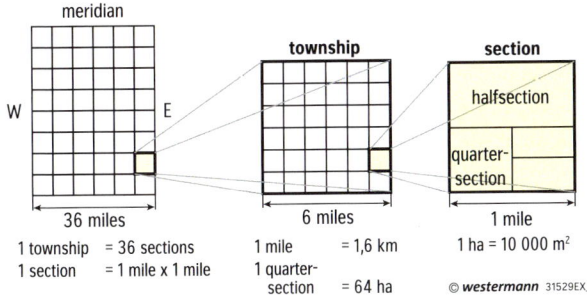

M7 Landvermessungssystem

Man schätzt die Zahl der Indianer im Bereich des heutigen Kanada und der USA vor der Ankunft der Europäer auf ein bis zwei Mio. Menschen. Diese Indianerbevölkerung war kulturell überaus differenziert [...]. Die höchste Dichte gab es in den Waldregionen des Ostens. [...] Mit dem stetigen Vordringen der Besiedlung [durch die europäischen Kolonisten] wurde die indigene Bevölkerung immer stärker ihrer ursprünglichen Lebensräume beraubt und vernichtet. Selbst aus den zugewiesenen Siedlungsgebieten und Reservaten wurden zahlreiche Stämme erneut vertrieben. Überdies fielen unzählige Indianer [...] nach 1860 den von der amerikanischen Armee mit großer Härte geführten „Indianerkriegen" zum Opfer. [...] Erst 1924 erhielten die Indianer die volle amerikanische Staatsbürgerschaft.
Quelle: USA – Bevölkerung. In Diercke Handbuch 2015. S. 330

M8 Quellentext zur Ausrottung der indigenen Bevölkerung

Die Erschließung und Besiedlung des nordamerikanischen Kontinents vom Atlantik bis zum Pazifik vollzog sich in drei Etappen, wenn auch mit fließenden Übergängen: Zunächst wagten sich Trapper, Pelzjäger und Fallensteller in noch unerschlossene Gebiete vor. [...] Ihnen folgten Ansiedler, die ohne formale staatliche Zustimmung Land urbar machten (squatters), aber oft nur vorübergehend blieben, um schließlich in der dritten Etappe von Farmern abgelöst zu werden. [...] Die Besiedlung verlief wellenartig. Eine der größten Binnenwanderungswellen setzte nach dem Frieden von 1815 ein, als die Nationalbevölkerung etwa 8,5 Millionen Menschen zählte. Die Aussicht, im Westen „sein Glück zu machen", führte zur schnellen Landerschließung. [...] 1815 hatten diese Pioniere 4000 Quadratkilometer bundeseigenen Landes erworben; nur vier Jahre später hatte sich diese Zahl verfünffacht. Der Public Land Act von 1820, der das Mindestareal für eine Farm von 160 acres (ca. 64 Hektar) auf 80 halbierte und den Bodenmindestpreis erheblich reduzierte, erleichterte den Erwerb von Farmland. Das Familienfarm-Gesetz (Homestead Act) von 1862 hatte später die weitest greifenden Konsequenzen für die Westwärtsbewegung: Jedem Siedler wurden gegen eine geringe Gebühr 160 acres auf Dauer zugesprochen, sobald er dieses Areal fünf Jahre bewirtschaftet hatte. [...] Eine natürliche Grenze der Wanderungsbewegung mit landwirtschaftlicher Erschließung hatten lange Zeit die westlich von Arkansas beginnenden trockenen Präriegebiete, die Great Plains, gebildet. Doch die Westwärtsbewegung machte nun einen großen Sprung und verschaffte sich durch die von Trappern und Forschungsreisenden erschlossenen Routen (trails) – die berühmteste unter ihnen war der „Oregon Trail" – Zugang zum Fernen Westen.
Quelle: Jörg Nagler: Von den Kolonien zur geeinten Nation. In Informationen zur politischen Bildung 268, Bonn: bpb 2013, S. 14

M9 Quellentext zur Erschließung Nordamerikas

M10 Quadratische Landaufteilung

1.5 Melting Pot oder Salad Bowl?

In ihrem Selbstverständnis sehen sich die US-Amerikaner als eine „Nation of Immigrants". Jeder Einwanderer darf auch heute noch vom sozialen Aufstieg träumen. Seit geraumer Zeit stellt sich jedoch die Frage, ob sich dieses Selbstbild nur auf die Nachfahren der europäischen Einwanderer des 18. bis 19. Jahrhunderts bezieht und ob die ehemaligen schwarzen Sklaven und die heutigen Migranten aus Lateinamerika Teil dieser Nation der Einwanderer sind.

1. a) Beschreiben Sie die regionale Verteilung der Deutschstämmigen (M1).
   b) Stellen Sie die Integration der Deutschen in den USA dar (M3).
2. Gliedern Sie die Einwanderungswellen aus einzelnen Herkunftsländern und begründen Sie diese (M2).
3. Erläutern Sie die ethnische Zusammensetzung der Gesamtbevölkerung und die ausgewählter Städte (M4 – M6, Atlas).
4. a) Die Integration von Einwanderern in die USA wird mit den Metaphern Melting Pot (Schmelztiegel) oder Salad Bowl (Salatschüssel) umschrieben. Erklären Sie die beiden Begriffe (M3, M9).
   b) Beurteilen Sie die Aussagekraft der beiden Begriffe zur Beschreibung der aktuellen Situation.
5. Beurteilen Sie die Befürchtung einer Dominanz der Hispanics* in der amerikanischen Gesellschaft (M5, M6).
6. Nehmen Sie Stellung zu den beiden Zitaten (M7).

Erwähnt man auf einer Party im Einwanderungsland USA, dass man aus Deutschland kommt, gibt es fast immer ein Echo – ganz egal, ob es sich um ein Nachbarschaftsfest in einem Washingtoner Vorort handelt, um eine Vernissage in San Francisco oder um eine Firmenparty in Cedar Rapids, Iowa, „Mein Urgroßvater war Deutscher!", heißt es dann, „die Familie meines Mannes ist aus Hamburg ausgewandert", oder auch: „Ich war zwei Jahre in Frankfurt, bei der US-Armee. Ich wollte dahin, weil meine Oma aus Deutschland stammt."

Keine andere ethnische Gruppe aus Europa ist in den USA so zahlreich vertreten wie die German-Americans. Jeder sechste US-Bürger gab beim Zensus 2010 an, deutscher Abstammung zu sein; eine hauptsächlich englische Abstammung nannte nicht einmal jeder Zehnte. [...] Die meisten [Deutschen] kamen, weil sie in Europa wegen ihres Glaubens verfolgt wurden. [...] Andere [...] trieb die wirtschaftliche Not nach Amerika. [...] Die Deutsch-Amerikaner assimilierten sich, aber das ging nicht von heute auf morgen. Viele wollte ihre Sprache und Kultur bewahren. Es entstanden deutsche Gemeinden, deutsche Schulen und Germantowns – deutsche Viertel – in den Städten. Endes des 19. Jahrhunderts erschienen mehr als 800 deutschsprachige Zeitungen und Zeitschriften. Den ersten kräftigen Assimilationsschub brachte der Eintritt der USA in den ersten Weltkrieg 1917. Deutschsprachiger Schulunterricht und Gottesdienste wurden in vielen Staaten verboten. Die Deutsch-Amerikaner gerieten politisch unter Druck, ihr Selbstverständnis als „Bindestrich-Amerikaner" aufzugeben und sich ganz als Americans zu bekennen. [...]

Heute gehen Deutsche in erster Linie aus Karrieregründen in die Vereinigten Staaten. Wissenschaftler, Mediziner oder Ingenieure können hier mit besseren Arbeitsbedingungen und im Schnitt auch mit einer deutlich höheren Bezahlung rechnen. [...] Auch deutsche Unternehmen entsenden jedes Jahr Tausende Mitarbeiter in die USA [...]. Insgesamt zieht es derzeit jedes Jahr rund 13 000 Deutsche nach Amerika. Doch geschätzte zwei Drittel bis drei Viertel von ihnen kehren irgendwann wieder in die Heimat zurück. [...] Obwohl Familien mit deutschen Vorfahren in Amerika so zahlreich sind, spielt die deutsche Sprache hier kaum noch eine Rolle. Muttersprache ist sie als Pennsylvania-Deutsch nur noch dort, wo sich deutschstämmige Religionsgemeinschaften auch mit Hilfe ihrer eigenen Sprache vom Rest der Gesellschaft abgrenzen. Das gilt zum Beispiel für die Amischen in Pennsylvania, Ohio und anderen Staaten, für einige Hutterer im Nordwesten der USA und für die Amana-Kolonie in Iowa.

Quelle: Ute Mehnert: USA. Ein Länderporträt. Bonn: bpb 2018, S. 126 – 130

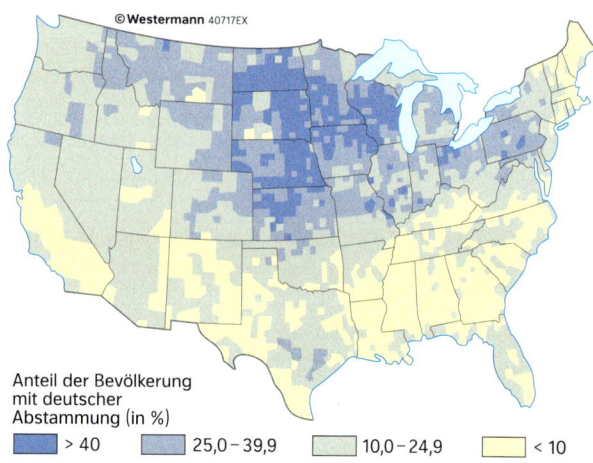

M1 Deutschstämmige US-Amerikaner (nach Selbsteinschätzung im Census, Gesamtzahl: ca. 41,2 Mio. (2018))

Anteil der Bevölkerung mit deutscher Abstammung (in %): > 40 | 25,0 – 39,9 | 10,0 – 24,9 | < 10

M3 Quellentext zu den „Deutschen" in den USA

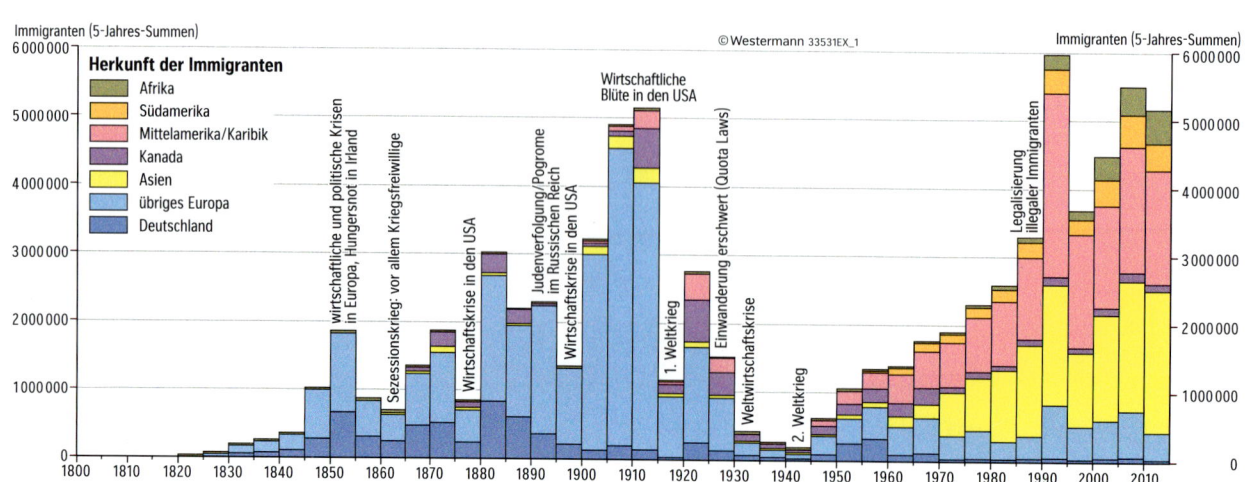

M2 Einwanderung in die USA seit 1820 (Angabe der Immigranten in 5-Jahres-Summen)

Melting Pot oder Salad Bowl?

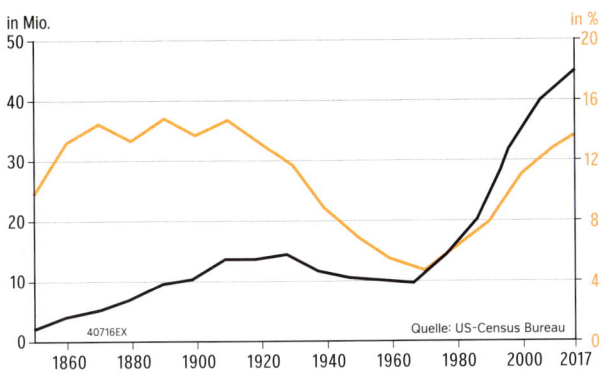

M 4 „Im Ausland geborene Bevölkerung" der USA (1850–2017)

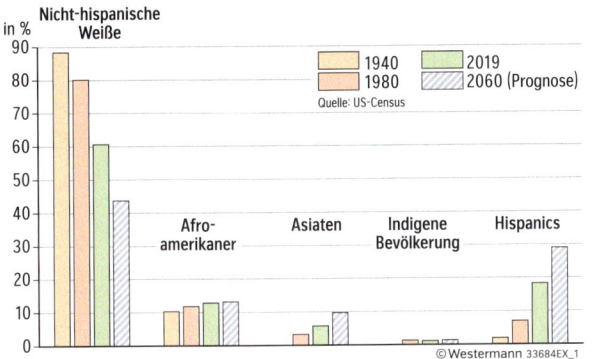

M 5 Ethnische Zusammensetzung der Bevölkerung

Die Census (Volkszählungs)-Behörde differenziert nach Selbsteinschätzung der Befragten nach a) der „Ethnie" (Hispanic) sowie b) nach 15 verschiedenen „Rassen" (White, Black or African American, Asian, Indian American usw.). Der Begriff „Rasse" ist hierbei nicht biologisch/genetisch zu verstehen, sondern berücksichtigt Konzepte wie Herkunft und sozio-kultureller Hintergrund. Eine Abgrenzung nach biologischen/genetischen Merkmalen ist auch deshalb abzulehnen, da die biologische/genetische Vielfalt innerhalb einer als „Rasse" bezeichneten Gruppe sehr hoch ist.

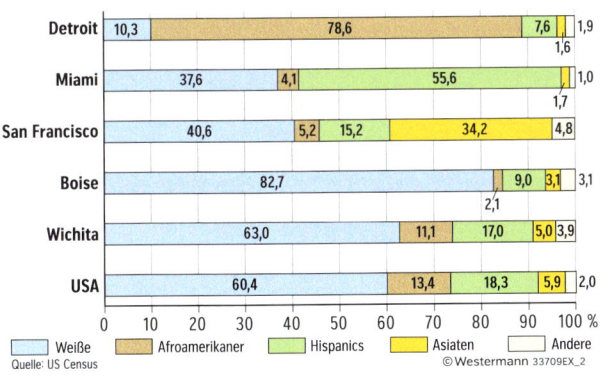

M 6 Ethnische Zusammensetzung der Bevölkerung ausgewählter Städte in den USA (2018)

„Wir definieren uns selbst als eine Nation von Einwanderern. Das ist es, was wir sind, das steckt in unseren Gliedern."
ehemaliger US-Präsident **Barack Obama** (2013)

„Amerika macht dich nicht automatisch (erfolg)reich. Aber Amerika gibt dir die Chance, Reichtum und Anerkennung zu erwerben, wenn du klug bist, hart arbeitest und an dich selbst glaubst – auch wenn es am Anfang niemand sonst tut."
Arnold Schwarzenegger, österreichischer Bodybuilder und Schauspieler, US-Bürger seit 1983, Gouverneur von Kalifornien (2003–2011)

M 7 Zitate

M 8 Einbürgerungszeremonie in Miami Beach (Florida)

Galten die USA im 19. Jahrhundert noch als „Schmelztiegel der Nationen", zeigen gegenwärtige Entwicklungen, dass eine Assimilierung der verschiedenen Einwanderergruppen und Ethnien teilweise nicht einmal mehr angestrebt wird. Das neue Schlagwort von der „multikulturellen Gesellschaft" signalisiert zwar eine Akzeptanz der Andersartigkeit, die Rückbesinnung auf kulturelles Erbe und harmonische Koexistenz der verschiedenen Bevölkerungsgruppen. Historische und aktuelle Entwicklungen in der amerikanischen Gesellschaft zeigen jedoch, dass die sogenannte multikulturelle Gesellschaft ein zutiefst segregierte mit einer ungelösten und sich beständig verschärfenden Sozialproblematik ist. Wie Max Weber in seinem Werk von 1907 „Die protestantische Ethik und der Geist des Kapitalismus" analysierte, war das Streben nach Glück, Besitz und Wohlstand von jeher das vielleicht wichtigste Bindeglied im multikulturellen Vielvölkerstaat USA gewesen. Daraus leitet sich ab, dass legal erworbenes Geld hoch angesehen wird, auch wenn der Besitzer
- nicht die richtige Schulbildung hat,
- die Sprache nicht oder nur schlecht spricht,
- seine Erscheinung nicht den vorherrschenden Normen entspricht,
- seine Hautfarbe oder Rasse ihn zu einer Minderheit macht,
- sein gesellschaftlich-kultureller Hintergrund eventuell nicht hochstehend genug ist.

In anderen Ländern gab es rigide Gesellschaftsstrukturen, die man kaum durchbrechen konnte. In den USA, genauer gesagt in der sorgfältig kultivierten Vorstellung der Amerikaner von ihrem Land, sollte es jeder zu etwas bringen können, ohne durch Rasse, Hautfarbe oder Geschlecht behindert zu werden. […]

Die Zusammensetzung der amerikanischen Bevölkerung ändert sich fortwährend. […] Schon heute besitzt über die Hälfte der Amerikaner Eltern oder Großeltern verschiedener nationaler Herkunft. 20 Mio. Amerikaner, das sind 7 %, sprechen zu Hause eine andere Sprache als Englisch – und der Anteil steigt. In Los Angeles sprechen die Kinder in den öffentlichen Schulen über 100 verschiedene Muttersprachen, fast die Hälfte der erwachsenen Einwohner von Los Angeles spricht zu Hause nicht Englisch. Wohngebiete verschiedener ethnischer Gruppen grenzen sich voneinander ab. Nicht selten sind ethnische Konzentrationsgebiete auch Gebiete großer Armut. Die Vereinigten Staaten sind bis heute kein klassisch integrierter Nationalstaat geworden. Es gibt ausgesprochene Tendenzen zur Auseinanderentwicklung, zu Separation, Segregation und zur Verschärfung von Disparitäten zwischen den verschiedenen Bevölkerungsgruppen.

Quelle: Rita Schneider-Sliwa: USA. Darmstadt: WBG 2005, S. 124

M 9 Quellentext zur USA als multikulturelle Gesellschaft

1.6 Illegale Einwanderung in die USA

„Gute Nachbarschaft beruht auf guten Mauern", sagte der republikanische Präsidentschaftskandidat Donald Trump. Bei den Wahlen 2016 waren die „Eindämmung irregulärer Migration*" und der Ausbau der Grenzbefestigungen zu Mexiko zentrale Themen und ein wichtiger Grund für die Wahl Trumps. Seine pauschale Diffamierung der mittelamerikanischen Einwanderer als „Kriminelle" fand Gehör, auch wenn die Wirtschaft die Millionen ohne Aufenthaltsgenehmigung im Land lebenden und für wenig Geld arbeitenden Einwanderer braucht. Die Demokraten befürworten uneingeschränkt die (reguläre) Einwanderung, selbstverständlich auch, weil die Einwanderer meist die Demokratische Partei wählen. Aber auch unter demokratischen Präsidenten wurden die Grenzbefestigungen und das Grenzschutzpersonal an der US-Südwestgrenze ausgebaut.

1. Erstellen Sie zu den Fotos M2, M3 und M5 jeweils kurzen Bildbeschreibungen/-interpretationen.
2. a) Analysieren Sie die illegale Einwanderung in die USA (M1).
   b) Erläutern Sie ihre Folgen (M4, M10, Internetrecherche).
3. a) Stellen Sie die unterschiedlichen Arten der Grenzsicherung an der Südwestgrenze der USA dar (M4, M6, M7).
   b) Erläutern Sie die Entwicklung der Sicherung der Südwestgrenze der USA (M4, M6, M8, M9).
   c) Erörtern Sie die Ausweitung der Grenzsicherungsmaßnahmen unter verschiedenen Gesichtspunkten.
4. Nehmen Sie Stellung zu der These, dass das Thema Einwanderung einen Keil in die amerikanische Gesellschaft treibe (M10).

Die heutige Südwestgrenze hat eine Länge von 3169 km, Rio Grande und Colorado River bilden davon auf 2019 km und 39 km natürliche Barrieren. Bis in die 1990er-Jahre waren nur ca. 100 km der Grenze durch Zäune befestigt. Als Reaktion auf Einwanderungswellen ab Ende der 1980er-Jahre folgten drei lokal begrenzte Grenzsicherungsinitiativen Mitte der 1990er-Jahre. Nach den Terroranschlägen vom 11. September 2001, vor allem auf das World Trade Center in New York, wurden zunächst die Kontrollen an den Grenzübergängen verschärft, im Zuge der folgenden Debatten um Einwanderung zwischen 2006 und 2010 1080 km Zäune gebaut (Secure Fence Act) und das Grenzschutzpersonal verstärkt. [...] Die zuvor in hohem Maße sozio-kulturell und wirtschaftlich integrierte Grenzregion wurde zerschnitten. Das lange bestehende saisonale und zirkuläre Arbeitsmigrationsregime zwischen Mexiko und den USA wandelte sich zu einer dauerhaft irregulären Einwanderung. Die Zahl der Tagestouristen zwischen beiden Staaten halbierte sich seit 2001, die Verzögerungen für Frachttransporte an der Grenze kosten 5,8–7,5 Mrd. US-$ im Jahr. Das Budget für den Grenzschutz an Land und im Wasser sowie für die Vollstreckungsbehörde im Land (ICE) betrug 2016 29,9 Mrd. US-$. Dies entspricht 2646 US-$ pro Kopf der 10,9 Mio. geschätzten irregulären Migranten im Land bzw. 73 128 US-$ für jeden 2016 bei einem irregulären Grenzübertritt gefassten Migranten.

Quelle: Tabea Bork-Hüffer: Die Südwestgrenze der USA. Geographische Rundschau 1-2/2019, S. 62–63

M 4 Quellentext zur Sicherung der Südwestgrenze

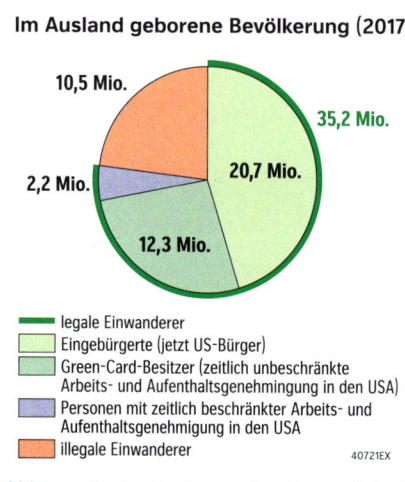
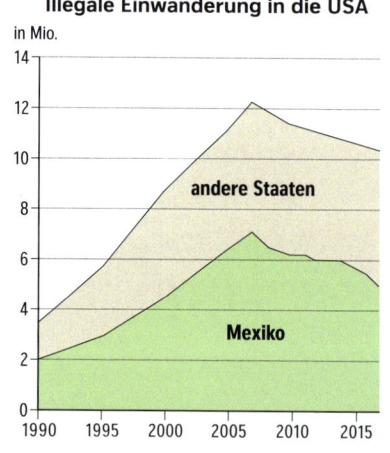
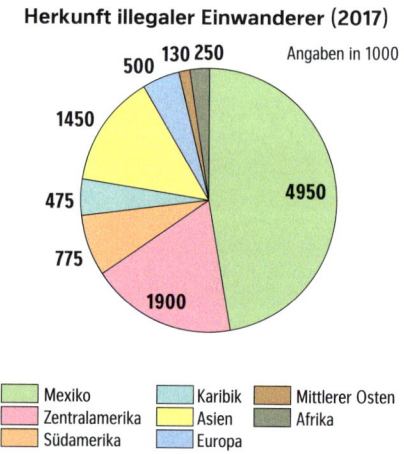

M1 „Im Ausland geborene Bevölkerung" der USA, Entwicklung und Herkunft illegaler Einwanderer in den USA

M2 Festnahme von Mutter und Kind aus Honduras an der US-Grenze

M3 Grenze von Mexiko und den USA bei Tijuana (links)

M5 Test und Ausstellung von Grenzbefestigungen für die „Mauer"

Illegale Einwanderung in die USA

M 6 Südwestgrenze der USA zu Mexiko: Verlauf der Grenzanlagen

M 7 Grenze zwischen Mexiko und den USA bei Santa Terea (New Mexico, 2018): Übergang von einer Fußgänger- zu einer Fahrzeuggrenzbefestigung (rechts)

M 9 Festnahmen irregulärer Migranten nach Grenzsektoren an der Südwestgrenze der USA (1990 – 2019)

Jahr	Grenzschutzpersonal		Todesfälle Migranten an der Grenze
	Zahl	Kosten (in Mio. US-$)	
1992	3 555	326	k.A.
1994	3 747	400	k.A.
1996	5 333	568	k.A.
1998	7 357	877	263
2000	8 580	1 055	380
2002	9 239	1 416	320
2004	9 506	1 409	328
2006	12 349	2 115	454
2008	15 442	2 245	385
2010	17 535	2 958	365
2012	18 516	3 531	471
2014	18 127	3 635	313
2016	17 026	3 801	329
2017	16 609	4 296	298
2018	16 608	4 458	283
2019	16 608	4 696	300

Quelle: Homeland Security, U.S. Customs and Border Protection

M 8 Grenzschutzpersonal und Kosten sowie Todesfälle von Migranten an der Südwestgrenze der USA (1992 – 2019)

Das Thema Einwanderung treibt seit gut einem Jahrzehnt einen Keil in die amerikanische Gesellschaft. [...] Bis zum Ende der Ära George W. Bush im Jahr 2007 glaubten in beiden Parteien etwa gleich viele Menschen an die das Land stärkende Wirkung der Einwanderung; allerdings waren es damals nur knapp die Hälfte aller Amerikaner, während es heute fast zwei Drittel sind. [...] Die Überzeugung einer durch Einwanderung bereicherten amerikanischen Gesellschaft wird mehr denn je von der Republikanischen Seite hinterfragt. Gerade auch dank des Versprechens, kompromisslos gegen illegale Migration vorzugehen, schaffte es Donald Trump bis ins Weiße Haus. In seinen ersten 18 Monaten im Amt ist Trump zwar nicht in der Lage gewesen, ausreichende Mittel für das Projekt des Grenzwalls zusammen zu tragen, doch zeigen eine entschiedenere Abschiebepraxis und die Trennung von Familien an der südlichen Grenze die Entschlossenheit der Regierung auf, die Versprechen der Kampagne in die Realität umzusetzen. Auch wenn diese Maßnahmen teilweise auf internationale Verurteilung trafen, sind sie unter Republikanischen Wählern populär. Es ist somit zu erwarten, dass der zutiefst einwanderungskritische Kurs Donald Trumps auch von zukünftigen Republikanern fortgeführt wird.

Martin Thunert: Die Einwanderungspolitik der USA unter Trump. In Patrick Horst et. al. (Hrsg.): Die USA – eine scheiternde Demokratie. Bonn: bpb, S. 365

M 10 Quellentext zur Einwanderungspolitik der USA

1.7 Soziale Ungleichheit und ethnische Segregation

Mehr als fünfzig Jahre nach der Aufhebung der Rassentrennungsgesetze (Civil Right Acts 1964) sind die Disparitäten zwischen US-Amerikanern europäischer und afrikanischer (aber auch lateinamerikanischer und asiatischer) Abstammung immer noch ein zentrales gesellschaftliches Problem. Der Bildungssektor ist ein Beispiel, wie Diskriminierung und Ungleichheit fortbestehen.

1. Beschreiben Sie das Schulsystem in den USA (M1).
2. Erklären Sie, inwieweit der Zugang zur Schulbildung für weiße und afroamerikanische Kinder bis heute unterschiedlich ist (M2, M4, M6, M8).
3. Erklären Sie die Aussage von M5 am Beispiel Los Angeles oder New York und Detroit (M7, Kap. 4.5, Atlas).
4. Die Schulsegregation ist ein komplexes Problem, das auf Geschichte, strukturellem Rassismus, Schulzuweisungsrichtlinien und elterlichem Verhalten beruht. Erklären Sie diese Aussage.
5. Nehmen Sie Stellung zu der These, dass das Schulsystem in den USA die Ungleichheit der Gesellschaft zementiere (M4 – M6).
6. Beurteilen Sie, inwieweit die Ziele von Martin Luther King von 1963 zur Gleichstellung der Afroamerikaner verwirklicht sind (M8).

Alter (in Jahren)	Public Schools (ca. 87 %)			Private Schools (ca. 10 %)	Homeschooling[1] (ca. 3 %)
5	Vorschule		alternativ: K-12 School (alle Jahrgänge unter einem Dach)	Aufteilung wie bei Public Schools, oft K-12	Motive: religiös, Flucht vor niedrigem Lernniveau und vor sozialem Umfeld
6 – 10	Grundschule	1.-5. Klasse			
11 – 14	Junior High/ Middle School	6.-8. Klasse			
15 – 18	High School (Kurssystem)	9.-12. Klasse			
	Bewerbungs-/Aufnahmeverfahren (High School-Diplom führt nicht zur Studien-/Ausbildungsberechtigung)				
	Postsecondary Education (College, University, Technical etc.): universitäre, aber auch berufliche Ausbildung				

[1] keine Schulpflicht in den USA

M1 Das US-amerikanische Schulsystem

M3 Private Grundschule in Wisconsin (oben) und Public School in Detroit (Michigan)

[Ich wurde] mit meinem damals anderthalbjährigen Sohn in eine playgroup eingeladen. Diese Nachbarschafts-Spielgruppe, rund ein Dutzend Mütter mit Kleinkindern, traf sich einmal pro Woche. Doch während sich die Knirpse um Plüschdinos und Holzeisenbahnen zankten, hatten ihre Mütter längst einen ganz anderen Wettbewerb im Blick. Über nichts diskutierten sie leidenschaftlicher als über die Frage: Welche Schule ist die richtige? Eine der staatlichen Grundschulen? Eine Privatschule, die schon im Vorschuljahr 20000 Dollar und mehr kosten kann? Die öffentliche charter school mit ihrem anspruchsvollen Lehrplan, in die man nur per Losverfahren hineinkommt? Oder soll man seine Kinder gleich selbst unterrichten?
Die Frage nach der besten Schule treibt heute fast jede amerikanische Familie um. Das hat Gründe. Die besten Karrierechancen bietet der Abschluss an einem renommierten College. Doch um dort einen Studienplatz zu bekommen, reicht ein Highschool-Diplom allein nicht aus. Entscheidend sind die Ergebnisse nationaler Standardtests und Aufnahmeprüfungen der einzelnen Hochschulen. Wer schlechte Schulen besucht hat, fällt spätestens bei dieser Auslese durch den Rost.
Quelle: Ute Mehnert: USA. Ein Länderporträt. Bonn: bpb 2018, S. 239

M2 Quellentext zur gesellschaftlichen Bedeutung der Schule

In den 1950er-Jahren ging die neunjährige Linda Brown im US-Bundesstaat Kansas zur Schule. Ihr Schulweg war weit: Nicht weil es in ihrer Nachbarschaft in Topeka keine Grundschule gegeben hätte, sondern weil das Mädchen Schwarz war und an der nächstgelegenen Schule nur weiße Kinder unterrichtet wurden. Ihr Vater [klagte] gegen den zuständigen Bildungsausschuss. Am Ende des Prozesses stand ein Urteil des Obersten Gerichts [1954], das als erster wichtiger Schritt im Kampf um die politische und soziale Gleichberechtigung der schwarzen Bevölkerung in den USA gilt: Im Fall „Brown vs. Board of Education" wurde die Rassentrennung an öffentlichen Schulen für verfassungswidrig erklärt. [...]
So groß die Bedeutung des Urteils von 1954 historisch war – in der Praxis änderte sich für viele afroamerikanische Schülerinnen und Schüler zunächst nichts. Zahlreiche Südstaaten verzögerten die Umsetzung des Urteils oder wollten diese ganz verhindern. [...] Als Folge der Blockadepolitik der Südstaaten, aber auch aufgrund der weiterhin bestehenden Segregation von Wohnvierteln, besuchten auch in den Folgejahren nur sehr wenige schwarze Kinder eine Schule, in der sie gemeinsam mit Weißen unterrichtet wurden. Erst mit Inkrafttreten des Civil Right Acts 1964 [...] änderte sich die Situation in den Schulen. Das System der Diskriminierung im Bildungssektor wirkt sich laut Studien bis heute aus. Anfang Mai 2019 [...] kam eine Studie [...] zu dem Ergebnis, dass sich die Segregation an Schulen seit den 1990er-Jahren sogar wieder verstärkt. Doch sind davon heute besonders die nördlichen Bundesstaaten betroffen: Vor allem in großen Städten haben sich die Vermögensverhältnisse zwischen der schwarzen und weißen Bevölkerung weiterhin so ungleich entwickelt, dass gute Schulen in den besseren Vierteln im Wesentlichen der weißen Ober- und Mittelschicht vorbehalten bleiben.
Vor 65 Jahren: Oberstes US-Gericht erklärt Rassentrennung an Schulen für verfassungswidrig. bpb Hintergrund Aktuell 16.5.2019

M4 Quellentext zur Diskriminierung im Bildungssystem

Soziale Ungleichheit und ethnische Segregation

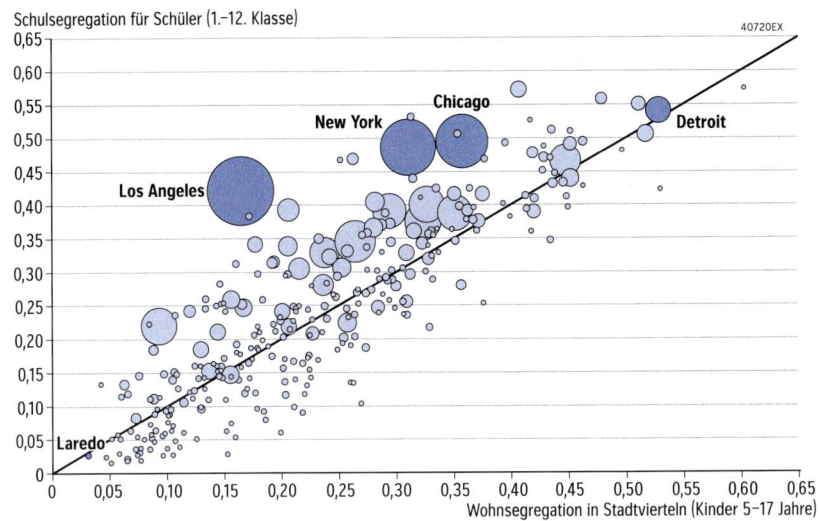

Anmerkungen zu der Grafik:
Die Größe der Kreise sind skaliert nach der Anzahl der Schüler in den Stadtgebieten in den statistischen Metropolregionen (MSA).
In der Grafik wird die Wohnsegregation von Kindern im schulpflichtigen Alter (5 bis 17 Jahre) in einer Stadt mit der Segregation an Schulen in derselben Stadt verglichen. Betrachtet wird die Segregation schwarzer oder hispanischer Schüler von gleichaltrigen Schülern anderer ethnischer Gruppen. Die Daten zum Schulbesuch umfassen die Gesamtheit der public, charter (Schulen in freier Trägerschaft, öffentlich finanziert) und magnet schools (Schulen mit besonderem Schwerpunkt) sowie eine Auswahl an Privatschulen. Das Segregationsmaß reicht von null bis eins, wobei null für eine perfekt integrierte Stadt steht, in der jedes Stadtviertel oder Schule für die ethnische Zusammensetzung der Stadt oder des Schulsystems repräsentativ ist, und eins für eine vollständig segregierte Welt, in der es keine Interaktion zwischen den ethnischen Gruppen gibt.
Ein Segregationsgrad von 0,3 bedeutet zum Beispiel, dass die Stadt zu einem Drittel so segregiert ist, wie es ihrer ethnischen Zusammensetzung maximal möglich wäre. Wenn die Wohnintegration die einzige Determinante für die Schulintegration wäre, würden die Städte genau auf die 45-Grad-Linie fallen.

M 5 Segregierte* Stadtviertel – segregierte Schulen (2015)

Die strukturellen Defizite in der US-amerikanischen Gesellschaft [...] werden durch die public school nicht neutralisiert, sondern reproduziert und bisweilen sogar weiter verschärft.
Es überrascht nicht, dass ungleiche Strukturen im Schulwesen ebenso unterschiedliche Resultate der formalen Ausbildung nach sich ziehen. Wo die Dotierung der Schulen und das Gehalt der Lehrer deutlich geringer ausfallen, bleiben die schulischen Ergebnisse – im Kontext von allgemeiner Strukturschwäche der betroffenen Gemeinden, niedrigem Einkommen, einem segmentierten Arbeitsmarkt und einem erhöhten Anteil bildungsferner Schichten – in aller Regel unterdurchschnittlich. Insbesondere innerstädtische „Problemschulen" mit höheren Anteilen an Kindern aus armen Familien mit häufig afroamerikanischem Hintergrund („poor, young, black, and male") besitzen eine ungünstigere Ausgangsposition als die gut ausgestatteten public schools in den wohlhabenden Speckgürteln der Großstädte – ganz zu schweigen von den privaten Schuleinrichtungen, die durch teilweise exorbitant hohe Schulgebühren einen noch größeren finanziellen Spielraum besitzen. [...]
Die Zahlen der Bildungsstatistik [...] sprechen eine klare Sprache: Die Lesekenntnisse bei Viert-, Acht- und Zwölftklässlern zeigen bei African Americans und Hispanics, aber auch bei Native Americans unverändert große Schwächen; ihr Rückstand zu den weißen Schülern beträgt 2013 jeweils mehr als zehn Prozentpunkte des „reading scale score" der Weißen. Ähnlich verhält es sich auch mit den Fertigkeiten in Mathematik. Der geringere Bildungserfolg ethnischer Minoritäten manifestiert sich zudem im Vergleich der einzelnen US-Bundesstaaten. Erzielten Achtklässler der public schools in den Naturwissenschaften (science) 2011 im nationalen Schnitt 151 Punkte (weiße Schüler 163 Punkte, afro-amerikanische Schüler jedoch nur 128 Punkte), so kamen African Americans in der Hauptstadt Washington, D.C. auf gerade einmal 107 Punkte. Mississippis Schüler aus allen ethnischen Gruppen bilanzierten insgesamt mit bescheidenen 137 Punkten, während Massachusetts mit 161 und Vermont mit 163 Punkten abschnitten und damit Neuenglands Führungsposition in zahlreichen Ausbildungsparametern unterstrichen. Diese Segmentation setzt sich mit dem Übertritt in die Hochschulen und dem Eintritt in den Arbeitsmarkt fort. Wer die high school frühzeitig, also ohne Abschluss verlässt – wofür die größte Wahrscheinlichkeit in den innerstädtischen Schulen mit ihrem prekären sozialen Hintergrund besteht –, hat erhebliche Schwierigkeiten, überhaupt einen Job zu finden.
Quelle: Werner Gamerith, Peter Meusburger: Amerika macht Schule: Ausbildungs- und Qualifikationsstrukturen in den USA. Springer 2017, S. 49

M 6 Quellentext zur Qualität der Public Schools

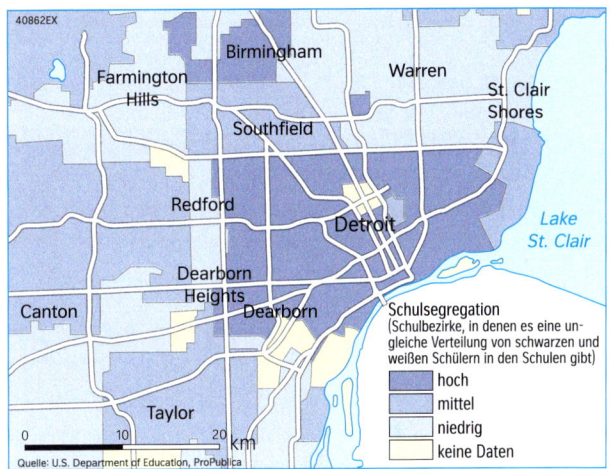

M 7 Schulsegregation in Detroit (2018)

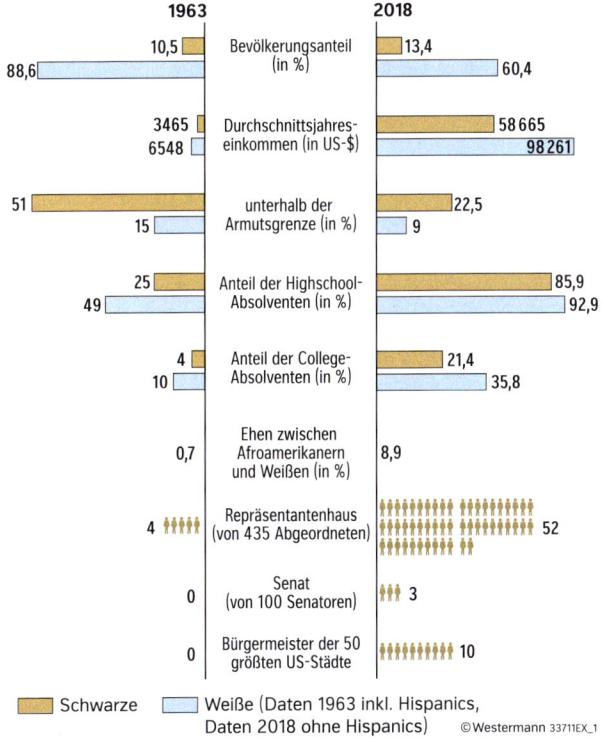

M 8 Vergleich verschiedener Daten von weißen und afroamerikanischen US-Amerikanern aus den Jahren 1963 und 2018

1.8 Die indigene Bevölkerung Nordamerikas

In den USA leben circa 2,8 Mio.[1] Native Americans oder Indian Amerians (0,9 % der Gesamtbevölkerung), in Kanada etwa 1,4 Mio. indigene Menschen (4,3 % der Gesamtbevölkerung; 61 % First Nations, 33 % Métis[2] und 4 % Inuit in den polaren Regionen). Mitte des 19. Jahrhunderts begann man in beiden Staaten, die überlebende indigene Bevölkerung in Reservate zu drängen, in denen die „Indianer" auf die amerikanische Lebensweise vorbereitet werden sollten. Zwar erhielten die Reservate später verschiedene Elemente von Selbstverwaltung, doch die wirtschaftliche und soziale Lage blieb desaströs. Heute leben 85 Prozent der indigendenen US-amerikanischen Bevölkerung außerhalb der Reservate in Städten (in Kanada ca. 50 %).

[1] 6,9 Mio. mit mehr als einer Rasse laut Selbstzuschreibung im Census
[2] Nachkommen aus der Verbindung von Europäern und Mitgliedern der First Nations

1. Fassen Sie die Lebenssituation der indigenen Bevölkerung Kanadas zusammen (M2 – M4).
2. Erörtern Sie die Thesen, Kanadas Komplexität beruhe auf drei Säulen bzw. die Zeit der „Two Solitudes" sei vorbei (M1).
3. a) Der Stamm der Seminolen erfand die „Indianercasinos". Erklären Sie (M5, M6).
   b) Analysieren Sie die Lage der Casinos und Casinohotels (M7).
4. Vergleichen Sie die sozio-ökonomische Situation der ausgewählten Reservate (M8) und der Native Americans mit der anderer ethnischer Gruppen in den Counties* (M9).
5. Das Betreiben der Casinos brachte den Native Americans Gleichberechtigung und Eigenständigkeit. Nehmen Sie Stellung (M10).

Der bekannte kanadische Philosoph John Ralston Saul stellte die These auf, dass die Komplexität Kanadas auf drei tief verwurzelten Säulen beruht – der indigenen, der frankophonen und der anglophonen –, deren Geschichte und Erfahrungsbereiche seit der Kolonisierung Kanadas eng miteinander verwoben sind. Dieses Konzept des dreiteiligen Fundaments der kanadischen Gesellschaft mit fast 500-jähriger Geschichte grenzt keineswegs später eingewanderte Gruppen aus, sondern unterscheidet lediglich die drei prinzipiellen Charakteristika der kanadischen Kultur. So unterstrich die Generalgouverneurin Michaelle Jean, die erste Afrokanadierin in diesem Amt, in ihrer Antrittsrede 2005, dass die Zeit der „Two Solitudes" vorbei sei.

Quelle: Kerstin Knopf: Das indigene Kanada heute. In: Lehmkuhl, Ursula (Hrsg.): Länderbericht Kanada. Bonn: Bundeszentrale für politische Bildung 2018, S.222

M1 Quellentext zu den Ursprüngen der kanadischen Kultur

Es gibt [in Kanada] ca. 200 Reservate mit mehr als 500 Einwohnern, die auf alle Provinzen und Territorien verteilt sind. [...] Die von der Regierung gestellten Reservatshäuser sind von niedrigem Standard, oft bestehen sie aus verstärkten Pappwänden, leiden unter Schimmelbefall, sind überfüllt und haben manchmal nicht einmal sanitäre Einrichtungen, fließendes und sauberes Trinkwasser [...]; die medizinische Versorgung ist besonders in den nördlichen indigenen Gemeinden der Provinzen und Territorien minderwertig. Neben Beschäftigung in der Reservatsverwaltung (band council), bei der lokalen Polizei und in Serviceeinrichtungen gibt es wenig Arbeit, es sei denn, ein großes Unternehmen betreibt in der Nähe eine Mine oder ähnliche Anlagen zur Förderung von Bodenschätzen. Die aus der hohen Arbeitslosigkeit resultierenden enormen sozialen und wirtschaftlichen Probleme der Reservatsbewohner führen [...] oft zu Alkohol- und Drogenmissbrauch, Gewalt und hohen Suizidraten, vor allem unter Jugendlichen. Selbstmord kommt unter indigenen Jugendlichen sechsmal häufiger vor als im kanadischen Durchschnitt, unter jugendlichen Inuit sogar zehnmal. Auch die Inhaftierungsrate liegt über dem Durchschnitt: 2013 waren 23 Prozent der Insassen insgesamt und 34 Prozent der inhaftierten Frauen indigener Abstammung, obwohl die Indigenen insgesamt nur 4,3 Prozent der kanadischen Bevölkerung ausmachen. Trotzdem sind der kommunale Zusammenhalt und die familiären Bindungen im Reservat stark. Es gibt von Indigenen geführte soziale Serviceeinrichtungen, Schulen, Veranstaltungen und traditionelle Events wie Powwows, Treffen, bei denen die indigene Kultur und Tradition gepflegt wird, oder Sweat-Lodge-Zeremonien, ein Reinigungsritual in einer sogenannten Schwitzhütte. [...]

Die First Nations und Inuit im Norden Kanadas [...] leben weitgehend isoliert von der restlichen Bevölkerung, häufig in sogenannten fly-in communities, ohne Straßenanbindung. Die Lebensmittel- und Dieselpreise sind hier extrem hoch und die hohen Flugpreise können sich nur wenige leisten. Es herrscht auch hier eine hohe Arbeitslosigkeit und die meisten Bewohnerinnen und Bewohner dieser Gemeinden sichern ihren Lebensunterhalt zusätzlich durch Jagen und Fischen. Ebenso wie in den Reservaten sind die Häuser sowie sozialer und medizinischer Service häufig inadäquat und die aus der Perspektivlosigkeit resultierenden psychischen und sozialen Probleme hoch. Junge Menschen gehen oft zum Arbeiten oder Studieren in den Süden.

Quelle: Kerstin Knopf: Das indigene Kanada heute. In: Lehmkuhl, Ursula (Hrsg.): Länderbericht Kanada. Bonn: Bundeszentrale für politische Bildung 2018, S.223

M3 Quellentext zur indigenen Bevölkerung in Kanada

M2 Grand River Powwow der Six Nations (Irokesen) in traditioneller Kleidung in Ohsweken (Ontario)

M4 Jugendliche der Attawapiskat First Nation in Ontario im Reservat (1600 Bewohner, ein Drittel unter 19 Jahre)

Die indigene Bevölkerung Nordamerikas

M 5 Das 2019 eröffnete Hard Rock Casino Hotel in Hollywood (Florida) gehört wie die anderen weltweit 190 Cafés, 30 Hotels und elf Casinos der „Hard Rock"-Gruppe den Seminolen. Der aus etwa 4000 Menschen bestehende Stamm lebt in sechs Reservaten im nördlichen Florida.

Eine Zahl. Hunderttausend? Zweihunderttausend Dollar? Nach einer Zahl fragen die Leute, wenn sie merken, dass Cheyenne Kippenberger zu den Seminolen gehört. „Natürlich verrate ich sie nicht", sagt Kippenberger. Niemand verrät die Zahl. Und so bleibt bloß eine Schätzung des „Forbes"-Magazins von 2016, um den Reichtum des Indianerstamms zu erahnen. Rund 130 000 Dollar erhält demnach ein Mitglied der Seminolen im Jahr. Das Durchschnittseinkommen in Florida liegt bei 46 000 Dollar. Als sie volljährig wurde, war Cheyenne Kippenberger Millionärin. [...] Die Seminolen sind der reichste Stamm Amerikas. [...] Die Basis des Reichtums sind ihre Casinos. Sie tragen 95 Prozent der Einnahmen bei. Allein das größte Casino in Tampa [macht] pro Jahr eine Milliarde Dollar Gewinn. Als Florida 1957 die Seminolen als Volksgruppe anerkannte und ihnen Selbstbestimmung über ihre Gebiete gewährte, stand die frisch gewählte Stammesregierung vor einem Problem: Woher sollte sie das Geld nehmen, um ihre Regierungsaufgaben zu finanzieren? [...] 1979 eröffnete [der damalige Chief Jim Billie] in Hollywood eine Bingohalle. Nach einem Jahr erreichten die Einnahmen aus dem Glücksspiel eine Million Dollar im Monat. Billie hatte das sogenannte Indianercasino erfunden. Begünstigt von der Steuerfreiheit und lascheren Glücksspielgesetzen in Reservaten, öffneten in den folgenden Jahren Hunderte Casinos im Land.
Quelle: Florentin Schumacher: So spielt das Leben. Frankfurter Allgemeine Sonntagszeitung 2.2.2020, S.45

M 6 Quellentext zu den Seminolen

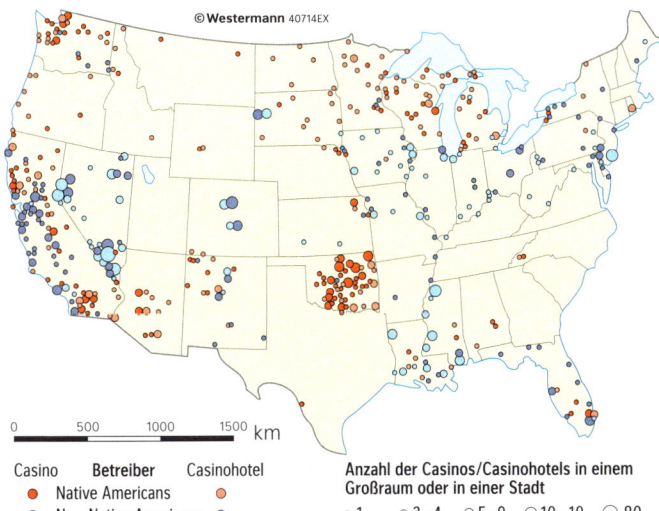

M 7 Casinos und Casinohotels in den USA

	Shakopee (Minnesota)[1]	Chickasaw (Oklahoma)	Pine Ridge (S. Dakota)	San Carlos (Arizona)	zum Vergleich USA
Bevölkerung	954	312 615	19 895	10 443	327 167 434
Haushaltseinkommen (in US-$)	268 622	65 726	45 982	45 309	87 864
Anteil Armer	18,5 %	14,4 %	48,1 %	47 %	13,1 %
Anteil mit Highschool-/Bachelor-Abschluss	91,6 %/ 11,6 %	87,1 %/ 19,8 %	77,3 %/ 13,4 %	70,5 %/ 5,0 %	87,7 %/ 31,5 %

[1] Shakopee Mdewakanton Sioux Community   Quelle: US Census (auch M)

M 8 Sozioökonomischen Daten für ausgewählte Reservate (2018). In den USA gibt es 573 anerkannte Stämme, die in 324 Reservaten (225 000 km²) leben. Die Stammesregierungen (Tribal Governments) haben weitgehende rechtliche Souveränität und Steuerfreiheit.

	USA	Apache (Arizona)	Maskogee (Oklahoma)	Los Angeles (Kaliforn.)	New York (New York)
Gesamt	33 831	14 605	24 361	34 115	103 192
Indian Americans	20 709	11 357	25 522	25 783	26 810
Whites	40 027	26 356	28 671	59 558	114 492
Afro-Americans	23 303	19 313	16 842	29 819	28 901
Asians	40 878	-	-	37 988	73 255
Hispanics*	20 509	13 272	11 659	20 226	27 252
Bevölkerung Indian Americans (Anteil)	2 801 587 (0,9 %)	58 873 (75%)	12 314 (18%)	76 089 (0,8 %)	12 359 (0,8 %)

M 9 Durchschnittseinkommen pro Person von ethnischen Gruppen in ausgewählten Counties (in US-$, 2018)

Der Großteil des Indian Country liegt in ressourcenarmen, abgelegenen Räumen. So bieten die Einnahmen aus den Casinos eine der wenigen Möglichkeiten, den Aufbau eigener staatlicher Organe wie z. B. Tribal Council und Tribal Police zu finanzieren [...] und die herbeigesehnte Gleichberechtigung und Eigenständigkeit zu erlangen. Die erfolgreichen Stämme institutionalisieren und expandieren über die Glücksspielbetriebe nicht nur ihre Territorien, vielmehr entstehen in den Casinos und in stammeseigenen Unternehmen zahlreiche Arbeitsplätze für die Mitglieder. Dazu kommt es zum Aufbau einer staatlich betriebenen Infrastruktur von Feuerwehr, Polizei, Krankenhäusern und Sozialstationen. [...] Die Einnahmen des Indian Gaming ermöglichen den Stammesmitgliedern neue Lebensstile, welche die Erneuerung und Neuerfindung kultureller Identität und kultureller Praktiken mit einschließen. [...] Es entstehen neue kulturelle Orte und „Native-Medien" wie Radiokanäle, Zeitschriften, Journale und Internetauftritte [...]. Die „Casino-Stämme" beginnen mit dem Bau großzügig angelegter Kulturzentren. [...] Die Zentren bestehen aus Museen, Dokumentationseinheiten, Bibliotheken, Souvenirläden und Veranstaltungshallen. [...] Zusätzlich zu den Kulturzentren finanzieren die Stämme mit den Einnahmen Komitees, die sich um die Regeneration und Intensivierung kultureller Praktiken bemühen. Nahezu ausgestorbene Sprachen werden durch Sprachunterricht belebt, traditionelle Praktiken, wie das Sammeln von Heilpflanzen, Weben, Häkeln, Töpfern, Backen, Kochen und Korbflechten sowie Kunsthandwerk werden über Kurse vermittelt.

241 Stämme betreiben Casinos mit Glücksspieleinnahmen.

Einnahmen: 33,72 Mrd. US-$ (2018)

Verteilung der Gewinne auf Pro-Kopf-Basis an die Stammesmitglieder

Quelle: Anton Escher, Manuel Eckstein: Indian Gaming in den USA. Geographische Rundschau 6/2017, S. 44 ff.

M 10 Quellentext zur „neuen Identität" der Native Americans

BEVÖLKERUNG UND NATURRAUM

1.9 Naturräumliche Gliederung: Relief und Klima

Das klassische amerikanische Road Movie erzählt die Geschichte von Menschen, die sich in ein Auto setzen und bei der Fahrt durch die endlosen Weiten des Kontinents zu sich selber finden. Die Landschaft, die an den Protagonisten vorbeizieht, ist über Stunden gleichförmig und über Tage ganz unterschiedlich: Gebirge und Ebenen, Wüsten und Wälder. Und auch das Klima hat in Nordamerika viele Extreme zu bieten. Die enorme Landmasse führt in den Sommermonaten zu extremer Erwärmung und in den Wintermonaten zu extremer Abkühlung. Jährliche Temperaturschwankungen von 60 °C bis 80 °C sind in den USA keine Seltenheit. Extrem unterschiedlich sind auch die Jahresniederschläge von über 5000 mm im Jahr an der Pazifikküste und 100 bis 250 mm im Regenschatten in der Sierra Nevada.

1. Beschreiben Sie die naturräumliche Gliederung in den USA (M3–M8).
2. Vergleichen Sie die Großlandschaften der USA mit denen in Deutschland (Atlas).
3. Erläutern Sie die Erschwernis der Erschließung der USA durch die Appalachen (M4–M6, M6, S.13).
4. Charakterisieren Sie die klimatischen Verhältnisse Nordamerikas (M1, M2).
5. Ermitteln Sie Städte mit aridem und mit humidem Klima (M1).
6. Erläutern Sie am West-Ost-Profil die Niederschlagsverhältnisse in den USA (M1, M2, M6).
7. Vergleichen Sie das Klima in New York mit dem Klima in Rom (M1, Internet).

Die kontinental-polaren Luftmassen Nordamerikas entstehen über dem nördlich-zentralen Kanada. Sie bilden Zungen kalter, trockener Luft, welche periodisch aus der Ursprungsregion nach Süden und Osten ausfließen und als Antizyklonen in Erscheinung treten, im Winter mit niedrigen Temperaturen und klarem Himmel. Über dem nördlichen Eismeer und den angrenzenden Landgebieten der Arktis entwickeln sich die extrem kalten und stabilen arktischen Luftmassen; wenn sie bis in die Vereinigten Staaten vordringen, werden sie dort als strenge Kältewellen empfunden. Ein Ursprungsgebiet maritim-polarer Luftmassen sind der Nordpazifik und die Beringsee in der Region des beständigen Aleutentiefs. Mit reichlich Gelegenheit, im Ursprungsgebiet und auf ihrem Weg südostwärts zur Westküste Nordamerikas Feuchtigkeit aufzunehmen, sind diese Luftmassen typischerweise kühl und feucht. Im Winter neigen sie dazu, labil zu werden, und bringen hohe Niederschläge im Bereich der Küstengebirge. Eine zweite Ursprungsregion maritim-polarer Luftmassen ist der nördliche Atlantik; auch diese Luftmassen sind kühl und feucht. Von den tropischen Luftmassen kommen die maritim-tropischen Luftmassen aus dem Golf von Mexiko am häufigsten in die zentralen und östlichen Vereinigten Staaten. Sie bewegen sich nordwärts und bringen warme, feuchte, labile Luft in den Ostteil des Landes. Besonders im Sommer bewirken sie heißes, schwüles Wetter mit vielen Gewittern.

Quelle: Alan H. Strahler, Arthur N. Strahler: Physische Geographie. Stuttgart: Ullmer 2005, S.152–153

M2 Quellentext zu Luftmassenbewegungen in Nordamerika

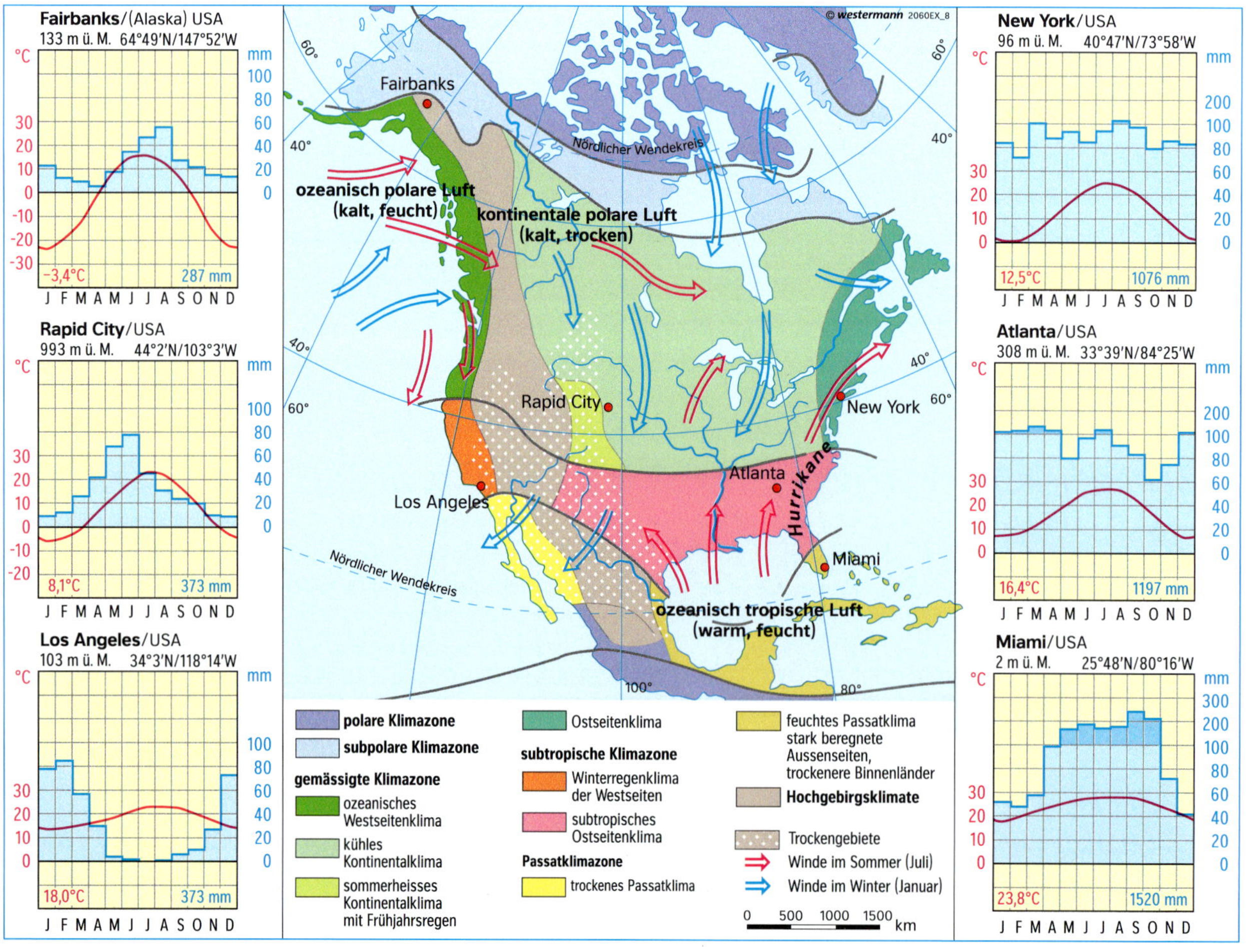

M1 Klimatische Bedingungen in Nordamerika

Naturräumliche Gliederung: Relief und Klima

M 3 Rocky Mountains

M 7 Great Plains

M 8 Appalachen

M 4 Naturräumliche Gliederung Nordamerikas

Im Gegensatz zur relativ geringen Ausdehnung europäischer Großlandschaften sind jene der USA extrem weiträumig. Je nach Nord-Süd- oder West-Ost-Ausrichtung können sich einzelne Großlandschaften über Tausende von Kilometern erstrecken. Die wichtigsten topografischen Gegensätze sind durch die in Nord-Süd-Richtung verlaufenden Gebirgszüge im Osten und Westen der USA sowie dem dazwischenliegenden Tiefland gegeben. Letzteres erstreckt sich vom Golf von Mexiko bis in die kanadische Arktis, wo die Ost-West-Ausdehnung rund 5000 Kilometer beträgt, während es sich entlang der amerikanisch-kanadischen Grenze noch über 3000 km, weiter im Süden „nur" noch über 2000 km erstreckt. Für die Unterscheidung der topografischen Großstrukturen sind geologische Entstehung und Gesteinsschichten, klimabedingte Oberflächenprozesse und insbesondere Klimaunterschiede ausschlaggebend. Von West nach Ost ergibt sich folgende topografische Gliederung:

- **Pazifische Küstengebirge**: eine Küstenkette (bis ca. 1000 m) sowie landeinwärts Kaskadengebirge und Sierra Nevada (bis etwa 4500 m), welche die zwischenliegenden tiefen Täler, z.B. das große kalifornische Längstal, einfassen.
- **Intermontanes Hochplateau** (ca. 700 bis 2300 m), das von einzelnen Gebirgszügen und Schluchten durchzogen ist.
- **Rocky Mountains** (bis ungefähr 4300 m Höhe, Mt. Whitney in Nevada mit 4421 m, der höchste Berg Mt. McKinley in Alaska mit 6189 m).
- **Großes Zentrales Tiefland** (Interior Plains): im Westen die ca. 500 bis 1800 m hoch gelegenen Great Plains, also die Prärien; östlich anschließend das Zentrale Tiefland, das sich bis zu den Appalachen erstreckt, wobei entlang des Mississippi das tiefer gelegene Mississippi-Tiefland ausgegliedert wird. Es ist eine der größten Tieflandebenen der gemäßigten Breiten und aufgrund des Mississippi und seiner Nebenflüsse auch eine der am besten bewässerten.
- Im Süden schiebt sich das Ozark- und Ouachita-Plateau (**Zentrales Hochland**) zwischen das Zentrale Tiefland und die Golf-Küstenebene.
- **Appalachen-Gebirgsketten**, die über 400 km breit, 2000 km lang und bis 2000 m hoch sind und im Norden bis an den Atlantik heranreichen.
- Die **Küstenebene**, die nach Süden immer breiter wird und sich einerseits südlich der Appalachen über das Mississippidelta bis nach Texas erstreckt und sich andererseits östlich der Appalachen entlang der Atlantikküste ausdehnt.

Quelle: Rita Schneider-Sliwa: USA. Darmstadt: WBG 2005, S. 22

M 5 Quellentext zu Relief und Großlandschaften der USA

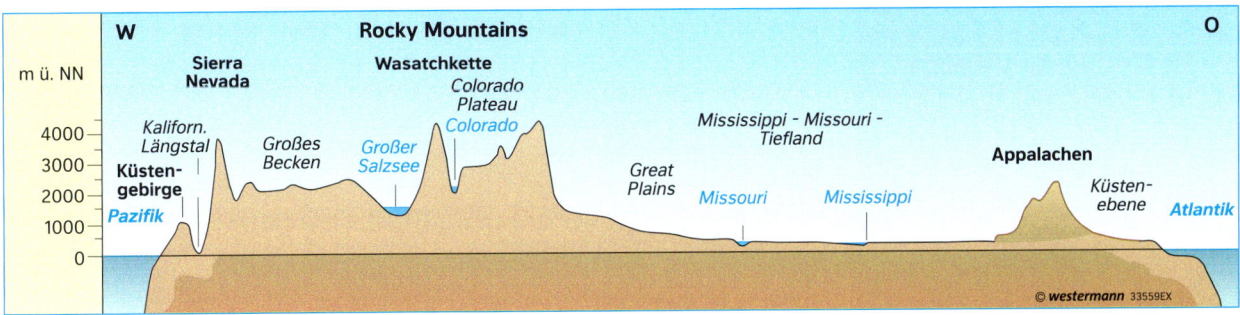
M 6 Profil durch die USA (40° nördlicher Breite)

1.10 Naturrisiken und -katastrophen

Die etwas mehr als 800 000 Einwohner San Franciscos leben auf einem Pulverfass. Der nächste „Big One" wird kommen, da sind sich die Wissenschaftler sicher. Bei einem Erdbeben in Los Angeles oder San Francisco muss mit Opferzahlen im fünfstelligen Bereich und gewaltigen wirtschaftlichen Schäden gerechnet werden. Die Katastrophenvorsorge gilt als ungenügend. Trotzdem scheinen die Menschen kaum beunruhigt zu sein.

1. Lokalisieren Sie San Francisco und den Mount St. Helens (M6, Atlas).
2. Erstellen Sie eine Dokumentation zum Erdbeben 1906 in San Francisco (M4, Internet, Atlas) und übertragen Sie das damalige Erdbeben auf das heutige Stadtgebiet (M1, M5).
3. a) Vergleichen Sie die Fotos des Mount St. Helens vor und nach dem Ausbruch 1980 (M2).
   b) Erklären Sie die Auswirkungen des Ausbruchs des Mount St. Helens (M2, M3).
4. Die Gebirgszüge im Westen sind ein geologisch besonders aktives Gebiet. Begründen Sie das dort häufige Auftreten von Vulkanen und Erdbeben (M1 – M6, Atlas).
5. a) Erläutern Sie die Naturrisiken in den USA (M6).
   b) Erörtern Sie deren Auswirkungen (M7 – M9, Internet).
6. „Menschen haben kein Katastrophengedächtnis." Nehmen Sie Stellung zu dieser Aussage.

M4 San Francisco nach dem Erdbeben 1906

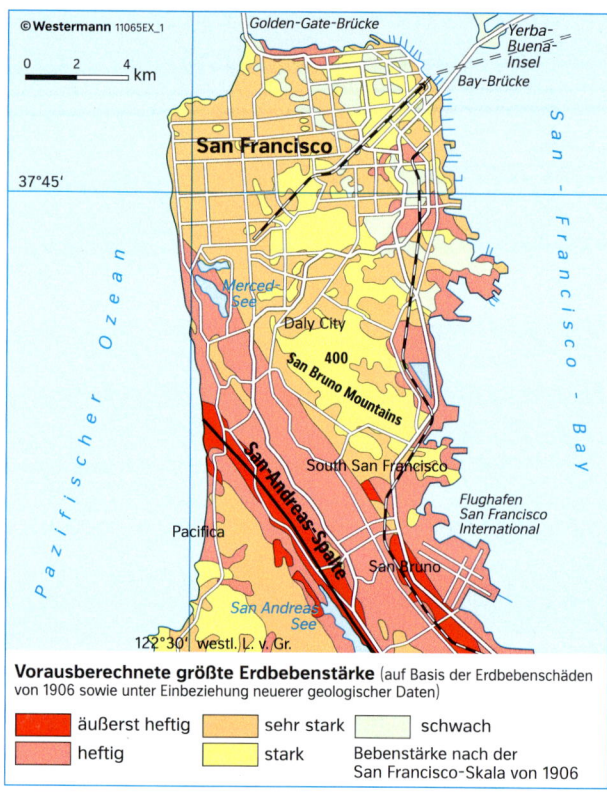

M5 San Francisco: Erdbebengefährdung

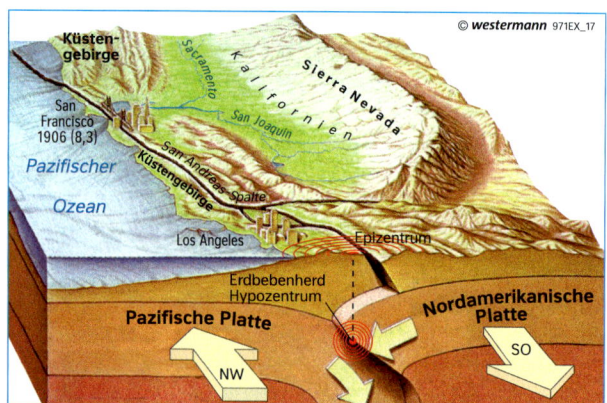

M1 Querschnitt durch Kalifornien

M2 Mount St. Helens

„Vancouver! This is it!" – der über Radio verbreitete Ausruf des beim Ausbruch des Mount Saint Helens umgekommenen Vulkanologen David Johnston ist Zeitgeschichte. 57 Menschen fanden bei diesem Ausbruch den Tod. Der Ausbruch war einer der stärksten des 20. Jahrhunderts. Aufdringendes Magma hatte zunächst eine markante Wölbung der nördlichen Bergflanke verursacht. Bei einem der zahllosen Erdbeben rutschte die gesamte Nordflanke lawinenartig ab. Die Folge war der Austritt eines pyroklastischen Stroms – ein Gemisch aus heißer Asche, Gasen und Gesteinsstücken. Die beim Ausbruch entstandene Druckwelle knickte die umgebenden Wälder wie Streichhölzer um oder zerriss Bäume. Durch das Schmelzen von Schnee und Eis kam es zu Schlammströmen, den Laharen, welche dem Relief folgend zu Tale rasten. Mit dem Ausbruch wurde eine plinianische Wolke aus Vulkanasche kilometerhoch in die Atmosphäre geschleudert. Der Fallout ging über elf amerikanischen Bundesstaaten nieder. In den nachfolgenden Jahren bildete sich in der entstandenen Caldera ein Sekundärkrater heraus, immer wieder begleitet von Exhalationen [Ausströmen von vulkanischen Gasen und Dämpfen] und kleineren Erdbeben.

Quelle: Rüdiger Glaser: Vulkanismus. In: Physische Geographie. Braunschweig: Westermann 2012, S. 136

M3 Quellentext zum Ausbruch des Mount St. Helens 1980

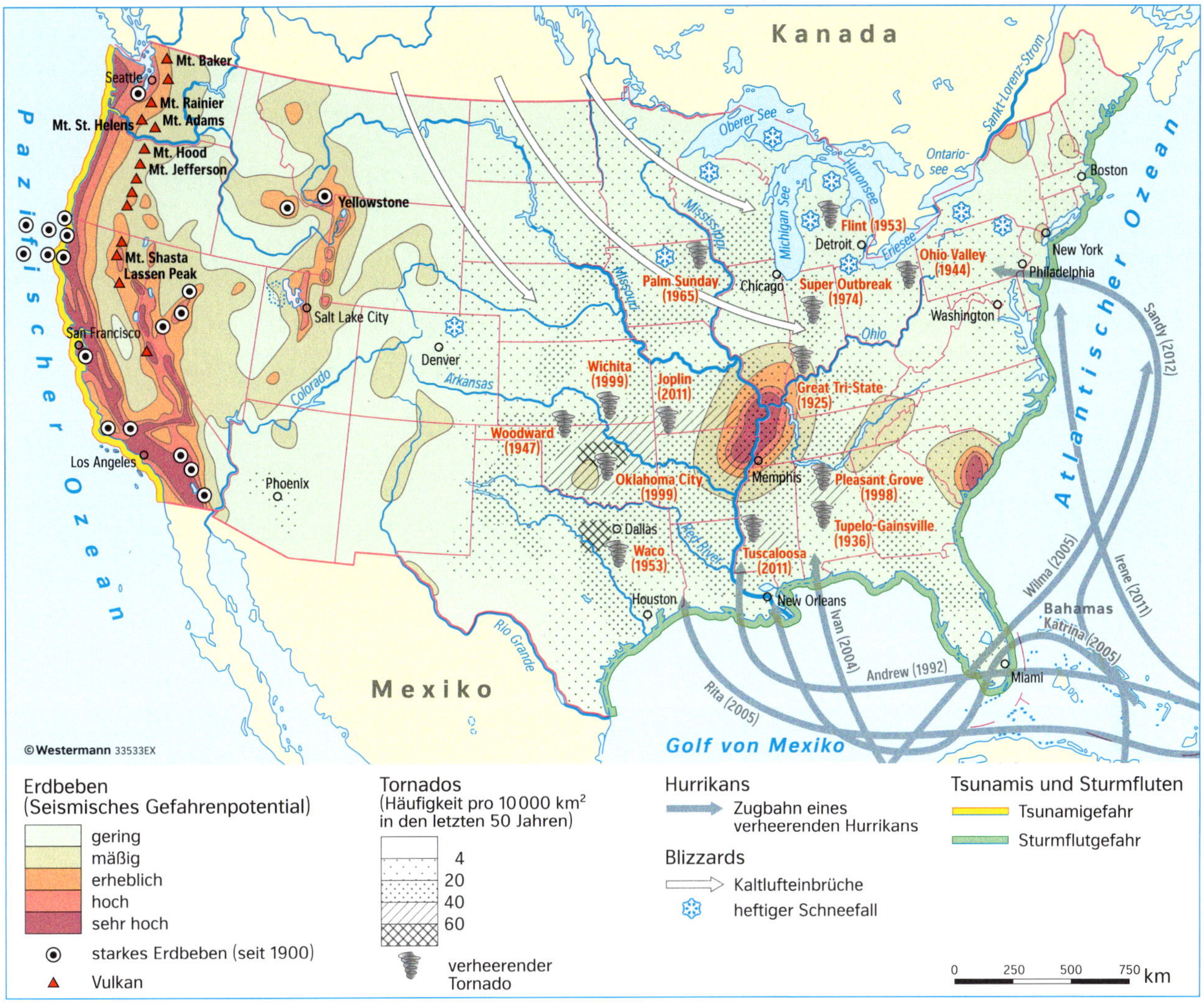

Naturrisiken und -katastrophen

M 6 Naturrisiken in den USA

Erdbeben (Seismisches Gefahrenpotential)
- gering
- mäßig
- erheblich
- hoch
- sehr hoch
- ⊙ starkes Erdbeben (seit 1900)
- ▲ Vulkan

Tornados (Häufigkeit pro 10 000 km² in den letzten 50 Jahren)
- 4
- 20
- 40
- 60
- verheerender Tornado

Hurrikans
- Zugbahn eines verheerenden Hurrikans

Blizzards
- Kaltlufteinbrüche
- heftiger Schneefall

Tsunamis und Sturmfluten
- Tsunamigefahr
- Sturmflutgefahr

M 7 Boston 2015: Schneereichster Winter in der Geschichte

Blizzard

Insbesondere in den Wintermonaten kommt es in den USA zu Eis- und Schneestürmen infolge von plötzlich auftretenden Kälteeinbrüchen (*cold waves*). Die polaren Luftmassen aus Alaska und dem Norden Kanadas dringen entlang der Rocky Mountains bis in die Golfküstenregion und nach Florida vor. In den USA fehlt ein Ost-West-verlaufendes Gebirge, um diese Luftmassen aufzuhalten. Die Blizzards erreichen Geschwindigkeiten von bis zu 220 km/h. Sie verursachen Frostschäden in der Landwirtschaft und gewaltige Schnee- und Eismassen bringen den Verkehr zum Erliegen. Diese führen auch dazu, dass die Strommasten abknicken, sodass häufig die Stromversorgung zusammenbricht.

M 8 Zerstörungen nach einem Tornado in Lapeer, Michigan
Bei den etwa 1000 Tornados in den USA im Jahr kommen durchschnittlich 80 Menschen ums Leben (1500 Verletzte) und entstehen Schäden von sechs Mrd. US-$ (2011: >25 Mrd. US-$).

	Todesopfer	Schäden (in Mrd. US-$)
Hurrikan Katrina 2005	1720[1]	165[1]
Hurrikan Harvey 2017	107[1]	129[1]
Erdbeben Los Angeles 1994	57	76
Tornado Joplin 2011	158	3
Louisiana Flut 2016	13	15
Wintersturm 2015	40	3

M 9 Naturkatastrophen in den USA ([1] nur in den USA)

1.11 Klimawandelfolgen in den USA

Die USA sind nicht nur durch ihre jahrzehntelangen hohen CO_2-Emssionen einer der wichtigsten Verursacher der globalen Erderwärmung, sie leiden heute und vermehrt auch in der Zukunft unter den Folgen des Klimawandels*. Aufgrund der Größe des Landes fallen diese in den verschiedenen Regionen des Landes sehr unterschiedlich aus.

1. Beschreiben Sie die Entwicklung der jährlichen Mitteltemperaturen in Nordamerika und der Welt (M5, M6).
2. Vergleichen Sie den Ressourcenverbrauch der USA und Kanadas mit dem Deutschlands und der gesamten Welt (M1).
3. a) Analysieren Sie die Folgen und Auswirkungen des Klimawandels in den USA (M2, M4, M7, M9, M15).
   b) Erläutern Sie die regionalen Unterschiede (M3, M6).
4. Erläutern Sie die Entwicklung der Waldbrände als Klimawandelfolge (M8, M9, M11, M14, M15).
5. Beurteilen Sie die Folgen des Klimawandels für die US-amerikanische Wirtschaft und Gesellschaft.
6. a) Analysieren Sie die Positionen der beiden US-Präsidenten zum Thema Klimawandel vor dem Hintergrund der wissenschaftlichen Datenlage (M10).
   b) Erläutern Sie die Position der US-Amerikaner (M12, M13).

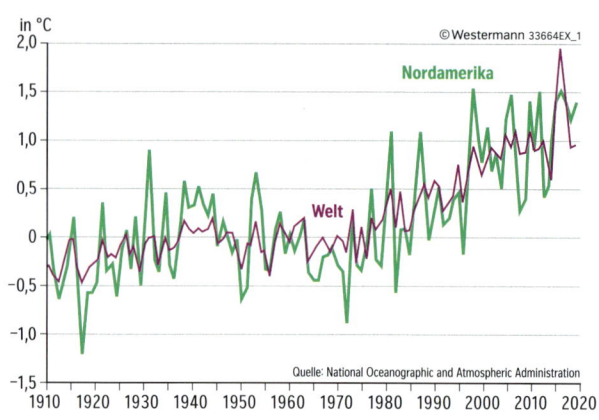

M5 Landoberflächentemperatur global und in Nordamerika (1910 – 2019; im Vergleich zum Mittel von 1910 – 2010)

	Primärenergieverbrauch (in GJ/Ew.)	Stromverbrauch (in kWh/Ew.)	CO_2-Emissionen (in t CO_2/Ew.)	Wasserverbrauch (in m³/Ew.)
USA	294,8	13 696	15,8	1 207
Kanada	390,2	17 909	15,1	883
Deutschland	155,7	6 958	8,8	297
Welt	76,0	3 534	4,5	k.A.

1 kW/h ≈ 3,6 Mio. J   Quelle: BP, OECD

M1 Daten zum Ressourcenverbrauch (2018)

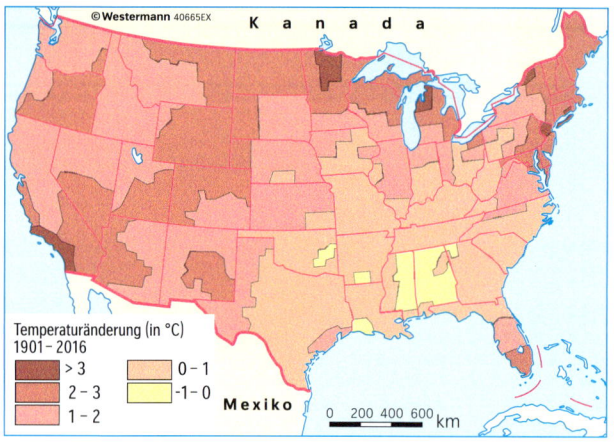

M6 Veränderungen der Landoberflächentemperatur zwischen 1910 und 2016 in den USA

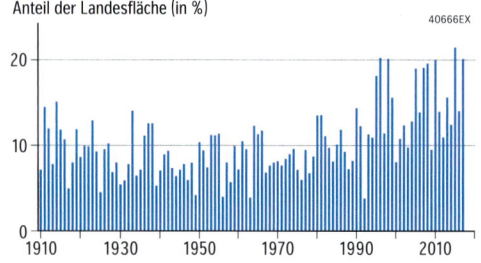

M2 Starkniederschläge in den USA

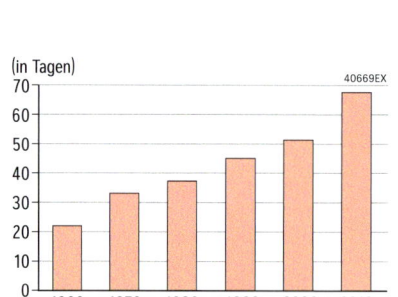

M4 Hitzewellen in den USA

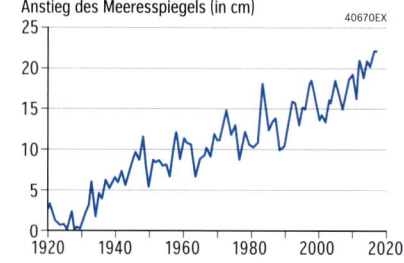

M7 Meeresspiegelanstieg an US-Küsten

North East
Gemeinden sind von Hitzewellen, extremeren Niederschlagsereignissen und Küstenüberflutungen aufgrund von Meeresspiegelanstieg und Sturmflut betroffen.

Great Plains
Steigende Temperaturen führen zu einer erhöhten Nachfrage nach Wasser und Energie und wirken sich auf die landwirtschaftlichen Praktiken aus.

South West
Dürre und zunehmende Erwärmung fördern Waldbrände und eine verstärkte Konkurrenz um knappe Wasserressourcen für Menschen und Ökosysteme.

Hawaii und Pazifik-Inseln
Zunehmend eingeschränkte Süßwasserversorgung in Verbindung mit erhöhten Temperaturen belasten sowohl die Menschen als auch die Ökosysteme und verringern die Nahrungsmittel- und Wassersicherheit.

South East
Die verminderte Wasserverfügbarkeit, die durch Bevölkerungswachstum und Landnutzungsänderungen noch verstärkt wird, führt zu einem verstärkten Wettbewerb um Wasser. Extremereignisse wie Wirbelstürme bergen erhöhte Risiken.

Mid West
Längere Vegetationsperioden und steigende CO_2-Werte erhöhen die Erträge einiger Nutzpflanzen. Diese Vorteile werden allerdings durch das Auftreten von Extremereignissen wie Hitzewellen, Dürren und Überschwemmungen ausgeglichen.

North West
Veränderungen im zeitlichen Ablauf der Flüsse im Zusammenhang mit der früheren Schneeschmelze reduzieren die Wasserversorgung im Sommer, was weitreichende ökologische und sozioökonomische Folgen hat.

Küsten
Die Lebensadern an der Küste, wie die Infrastruktur der Wasserversorgung und die Evakuierungswege, sind zunehmend anfällig für höhere Meeresspiegel und Sturmfluten, Überschwemmungen im Binnenland und andere klimabedingte Veränderungen.

M3 Auswirkungen des Klimawandels in verschiedenen US-Regionen

Klimawandelfolgen in den USA

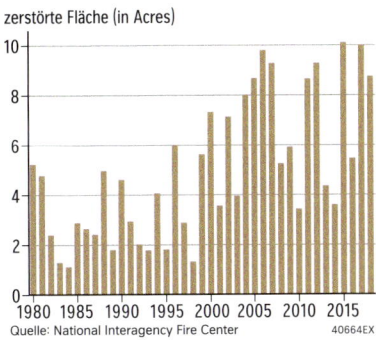

M 8 Anzahl der Waldbrände in USA

Am 8.11.2018 brach im Butte County, Nordkalifornien, der bislang schwerste Waldbrand der US-amerikanischen Geschichte aus.
Dauer: bis zum 25.11.2018
Zerstörte Fläche: 62 053 ha
Zerstörte Gebäude: 18 804
Tote: 85 Zivilisten,
Schäden: ca. 16,5 Mrd. US-$
Evakuierte: 52 000
Ursachen: technischer Defekt an einer Stromleitung, Dürre, heiße Winde

M 11 Camp-Fire-Waldbrand November 2018

M 14 Folgen des Waldbrands in der Coffee Park Area

M 9 Milliarden-Dollar-Naturkatastrophen (Schadenssumme > 1 Mrd. US-$; 1980–2019)

Zeit/Typ	Anzahl	Kosten (in Mrd. US-$)	Tote
1980–1989	28	127,7	2808
1990–1999	52	269,6	2173
2000–2009	59	510,3	3051
2010–2019	119	802,0	5217
Dürre	26	249,7	2993
Flut	32	146,5	555
Frost	9	30,5	162
Sturm	113	247,8	1642
Wirbelsturm	44	945,9	6502
Waldbrand	17	84,9	347
Wintersturm	17	49,9	1048
Gesamt	258	1 754,6	13 249

M 15 Milliarden-Dollar-Naturkatastrophen (1980–2019)

„Global climate is changing and this is apparent across the United States in a wide range of observations. The global warming of the past 50 years is primarily due to human activities, predominantly the burning of fossil fuels. [...]
Actions to reduce emissions, increase carbon uptake, adapt to a changing climate, and increase resilience to impacts that are unavoidable can improve public health, economic development, ecosystem protection, and quality of life."

US National Climate Assessment (behördenübergreifendes Projekt der US-Regierung zur Erforschung des Klimawandels; Mai 2014)

„I am convinced that no challenge poses a greater threat to our future and future generations than a changing climate. [...] We're the first generation to feel the impact of climate change; we're the last generation that can do something about it. We only get one home. We only get one planet. There's no plan B."

Barack Obama (3.8.2015)

„The concept of global warming was created by and for the Chinese in order to make U.S. manufacturing non-competitive."

Donald Trump auf Twitter, 6. 11 2012

„In the beautiful Midwest, windchill temperatures are reaching minus 60 degrees, the coldest ever recorded. In coming days, expected to get even colder. People can't last outside even for minutes. What the hell is going on with Global Waming? Please come back fast, we need you!"

Donald Trump auf Twitter, 29.1.2019

„The badly flawed Paris Climate Agreement protects the polluters, hurts Americans, and cost a fortune. NOT ON MY WATCH!"

Donald Trump auf Twitter, 4.9.2019

M 10 Zitate zum Klimawandel

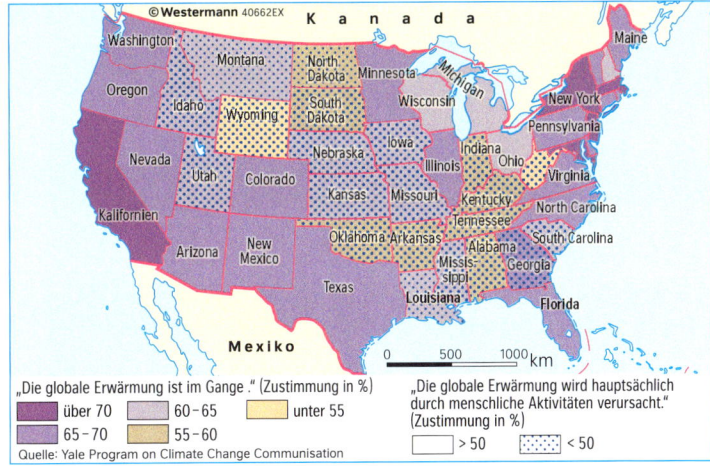

M 12 Umfrage unter erwachsenen US-Amerikanern zur globalen Erderwärmung nach Staaten (2019)

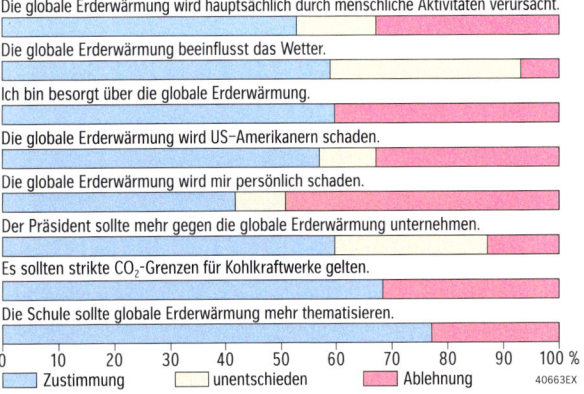

M 13 Umfrage unter erwachsenen US-Amerikanern zur globalen Erderwärmung (2019)

1.12 Klimawandel in der Polarregion

Der Ausstoß an Treibhausgasen führt weltweit zur Erderwärmung. Von 1960 bis 2018 sind die globalen CO_2-Emissionen von 9396 auf 36 573 Megatonnen gestiegen. Die Hauptverursacher hierfür finden sich nicht in der Polarregion, die Arktis gilt aber als Frühwarnsystem der Klimaveränderungen. Sie hat sich in den letzten Jahrzenten stärker als alle anderen Erdregionen erwärmt. Global lag die mittlere Jahrestemperatur 2019 um 0,98 °C höher als in den Jahren 1951 bis 1980. In der Arktis betrug der Wert der Erwärmung 2 °C bis 4 °C. 2020 schockierte ein multinationales Forscherteam mit der Projektion, dass selbst bei starken Klimaschutzmaßnahmen mit einer globalen Erwärmung von 1,5 °C bis 2 °C die Arktis im Sommer 2050, eventuell sogar bereits 2030, eisfrei sei. Dies wird mit zahlreichen ökologischen, wirtschaftlichen und sozialen Folgen verbunden sein, hat aber auch Auswirkungen auf klimatologische Prozesse.

1. Erstellen Sie ein Poster über eines der in M1 vorgestellten Themen.
2. (Z) Vergleichen Sie die Meereisentwicklung in der Arktis mit der der Antarktis (www.meereisportal.de).
3. (Z) Das Abschmelzen des Polareises führt zur weiteren Aufheizung des Klimas (Rückstrahlung heller und dunkler Körper, Albedo-Effekt). Erklären Sie.
4. (Z) Die Eisschollen verdrängen auf dem Meer so viel Volumen, wie das Schmelzwasser danach selbst einnimmt. Nicht das Schmelzen des Eises, sondern die Erwärmung des Nordpolarmeers und das Abschmelzen des grönländischen Festlandeises führt zum Meeresspiegelanstieg. Erklären Sie.

Themenfeld: Klimawandel-Prozesse in der Polarregion
- Temperaturanstieg (höher als im globalen Durchschnitt)
- vermehrte Niederschläge (mehr Regen als Schnee)
- Abnahme der Eisfläche und der Eisdicke der Meereisfläche, Abschmelzen des Festlandeises (Grönland)
- Auftauen der Permafrostgebiete (zusätzliche Emission von Treibhausgasen)
- Polare Verstärkung der Erwärmung durch Eis-Albedo-Rückkopplung

Themenfeld: Klimatologische Folgen der Eisschmelze
- Meeresspiegelanstieg
- Veränderung der Meeressalzkonzentration (Einfluss auf die Zirkulationsprozesse in den Ozeanen)

Themenfeld: Ökologische Folgen (durch Erwärmung, Auftauen der Permafrostböden, Abnahme der Eisfläche etc.)
- Folgen für die Pflanzen- und Tierwelt (Veränderung der Artenzusammensetzung)
- Waldbrände, Landsenkungen, Küstenerosion

Themenfeld: Soziale Folgen
- Folgen für die indigene Bevölkerung (Bedrohung der Siedlungen und der Infrastruktur durch tauende Böden, Verlust von Nahrungsquellen)

Themenfeld: Wirtschaftliche Folgen
- Schiffbarkeit der Arktis
- Verfügbarkeit neuer Rohstoffvorkommen
- Erweiterung der landwirtschaftlichen Nutzung und Fischerei
- Politische Folgen Konflikte der Anrainerstaaten

M1 Themenfelder „Klimawandel in der Polarregion"

Erstellung eines Posters

Mit einem großformatigen Poster können Sachverhalte Interesse weckend, anschaulich und auf einen Blick erfassbar in Wort, Bild und Grafik dargestellt werden. Dabei gibt es verschiedene Einsatzgebiete:

1. Postervortrag
(z. B. als Ersatzleistung bei Klausurversäumnis, zur Anfertigung einer besonderen Lernleistung oder als Präsentationsprüfung der mündlichen Abiturprüfung).
Hier dient das Poster der Unterstützung und Gliederung eines Vortrags. Vor allem grafische Inhalte (Fotos, Tabellen, Diagramme, Karten etc.) sollten dabei eingesetzt werden, auf Text kann man hingegen weitgehend verzichten.

2. Posterausstellung
Hier wird das einzelne Poster mit anderen zusammen ausgestellt und muss selbsterklärend sein, da die persönliche Präsentation nur in der Eröffnungsausstellung möglich sein wird. Dafür muss eine Mischung aus Text und grafischen Informationen gewählt werden. Idealerweise ist das Poster so interessant gestaltet, dass es den Betrachter neugierig macht, sich eingehender mit ihm zu beschäftigen.
Die Erarbeitung des Posters wie auch der Vortrag können in Einzelarbeit, aber auch durch eine Kleingruppe erfolgen. Zur Abdeckung der Bandbreite eines übergeordneten Themas (hier: Klimawandel in der Polarregion) können Teilbereiche (M1) in verschiedenen Postervorträgen / -präsentationen vorgestellt werden. Die einzelnen Poster sollten in einer Ausstellung in der Aula der Schule oder im Erdkundefachraum unter dem Leitthema zusammengeführt werden.

Arbeitsschritte
- Der Planung geht die Themenabsprache mit der Fachlehrkraft bzw. innerhalb des Kurses voraus.
- Erstellen Sie einen Arbeits- und Zeitplan mit dem Vortrag / der Präsentation als Endpunkt.
- Verwenden Sie für die Recherche alle denkbaren Medien wie Bücher, Fachzeitschriften, Karten, Interviews und das Internet.

Vorgehensweise
- Erstellen Sie das Poster und die einzelnen Posterelemente in einer Größe, dass Aussagen aus größerer Entfernung noch erfassbar sind. Sie können die einzelnen Gestaltungselemente z. B. auf einen (farbigen) Karton (DIN A0, DIN A1 oder min. DIN A2) kleben.
- Klären Sie, ob ein Quer- oder Hochformat des Posters sinnvoll ist.
- Skizzieren Sie zunächst eine großzügige Gesamtkonzeption. Positionieren Sie die zentralen Elemente (kleine Textblöcke, genügend Abstand zwischen den Elementen). Beachten Sie einen logischen Aufbau, der sich am normalen Lesefluss orientiert.
- Setzen Sie Text sparsam ein und verwenden Sie leicht verständliche Formulierungen. Aufzählungen sind oftmals leichter lesbar als Fließtext. Finden Sie eine treffende Überschrift.
- Bilder und Grafiken mit einer klaren Aussage haben Vorrang. Erstellen oder kopieren Sie diese in einer ausreichenden Größe und versehen Sie diese mit einer erläuternden Bildunterschrift.
- Überlegen Sie sich einen Eyecatcher, der Aufmerksamkeit erregt. Verwenden Sie gezielt auch originelle Materialien und Darstellungsformen. Seien Sie aber vorsichtig mit zu vielen Farben und Schriftgrößen.
- Versehen Sie die Materialien mit einem Quellennachweis.
- Weisen Sie sich auf dem Poster als Ersteller mit Angabe einer Rückfragemöglichkeit aus.
- Testen Sie das Poster vor der Präsentation mit thematischen Laien. Erfolgen dabei Rückfragen, sollten Sie das Poster überarbeiten.

Klimawandel in der Polarregion

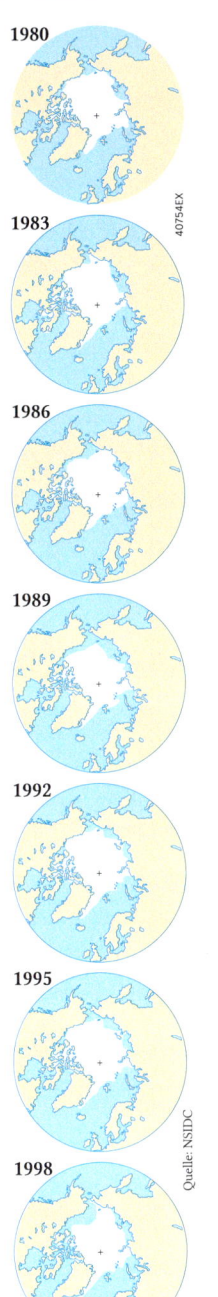

1980
1983
1986
1989
1992
1995
1998

Meereisfläche im September

Nordpolarmeer vor Grönland

Abnahme der arktischen Meereisfläche

Die Meeresfläche, die im Nordpolarmeer von Meereis bedeckt ist, unterliegt jahreszeitlichen Schwankungen. Während Ende des Winters fast die gesamte Fläche zwischen Grönland, Beringstraße und Sibirien eisbedeckt ist, schmilzt die Fläche im Lauf des Sommers um Zweidrittel bis Dreiviertel ab. Bedingt durch den Klimawandel gibt es aber einen weiteren Effekt. Durch ansteigende Lufttemperaturen in den letzten Jahrzehnten haben sich sowohl die Winter- als auch besonders die Sommermeereisfläche in der Arktis drastisch reduziert. 1979 waren im April 16 Mio. km² mit Eis bedeckt, 2020 nur noch 14,5 Mio. km². Die Eisfläche im September hat in diesem Zeitraum sogar von 7,0 auf 4,0 Mio. km² abgenommen, vor allem seit Ende der 1990er-Jahre. Die Abnahme erfolgte nicht linear; es gab Jahre, in denen mehr Eis als in den Vorjahren gebildet wurde. Seit 1979 werden Messungen der Meereisausdehnung mittels Satellitenbilder vorgenommen.

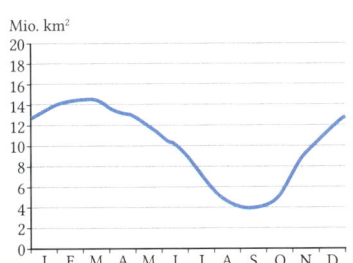

Jahresgang der arktischen Meereisfläche 2019
Quelle: Online sea-ice knowledge and data platform

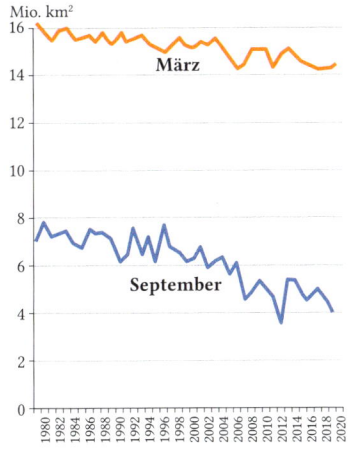

Arktische Meereisfläche 1989–2020
Quelle: Online sea-ice knowledge and data platform

Aber nicht nur die Meereisfläche nimmt ab, sondern auch die Meereisdicke. In den 1960er-Jahren lag sie bei durchschnittlich 3,00 m, 1990 bei 2,00 m, in den letzten beiden Jahren bei 0,90 m. Die Abnahme der Eisfläche und -dicke wird dadurch verstärkt, dass nach dem Abschmelzen von (weißen) Eisflächen die Absorption der Sonnenstrahlen im Meerwasser zunimmt, was zu weiterer Erwärmung führt. Nach aktuellen Studien könnte 2050 das Nordpolarmeer im Sommer eisfrei sein. Zu dem Verlust des Meereises kommt das Abschmelzen der Gletscher im Norden Kanadas und auf Grönland.

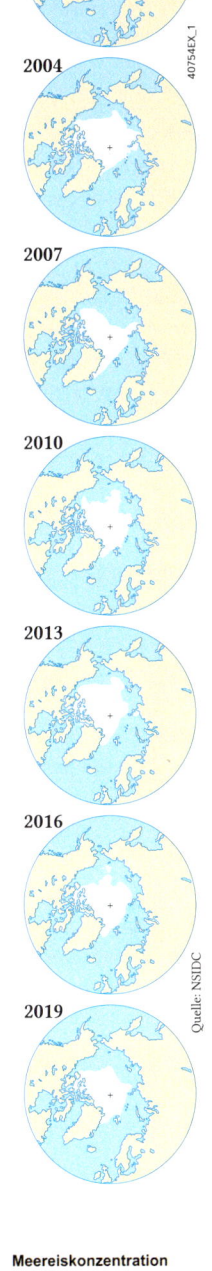

2001
2004
2007
2010
2013
2016
2019

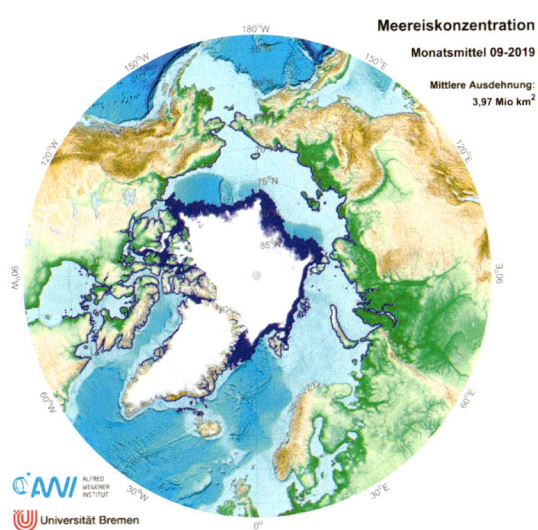
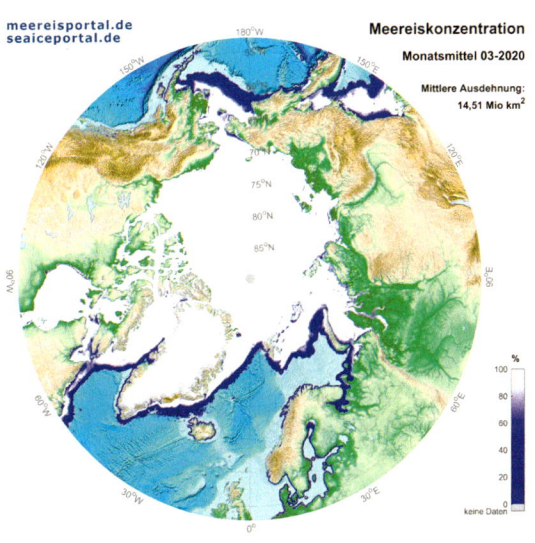

Zusammenfassung

Angloamerika

Unter Angloamerika werden die USA und Kanada verstanden, also – in Abgrenzung zu Lateinamerika – der englischsprachige Teil des amerikanischen Kontinents. Angloamerika umfasst eine riesige Landfläche „vom Meer zum Meer" (Motto im Wappen Kanadas). Mit jeweils fast zehn Millionen km² Fläche sind Kanada und die USA das zweit- und drittgrößte Land der Erde. In den 50 Bundesstaaten der USA und den zehn Provinzen und drei Territorien Kanadas leben etwa 365 Millionen Menschen. Allein diese Zahlen lassen die Vielfalt erahnen, die im Motto der Vereinigten Staaten „Aus vielen Eins" zum Ausdruck kommt. Beide Staaten stehen für die demokratischen Wertvorstellungen „Liberté, Égalité, Fraternité" der französischen Revolution, die die europäischen Einwanderer hier verwirklichten. Die USA verfügen über die älteste Verfassung der Welt, Kanada gehört weiterhin dem Commonwealth an, mit der britischen Queen als Staatsoberhaupt.

Den Status als (einzige) globale Supermacht halten die USA durch ihre weltweite Präsens, die Tragweite ihrer Außenpolitik, ihre wirtschaftliche und militärische Macht. Das amerikanische Lebensgefühl („The American Way of Life") wurde weltweit exportiert, aber auch bereitwillig übernommen. Die Vereinigten Staaten von Amerika werden aber nicht nur geliebt, sondern sind wegen ihres globalen Engagements und ihrer Vormachtstellung bei vielen Menschen und auch in ganzen Regionen unbeliebt oder gar verhasst.

Die Besiedlung und Bevölkerungsentwicklung

Von den 327 Millionen US-Bürgern geben 41 Millionen an, deutsche Vorfahren zu haben. Bittere Not in Europa und die Hoffnung auf Arbeit oder Land zum Siedeln ließen die Auswanderer in ihrer Heimat aufbrechen und die beschwerliche Überfahrt nach Kanada oder in die USA wagen. Der Drang von Ost nach West (Trail) nahm den Native Americans den Lebensraum. Außerdem dezimierten Krankheiten wie die Pocken und grausame Vernichtungskriege die indigene Bevölkerung.

Kanada und die USA waren und sind Einwanderungsländer. Eine Vielzahl von Ethnien trifft insbesondere in den USA aufeinander, neben West- und Osteuropäern seit den 1970er-Jahren zunehmend Asiaten, Südamerikaner und vor allem Menschen aus Mittelamerika. Die Bevölkerungszusammensetzung verändert sich beständig. War ursprünglich die Assimilation (Melting Pot) das Ziel, wird heute von dem Nebeneinander der Ethnien und Kulturen (Salad Bowl) gesprochen. Nicht wenigen (weißen) US-Bürgern macht die Zunahme der „Hispanics" Sorge. Die Erweiterung der Grenzsicherungsanlagen gegen die illegale Einwanderung aus Mexiko ist hierfür ein Beleg.

Zwar erkämpfte die Bürgerrechtsbewegung in den 1960er-Jahren die Gleichstellung und Gleichberechtigung der afroamerikanischen Bevölkerung, doch noch immer ist ihr Anteil unter der armen Bevölkerung besonders hoch. Armut führt zu schlechterer Schulbildung und zementiert somit auch heute noch die Ungleichheit der Gesellschaft.

Der Naturraum und die Folgen des Klimawandels

In Kanada reicht die zonale Anordnung vom gemäßigten Klima über das subpolare bis zum polaren Klima mit Laubwäldern im Süden, dem borealen Nadelwald und der Tundra im Norden. Durch die enorme Ausdehnung haben die USA Anteil an allen Klima- und Vegetationszonen – durch Alaska am Polar- und durch Hawaii am Tropenklima. An den Gebirgszügen im Westen bringen die Westwinde und an den Appalachen die Ostwinde Steigungsregen, während das Landesinnere im Lee der Gebirge liegt. Die Rocky Mountains sind ein junges Faltengebirge (alpidische Faltung); die Nordamerikanische und die Pazifische Platte gleiten aneinander entlang (San-Andreas-Spalte). Erdbeben (z.B. San Francisco 1906) und Vulkanismus (Mount St. Helens 1980) sind die Folge. Da im Gegensatz zu Europa in den USA ein Gebirge in Ost-West-Erstreckung fehlt, kommt es in den Wintermonaten häufig zu Kaltlufteinbrüchen (Blizzards). Große Schäden richten zudem immer wieder Tornados und Hurrikans an. Infolge des Klimawandels treten Naturkatastrophen häufiger und mit gravierenderen Auswirkungen auf. Die USA und Kanada zählen mit ihrem enormen CO_2-Ausstoß zudem zu den Hauptverursachern des globalen Klimawandels. Nirgendwo auf der Welt wird die globale Erwärmung sichtbarer als in der Polarregion mit der drastischen Abnahme der arktischen Meereisfläche.

Weiterführende Literatur und Internetlinks

Geographische Rundschau
- Der Osten der USA 11/2017
- Westen der USA 12/2016
- Mittlerer Westen in den USA 3/2015
- Südstaaten der USA 10/2011
- Kanada 2/2008

Ursula Lehmkuhl (Hrsg.): Länderbericht Kanada
Bonn: bpb 2018

Karl Lenz: Kanada
Darmstadt: WBG 2001

Werner Gamerith, Ulrike Gerhard (Hrsg.): Kulturgeographie der USA.
Berlin: Springer 2017

Ute Mehnert: USA – Ein Länderportrait
Bonn bpb 2020

Dietmar Herz: USA verstehen
Darmstadt: WBG 2011

Rita Schneider-Sliwa: USA
Darmstadt: WBG 2005

Gustav Schmidt: Geschichte der USA
Darmstadt: WBG 2004

Informationen zur politischen Bildung 268
USA – Geschichte, Wirtschaft, Gesellschaft

Informationen zu den Bundesstaaten
The US50
- www.theus50.com

Statistiken zur Bevölkerung
US-Census Bureau
- www.census.gov
UN Population Division
- www.un.org/esa/population

Statistiken zu Naturkatastrophen
NatCatService Munich Re
- https://www.munichre.com/de/reinsurance/business/non-life/natcatservice/index.html

Klimawandel in den USA/der Polarregion
National Oceanographic and Atmospheric Administration
- www.noaa.gov/climate
Meereisportal
- www.meereisportal.de
World Ocean Review 6
- worldoceanreview.com/de/.wor-6/

Allg. Informationen zum Klimawandel
Deutsche IPCC-Koordinierungsstelle
- www.de-ipcc.de

2 LANDWIRTSCHAFT UND UMWELT

Selleriefeld im Salinas Valley (Kalifornien)

2.1 USA – Exportweltmeister für Agrarprodukte

Darf es ein bisschen mehr sein? Wenn es um die US-amerikanische Landwirtschaft geht, verschieben sich die Dimensionen: größere Felder, mehr Mähdrescher, riesige Viehbestände, eine gewaltige Agrarproduktion. Seit Jahrzehnten produzieren die Farmer weitaus mehr Getreide und Fleisch, als die Amerikaner essen können, und exportieren Soja, Mais, Rindfleisch und Mandeln in die ganze Welt. Während sie weitaus mehr Autos, Maschinen, Computer und andere Güter einführen als ausführen (Kap. 3.6), ist die Handelsbilanz* im Agrarbereich positiv, das heißt, die Exporte von unverarbeiteten landwirtschaftlichen Produkten und Lebensmitteln übersteigen die Importe (2018 Exporte: 140 Mrd. US-$, Importe: 129 Mrd. US-$).

Immer produktiver...

Die hohe landwirtschaftliche Produktion lässt sich aber heute nur noch zum Teil auf die Lagegunst großer Teile der USA zurückführen. Schon früh war die US-amerikanische Landwirtschaft weltweit führend beim Einsatz von Maschinen, Mineraldünger und Schädlingsbekämpfungsmitteln sowie in der Agrarforschung und der Ausbildung der Farmer. So wurde das Saatgut – heute in erster Linie gentechnisch – fortlaufend verbessert und es wurden immer effektivere Anbaumethoden praktiziert. Zudem wurde der Ackerbau durch Bewässerungsmaßnahmen in trockene, eigentlich ungeeignete Regionen ausgeweitet. Schließlich unterstützte der amerikanische Staat seine Farmer zuerst durch Landverteilung, später massiv mit Subventionen wie Preisstützungen, Handelsbarrieren, Aufkauf von Überschüssen und Einkommenszuschüssen sowie niedrigen Energiepreisen.

...mit immer weniger Farmern

Zwar sind einige US-Bundesstaaten noch immer stark landwirtschaftlich geprägt. Die klassische kleine Familienfarm ist in den USA aber ein Auslaufmodell. Doch wer kann sich heute den hohen technischen und finanziellen Aufwand leisten, um die Produktivität weiter zu steigern? Was sind die ökologischen und sozialen Folgen des Konzentrationsprozesses? Ist die intensive Bewässerungslandwirtschaft nachhaltig und gibt es auch in den USA einen Trend zur Bio-Landwirtschaft*?

Die 2,0 Mio. Farmen in den USA produzierten im Jahr 2018

368 820 000 000	kg	Mais
49 397 000 000	kg	Weizen
12 588 000 000	kg	Rindfleisch
12 123 000 000	kg	Schweinefleisch
18 971 000 000	kg	Hühnchenfleisch
106 860 000 000		Eier
103 691 000 000	l	Milch

im Gesamtwert von

327 524 000 000 US-$.

Agrargüter im Wert von

140 000 000 000 US-$ wurden exportiert.

In den Ställen/Feedlots und auf den Weiden standen

93 586 000	Rinder
9 400 000	Milchkühe
73 150 000	Schweine
328 000 000	Legehennen.
160 436 000	ha Ackerland

wurden von

4 038 000 Traktoren bearbeitet.

M 2 Daten zur US-Landwirtschaft

M 3 Weinanbau in Kalifornien

Anteil der Landwirtschaft am BIP[1]	0,9 % (1,6 %)
Anteil der Landwirtschaft an der Beschäftigung	1,6 % (1,5 %)
Anteil des Exports unverarbeiteter Agrargüter am Gesamtwarenexport	2,3 % (4,7 %)
Anteil des Exports von Lebensmitteln am Gesamtwarenexport	9,5 % (12,3 %)

[1] 2017 Quelle: World Bank

M 4 Wirtschaftliche Bedeutung der US-Landwirtschaft (2018, in Klammern Kanada)

Land/Region	Export 2017 (in Mrd. US-$)	Land/Region	Export 1990 (in Mrd. US-$)
China[1]	23,8	Japan	8,1
Kanada	20,5	EU	7,5
Mexiko	18,6	Kanada	4,2
Japan	11,9	Südkorea	2,7
EU	11,5	Mexiko	2,6

[1] inkl. Hongkong Quelle: USDA

M 1 Rinder-Feedlot in Texas

M 5 USA: Hauptexportländer/-regionen (2017, 1990)

USA – Exportweltmeister für Agrarprodukte

M 6 Landwirtschaftliche Flächen in Minnesota, Kansas und Nordwestdeutschland

Agrar-produkt	Produktion (in Mrd. US-$)	Agrar-produkt¹	Export (in Mrd. US-$)
Rindfleisch	52,8	Soja	22,9
Huhn	27,4	Mais	10,3
Schweinefl.	15,1	Weizen	5,4
Mandeln	10,8	Rindfleisch	4,5
Baumwolle	8,6	Baumwolle	4,0
Eier	8,5	Mandeln	3,3
Truthahn	8,4	Schweinefl.	3,2
Weintrauben	6,4	Huhn	2,9
Mais	5,1	Reis	1,8
Soja	4,1	Hirse	1,3

¹ nur unverarbeitet Quelle: FAO

M 7 Die wichtigsten Agrarprodukte in den USA (2018)

	1.	2.	3.
Mais	USA	China	Brasilien
Hirse	USA	Nigeria	Mexiko
Soja	USA	Brasilien	Argentinien
Mandeln	USA	Australien	Spanien
Walnüsse	China	USA	Iran
Äpfel	China	USA	Türkei
Erdbeeren	China	USA	Mexiko
Kirschen	Türkei	USA	Iran
Weintrauben	China	Italien	USA
Milch	USA	Indien	Brasilien
Hühnchen	USA	Brasilien	China
Rindfleisch	USA	Brasilien	China
Schwein	China	USA	Deutschland
Eier	China	USA	Indien
Baumwolle	China	Indien	USA

Quelle: FAO

M 8 Die größten Produzenten ausgewählter Agrarprodukte in der Welt (2017)

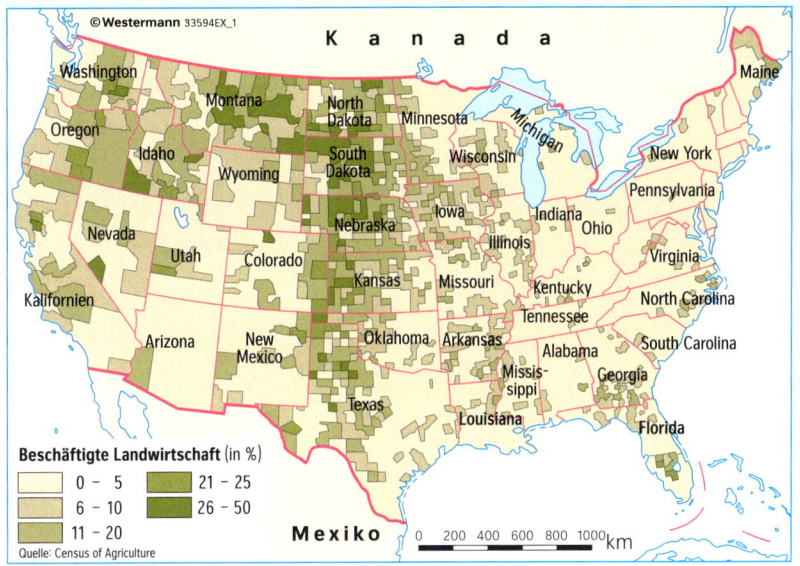

M 9 USA: Beschäftigte in der Landwirtschaft (2013–2017)

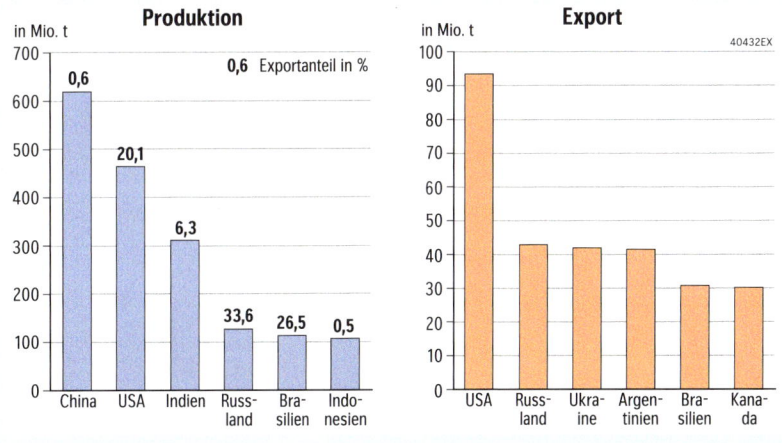

M 10 Getreideproduktion und -export der weltweit größten Produzenten und Exporteure (2017)

1. Ordnen Sie die Zahlen aus M 2 mit Hilfe von Vergleichen ein.
2. Beschreiben Sie die Struktur der Landwirtschaftsflächen in den auf den Satellitenaufnahmen gezeigten Regionen (M 6).
3. Analysieren Sie die Agrarexporte der USA (M 5, M 7, M 10).
4. Die USA sind eine Agrarnation. Nehmen Sie Stellung zu dieser Aussage (M 4, M 8, M 9).

2.2 Räumliche Struktur der US-amerikanischen Landwirtschaft

Die Marktorientierung und die großflächigen einheitlichen Bedingungen von Relief, Klima und Böden führten zum Ende des 19. Jahrhunderts zu zusammenhängenden Landwirtschaftsgürteln mit ähnlichen Nutzungs- und Betriebsformen, sogenannten „Agricultural Belts". Während sich viele Betriebe im Hay and Dairy Belt an den Great Lakes auf Schweinezucht und Milchwirtschaft spezialisierten, bauten die Farmer im Mittleren Westen Getreide an und galt der Süden weiträumig als Cotton Belt (Baumwolle). Diese Agrarzonen haben im Verlauf des 20. Jahrhunderts einige einschneidende Veränderungen erfahren.

1. Gliedern Sie die USA in landwirtschaftliche Gunst- und Ungunsträume (M3, M7, Atlas).
2. Erstellen Sie eine Kartenskizze mit den heutigen Feldfrucht- und Tierproduktionsschwerpunkten (M3, M4, Atlas).
3. Erläutern Sie die Veränderungen der Agrarzonen und das Verschwinden des Cotton und Wheat Belts (M2, M4, M6).
4. Vergleichen Sie die landwirtschaftliche Struktur der in M5 aufgeführten Bundesstaaten (M1, M4).
5. Analysieren Sie die Bewässerungslandwirtschaft (M10, M11).

Aufgrund der großen Landfläche und der im Vergleich zu Mitteleuropa viel südlicheren Lage weisen die USA einige klimatische Vorteile für die Agrarproduktion auf.

Der Südosten ist geprägt durch humides Subtropenklima (warmgemäßigt, immerfeucht), das für wärme- und feuchtigkeitsliebende Pflanzen wie Baumwolle, aber auch Reis (im Tal des Mississippi) gut geeignet ist. Im Süden Floridas findet sich sogar sommerfeuchtes Tropenklima, das u. a. den Anbau von Zitrusfrüchten ermöglicht.

Eine besondere Gunst weist die Westküste (Kalifornien) auf. Das hier vorherrschende mediterrane Klima erlaubt den Anbau einer Vielzahl von Früchten, darunter auch Orangen, Mandeln, Pistazien. Insgesamt werden in Kalifornien rund 350 verschiedene Nutzpflanzen angebaut, bei 75 pflanzlichen und tierischen Erzeugnissen steht Kalifornien an der Spitze der US-amerikanischen Erzeugung. Allerdings ist aufgrund der geringen Niederschläge zumeist eine Bewässerung der Felder nötig, doch sind hierfür die Voraussetzungen durch große staatliche Bewässerungsprojekte großflächig gegeben.

Die Steppenklimate im Zentrum des Landes eignen sich aufgrund der großen natürlichen Grasländer als Rinderweide, bieten aber auch, insbesondere dort, wo tiefgründige Schwarzerden vorhanden sind, hervorragende Bedingungen für den Weizenanbau. Die im Sommer auftretende Aridität kommt dem Reifeprozess des Getreides und der Ernte sehr entgegen.

Östlich der Great Plains liegen in den Prärien unter humidem, sommerwarmem Kontinentalklima die Niederschläge höher, sodass Sojabohnen und Mais bevorzugte Anbaufrüchte sind.

Aufgrund der klimatischen Vielfalt und der hoch technisierten Landwirtschaft sind die USA in der Lage, sehr viele der bedeutendsten nachgefragten Agrarerzeugnisse zu produzieren und zusätzlich eine Vielzahl von Spezialprodukten anzubieten, zum Beispiel Orangen, Pistazien, Mandeln.

Quelle: Martina Flath, Werner Klohn: Die USA – führend im Weltagrarexport. Geographie heute 12/2019, S.22

Bundes-staat	Agrarproduktion			Anzahl Farmen	Ø Farm-größe (in ha)
	(in Mrd. US-$)	pro Ew. (in US-$)	pro Farm (in US-$)		
Kalifornien	45,1 (1)	1 142 (26)	640 297 (1)	70 521 (8)	348 (21)
Iowa	29,0 (2)	9 205 (4)	336 296 (4)	86 104 (3)	355 (20)
Texas	24,9 (3)	881 (29)	100 332 (38)	248 416 (1)	511 (13)
Nebraska	22,0 (4)	11 449 (1)	474 476 (3)	46 332 (18)	971 (8)
N. Carolina	18,8 (5)	6 448 (5)	320 694 (6)	58 569 (12)	781 (11)
Kansas	12,9 (8)	1 256 (22)	277 924 (9)	46 418 (17)	182 (35)
Wisconsin	11,4 (9)	1 972 (12)	176 368 (21)	64 763 (11)	221 (29)
N. Dakota	8,2 (18)	10 900 (3)	312 324 (7)	26 364 (31)	1 492 (5)
USA	388,5	1 193	190 245	2 042 220	441

Quelle: United States Department of Agriculture (USDA)

M 1 USA: Agrarproduktion, Anzahl von Farmen und Farmgröße in ausgewählten US-Bundesstaaten (2017; in Klammern Rangplatzierung aller Bundesstaaten)

M 3 Quellentext zu den regionalen Strukturen der US-amerikanischen Landwirtschaft

M 2 Klassisches Belt-System der US-amerikanischen Landwirtschaft

M 4 Wichtigste Agrarprodukte der US-Bundesstaaten (2017)

Räumliche Struktur der US-amerikanischen Landwirtschaft 35

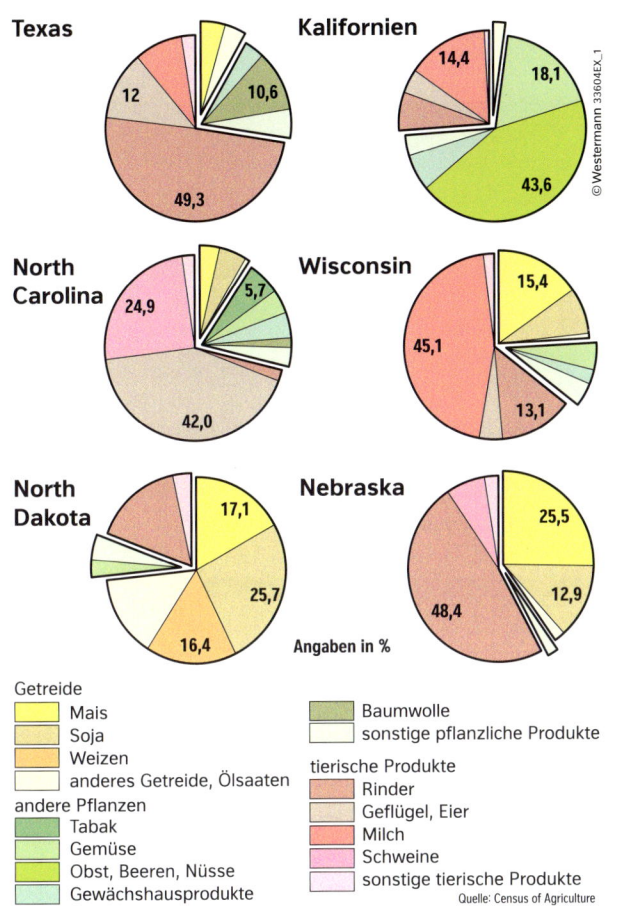

M 5 Agrarische Wertschöpfung* in ausgewählten Bundesstaaten der USA (2017; Anteile nach Verkaufswert in %)

Getreide
- Mais
- Soja
- Weizen
- anderes Getreide, Ölsaaten

andere Pflanzen
- Tabak
- Gemüse
- Obst, Beeren, Nüsse
- Gewächshausprodukte
- Baumwolle
- sonstige pflanzliche Produkte

tierische Produkte
- Rinder
- Geflügel, Eier
- Milch
- Schweine
- sonstige tierische Produkte

Quelle: Census of Agriculture

Angaben in %

M 8 Weizenfelder in Montana

M 9 Kreisförmige Bewässerungswirtschaft in der Sorona-Wüste in Arizona

- Staatliche Vorschriften (Quotenregelung für Baumwolle),
- Einführung neuer Kulturpflanzen (z. B. Soja),
- Absatzschwierigkeiten bestimmter Agrarprodukte bzw. neue Trends auf dem Weltmarkt,
- Ausweitung der Bewässerungslandwirtschaft,
- züchterische Weiterentwicklungen (Gentechnik), neue Agrartechniken (Verbesserung bodenkonservierender Maßnahmen),
- neue Organisationsstrukturen (Agrobusiness*),
- Veränderung der Ernährungsgewohnheiten (z. B. Bevorzugung von Hühnerfleisch),
- ökologische Probleme (Bodenversalzung*, Erosion*, Dürre),
- in Zukunft verstärkt klimatische Veränderungen.

M 6 Ursachen für die Veränderung der Belts (Auswahl)

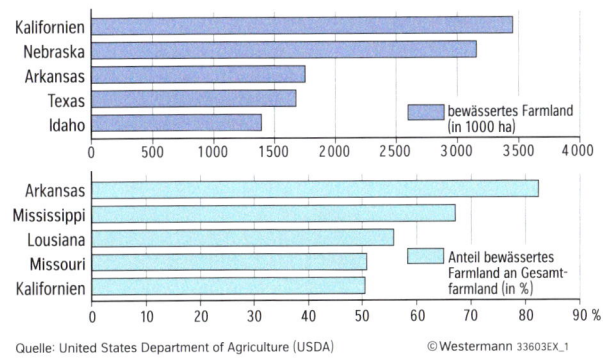

M 10 US-Bundesstaaten mit den größten Bewässerungsflächen (2018)

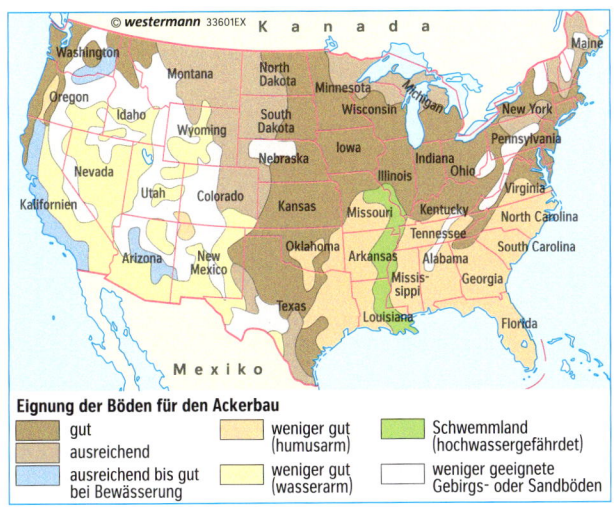

M 7 Böden in den USA

Eignung der Böden für den Ackerbau
- gut
- ausreichend
- ausreichend bis gut bei Bewässerung
- weniger gut (humusarm)
- weniger gut (wasserarm)
- Schwemmland (hochwassergefährdet)
- weniger geeignete Gebirgs- oder Sandböden

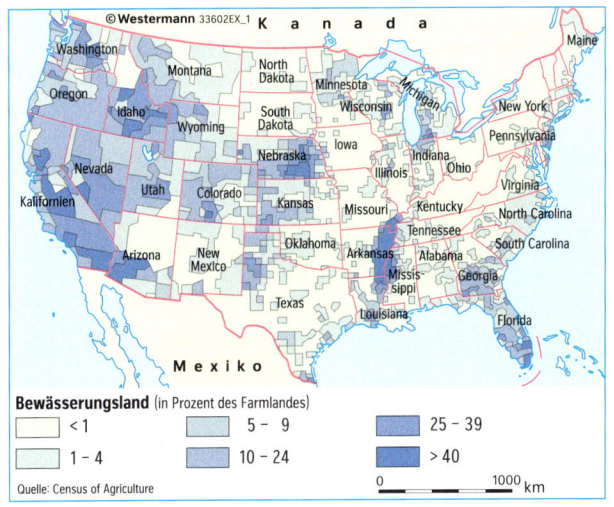

M 11 Bewässerung in den USA

Bewässerungsland (in Prozent des Farmlandes)
- < 1
- 1 – 4
- 5 – 9
- 10 – 24
- 25 – 39
- > 40

Quelle: Census of Agriculture

2.3 Die Entwicklung der US-amerikanischen Family Farm

Eine hübsche kleine Farm oder Ranch in Familienbesitz ist das Bild der US-Landwirtschaft, das unzählige Filme und Western verbreitet haben. Doch nicht erst in den letzten Jahren verlor die klassische Family Farm an Bedeutung. Seit 1930 hat sich ihre Zahl gedrittelt. Ein intensiver Strukturwandel* veränderte Größe und Besitzverhältnisse landwirtschaftlicher Betriebe.

1. Erstellen Sie aus den Strukturdaten einen Bericht (M1).
2. a) Beschreiben Sie den Konzentrationsprozess der Landwirtschaft in den USA (M2).
   b) Erklären Sie die konstante durchschnittliche Farmgröße und Anzahl von Farmen seit etwa 1980 (M1, M2, M8, M12).
3. Erläutern Sie den Strukturwandel der US-amerikanischen Landwirtschaft am Beispiel der Milchwirtschaft in Wisconsin (M3–M6).
4. a) Vergleichen Sie die Farmen verschiedener Größenklassen (in den USA nach Verkaufsvolumen; M7–M9).
   b) Charakterisieren Sie kleine und große Familienfarmen.
5. Analysieren Sie die Spezialisierung der US-Farmen (M10–M11).
6. Erstellen Sie eine Mindmap zum Strukturwandel in der US-amerikanischen Landwirtschaft.
7. Beurteilen Sie die Zukunftsfähigkeit des bäuerlichen Familienbetriebs in den USA (M12).

M3 Alte Familienfarm in Wisconsin

M4 Farm in Wisconsin (mittlerer Familienbetrieb: Milch, Getreide)

- 2,04 Mio. Farmen mit 3,4 Mio. Farmern (mit leitender Stellung innerhalb eines Betriebs), davon 36 % Frauen und 1,4 % Schwarze, 0,6 % Asiaten bzw. 3,4 % Hispanics*,
- 69 % Besitzer, 24 % Teilbesitzer, 7% Pächter,
- Nebenerwerbsfarmer: 2,0 Mio. (58 %),
- 50 % Nutztierhalter, 50 % Ackerbauern,
- Altersdurchschnitt der Farmer: 57,5 Jahre (1982: 50,5 Jahre),
- 8 % unter 35 Jahre, 34 % über 65 Jahre, 74 % leben auf der Farm,
- bewirtschaftete Fläche: 364 Mio. ha (Landesfläche: 983 Mio. ha),
- 45 % Weideland, 44 % Ackerland,
- durchschnittliche Betriebsgröße: 178 ha (Deutschland: 66 ha),
- Gesamtagrarproduktion: 389 Mrd. US-$ (Pflanzenproduktion: 194,5 Mrd. US-$, Tierproduktion: 194,5 Mrd. US-$),
- Agrarsubventionen: 9 Mrd. US-$,
- durchschnittliche Erlöse pro Farm: 190 250 US-$/Jahr,
- durchschnittliche Ausgaben pro Farm: 159 800 US-$/Jahr,
- durchschnittliches Einkommen pro Farm: 43 053 US-$/Jahr.

M1 Strukturdaten zur US-amerikanischen Landwirtschaft (Daten aus letztem großen landwirtschaftlichen Zensus von 2017)

M5 Milchwirtschaftlicher Großbetrieb in Wisconsin

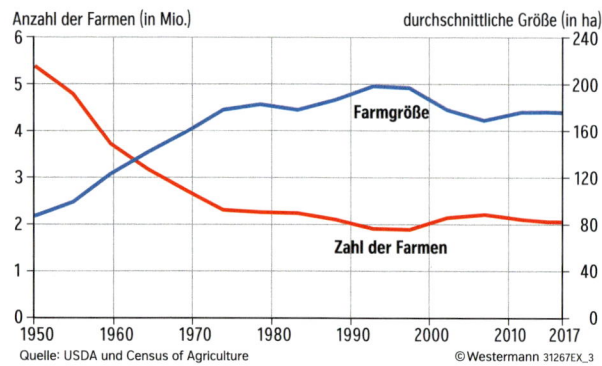

M2 USA: Zahl der Farmen und Farmgröße (1950–2017)

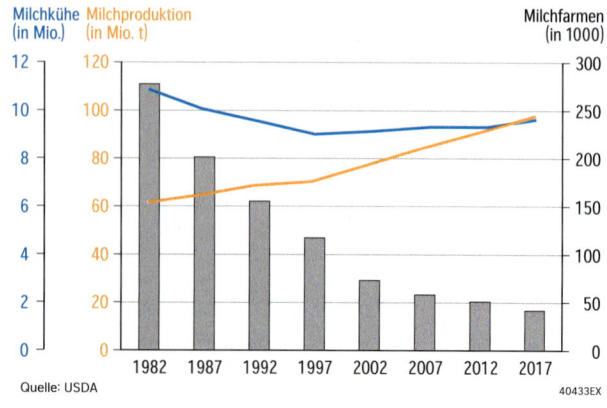

M6 USA: Milchfarmen, -produktion und -kühe (1982–2017)

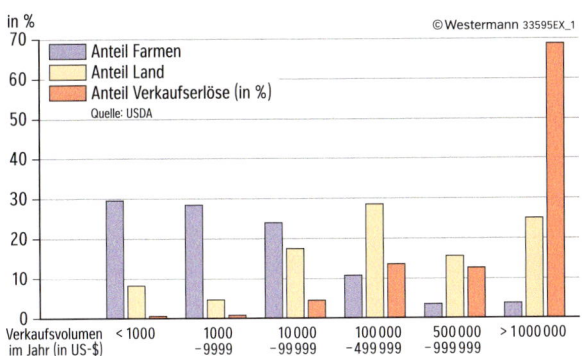

M 7 USA: Anzahl, Agrarflächen und Verkaufserlöse von Farmen nach wirtschaftlichen Größenklassen (2017)

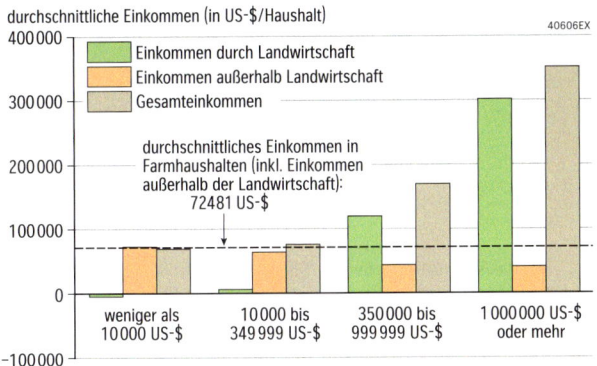

M 8 USA: Haushaltseinkommen der Farmer nach Größenklassen der Farm (2018)

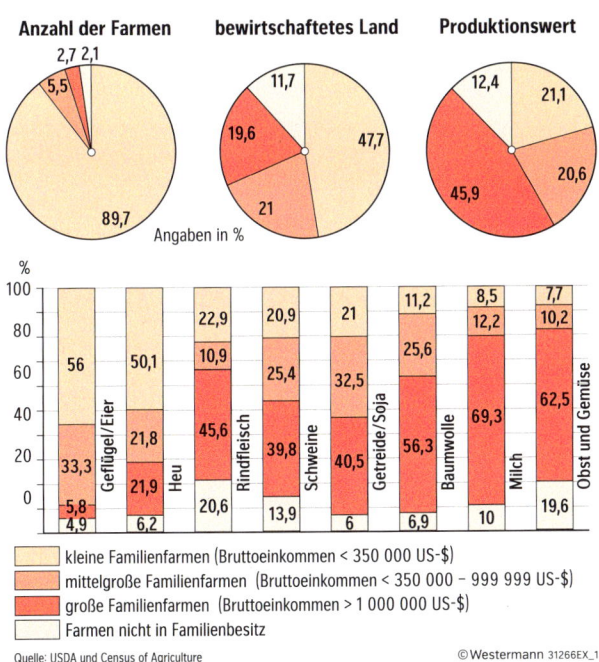

M 9 USA: Anzahl, bewirtschaftete Fläche und Produktionswert der Farmen nach Größenklassen sowie Anteil der Farmtypen am Produktionswert ausgewählter Agrargüter (2018)

Anzahl der angebauten Kulturpflanzen	Anteil der Farmen				
	1	2	3	4	>4
1996	23 %	23 %	25 %	16 %	13 %
2015	28 %	32 %	21 %	11 %	8 %

Quelle: USDA

M 10 Spezialisierung der US-Farmen bei der Pflanzenproduktion

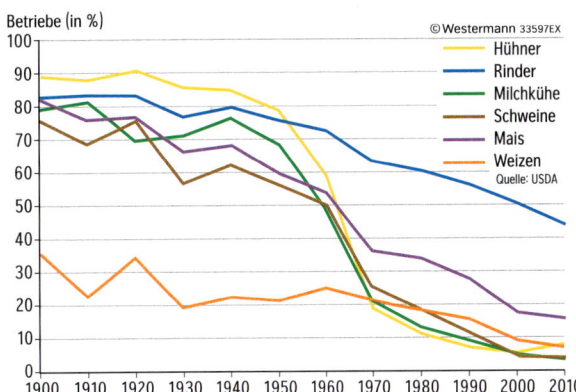

M 11 Haltung von Nutztieren und Anbau von Mais und Weizen durch US-amerikanische Farmen

In Folge des landwirtschaftlichen Strukturwandels hat sich in den USA eine duale Struktur entwickelt: auf der eine Seite eine Vielzahl von kleinen Nebenerwerbs- und „Hobby"-Betrieben, auf der anderen Seite wenige Großbetriebe (größtenteils im Familienbesitz), die den überwiegenden Teil der landwirtschaftlichen Produktion zur Versorgung der heimischen Bevölkerung und für den Export stemmen. Gerade die mittleren Betriebe sind eher rückläufig.

Parallel zu Konzentrationsprozessen (M 2) kam es in der US-Landwirtschaft zu einer Zunahme des Agrobusiness* (Kap. 2.5), also der vertikalen Integration*, in die auch einige „Megafarmen" eingebunden sind, etwa in den Bereichen der Geflügelzucht, der Rindermast und auch des Weizenanbaus. Zugleich war und ist der Agrar-Strukturwandel auch mit einer allgemein zunehmenden Spezialisierung der Farmer auf ein kleineres Anbauspektrum im Pflanzenbau und auf wenige Arten in der Tierhaltung verbunden (M 10, M 11).

Neben Rentabilitätsvorteilen durch große Flächen und Viehbestände war der hohe Investitionsbedarf für eine moderne Landwirtschaft (Maschineneinsatz, optimiertes Saatgut, Dünger, Bewässerung, Automatisierung in der Viehhaltung) eine weitere Ursache für Konzentration und Spezialisierung. Dieser führte im 20. Jahrhundert mehrmals zu Verschuldungskrisen der Landwirte. Auch von staatlichen Subventionen profitierten eher größere Betriebe.

Trotz des hohen Stellenwerts der Landwirtschaft in der amerikanischen Gesellschaft wurde der Verlust der Arbeitskräfte in diesem Wirtschaftsbereich politisch toleriert oder sogar gefördert, um die höchstmögliche Produktivität zu erreichen.

Ein großes Problem für die US-Familienfarmer ist es, Nachfolger für ihre Betriebe zu finden. Ein Drittel der amerikanischen Landwirte ist über 65 Jahre (Deutschland: 8 %), das Durchschnittsalter beträgt 59,4 Jahre (1978: 50,3 Jahre). Das steigende Durchschnittsalter deutet darauf hin, dass eine Betriebsnachfolge immer später oder gar nicht mehr erfolgt. Fehlt ein Erbe oder Nachfolger außerhalb der Familie, bleibt nur der Verkauf an Großbetriebe oder das Brachfallen der Flächen. Der Agrarzensus von 2017 hat jedoch gezeigt, dass es in den letzten Jahren durchaus Nachwuchs gibt. Die Gruppe neuer Farmer (weniger als 10 Jahre Erfahrung) beträgt immerhin 27 Prozent, die der Unter-35-Jährigen neun Prozent.

M 12 Strukturwandel* in der US-Landwirtschaft

2.4 Agrobusiness: Rindermast in Feedlots

Die Rinderzucht in den US-amerikanischen Großmastbetrieben (Feedlots*) hat wenig mit Cowboy-Romantik zu tun, auch wenn die Mitarbeiter der Agrarunternehmen auf den kilometerlangen Straßen entlang der Mastbuchten manchmal auf Pferden patrouillieren. Die Feedlots sind Teil des Agrobusiness*, agrarindustrieller Unternehmen*, die hochgradig vertikal und horizontal integriert* sind. Produziert wird hier Rindfleisch vor allem für den US-Markt, der noch immer hungrig auf Hamburger ist. Die Antwort auf die Frage, wie nachhaltig diese Form der Agrarproduktion ist, besitzt aber auch eine globale Dimension.

1. Beschreiben Sie das Kuner Feedlot westlich von Greeley, Colorado (M2, Atlas, Diercke Globus, Google Earth).
2. Erläutern Sie die betriebliche Organisation des Kuner Feedlots (M3, M5, M6, Atlas).
3. Analysieren Sie die Entwicklung der Rindfleischproduktion und die Größenstruktur der Mastbetriebe (M1, M4).
4. Erklären Sie die Begriffe vertikale und horizontale Integration und agroindustrielles Unternehmen am Beispiel der Rindermastproduktion in den USA (M6, M9, M10).
5. Vergleichen Sie das Kuner Feedlot mit einem agroindustriellen Betrieb der Geflügelfleischerzeugung in Niedersachsen.
6. Erklären Sie die räumliche Lage der Feedlots in den USA (M7).
7. Erörtern Sie die Rindermast in Feedlots unter
    a) Tierschutz-Gesichtspunkten,
    b) ökonomischen Gesichtspunkten,
    c) ökologischen (regional, global) Gesichtspunkten (M8).

	Produktion	Konsum	Export	Import
2003	26,24	27,00	2,52	3,00
2006	26,15	28,10	1,15	3,09
2009	26,07	26,80	1,94	2,63
2012	26,00	25,80	2,45	2,22
2015	23,81	24,80	2,26	3,30
2018	26,87	26,80	3,16	3,00

Quelle: USDA

M1 USA: Rindfleischproduktion, -konsum, -export, -import (2003–2018; in Mrd. pounds = ca. 45 Mio. kg)

„Für die Angestellten im Futterwerk beginnt der Tag frühmorgens damit, die Futtermühle anzuheizen, um im Dampf Mais auszuflocken (wie Cornflakes). Die Futter-Lkw-Fahrer kommen dann um 5:30 Uhr, um die erste Runde der täglich drei Mahlzeiten für die Rinder auszufahren. Bei Sonnenaufgang satteln die Cowboys ihre Pferde und beginnen damit, die Pferche abzureiten. Sie prüfen die Gesundheit der Tiere und stellen sicher, dass die Mastbuchten in Ordnung sind. Im Laufe des Tages werden Rinder angeliefert, ausgeladen, geimpft, tierärztlich untersucht, wieder gefüttert und die Mastbuchten gesäubert. Es ist eine riesige Aufgabe an jedem Tag des Jahres."

M3 Zitat eines Feedlot-Managers zum Alltag in einem Feedlot

Kapazität (in Rindern)	Feedlots (Anzahl)	Rinderbestand (in Mio.)	Rinder verkauft (in Mio.)
<1 000	25 000	2,6	2,9
1 000 – 7 999	1 740	1,9	3,6
8 000 – 23 999	264	2,1	3,9
24 000 – 49 999	114	2,4	4,6
>50 000	71	4,1	7,5

M4 USA: Rindermastbetriebe nach Größenklassen (2015) (zum Vergleich in Deutschland circa zwei Mio. Mastrinder, v.a. männliche Nachkommen aus der Milchkuhzüchtung)

- gegründet 1971 als Familienunternehmen,
- heutiger Besitzer: JBS Five Rivers (elf weitere Feedlots in sechs US-Bundesstaaten), gehört zum brasilianischen JBS Konzern (weltgrößter Fleischproduzent),
- 2011 für 18 Mio. US-$ umgebaut zur „most state-of-the-art cattle feedyard in the industry",
- 60 Mitarbeiter,
- Kapazität: 100 000 Rinder, Produktion 330 000 Rinder pro Jahr,
- Mast: drei bis fünf Monate,
- Kälber aus North und South Dakota, Wyoming,
- Futter: Mais (Kansas, Nebraska), Alfalfa (Grünfutter, regional),
- Lagerung und Aufbereitung in eigenen Silos und Futterwerk,
- Transport der schlachtreifen Tiere ins unternehmenseigene Schlachthaus (3000 Angestellte) in Greeley (15 km entfernt vom Kuner Feedlot),
- Abgabe der tierischen Exkremente nach Trocknung an der Luft als Dünger an lokale Farmer.

M5 Steckbrief des Kuner Feedlots, Colorado (Atlas S. 220)

M2 Kuner Feedlot in Kersey (Colorado). In den einzelnen Mastbuchten stehen auf 60 m x 60 m etwa 300 Rinder auf stark verdichtetem, lehmigem Sand, sodass Regenwasser schnell ablaufen kann.

Agrobusiness – Rindermast in Feedlots

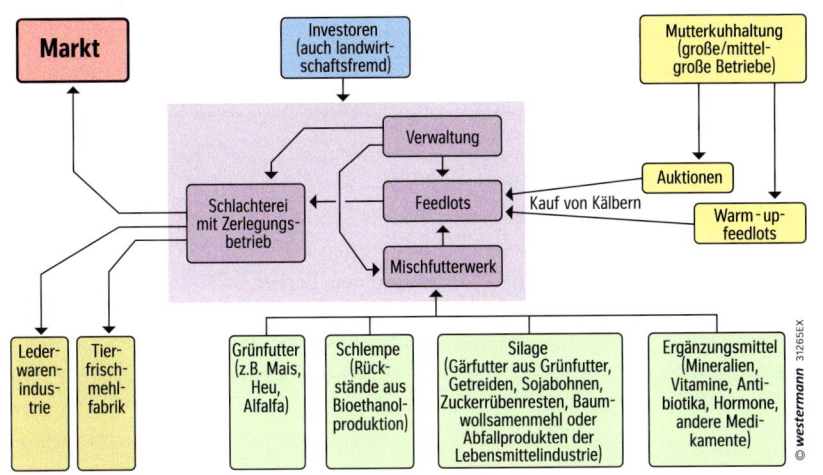

M 6 Produktionsverbund der Mastrinderproduktion in den USA

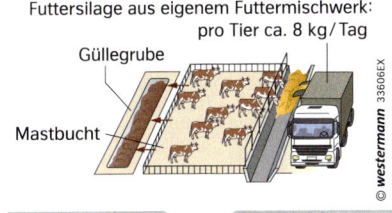

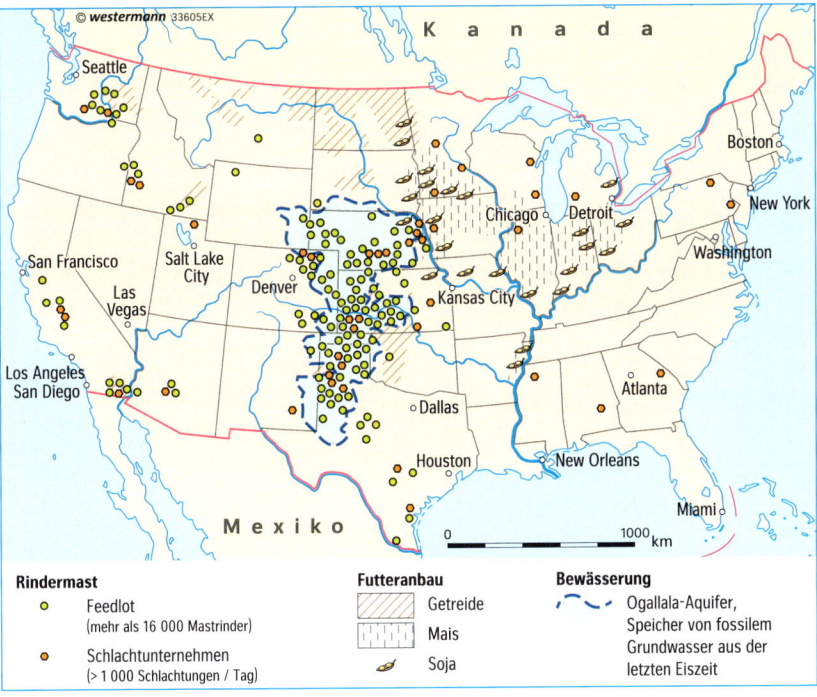

M 7 Feedlots in den USA

M 9 Kraftfuttermast von Rindern

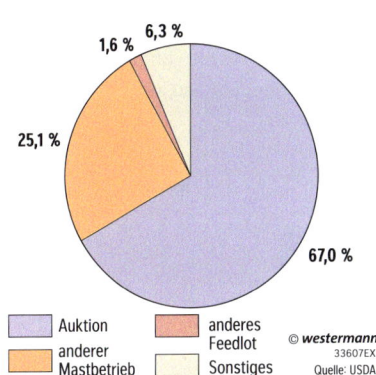

M 10 Feedlots: Herkunft der Kälber

Die Viehhaltung hat enorme Auswirkungen auf die Umwelt: 18 % der gesamten Treibhausgasemissionen in CO_2-Äquivalenten* und 9 % aller anthropogenen CO_2-Emissionen, einschließlich der fossilen Brennstoffe zur Herstellung der erforderlichen Inputs, gehen auf ihr Konto. Weltweit verursacht sie etwa 8 % des menschlichen Wasserverbrauchs, vor allem für die Bewässerung beim Anbau der Futtermittel. Der totale Wasserbedarf für 1 Kilo verzehrbares Rindfleisch wird auf 20 bis 43 Tonnen geschätzt. [...] In den USA verursacht die Tierhaltung 55 % der Bodenerosion und Sedimentation, 37 % des Pestizideinsatzes, 50 % des Antibiotikaverbrauchs und ein Drittel der Süßwasserbelastung mit Stickstoff und Phosphat. [...] In den letzten Jahren haben sich große vertikal und industriell organisierte Viehhaltungsstrukturen stark ausgebreitet; dieser Trend wird sich fortsetzen. Diese Systeme führen zu einer Konzentration organischer Dünger. Obwohl Mist und Gülle wertvolle Nährstoffquellen sind, führt ihre konzentrierte Ausbringung zu erheblichen Emissionen und schädigt Luft, Boden und Wasser. [...] Fleisch, Milch und Eier über den Umweg von Futtermitteln aus Getreide und Ölsaaten vom Acker herzustellen, führt zu einem gewaltigen Kalorienverlust. Nach einer Berechnung des UN-Umweltprogramms könnten die Kalorien, die bei der Umwandlung von pflanzlichen in tierische Lebensmittel verloren gehen, theoretisch 3,5 Milliarden Menschen ernähren. Die Umwandlungsrate von pflanzlichen in tierische Kalorien schwankt im Idealfall zwischen 2:1 bei Geflügel, 3:1 bei Schweinen, Zuchtfischen, Milch und Eiern und 7:1 bei Rindern. [...]

Rinder und Schafe fressen von Haus aus Gras. Mehr als zwei Drittel der weltweiten Agrarfläche ist Weideland. Wo Tiere Gras und Pflanzen fressen, die sich zur direkten menschlichen Ernährung nicht eignen, sind sie keine Nahrungsmittelkonkurrenten, sondern erhöhen das Lebensmittelangebot und leisten oft wichtige Beiträge zur Produktion. Sie liefern Dünger, tragen zur Bodenbearbeitung bei, arbeiten als Zug- und Transporttiere, verwerten Abfälle und stabilisieren die Ertrags- und Ernährungssicherheit ihrer Besitzer. [...] Die allermeisten Tiere werden heute allerdings in immer größeren Anlagen vor allem mit Kraftfutter aus Soja, Raps, Mais, Weizen und anderem Getreide von Ackerflächen gefüttert, die der direkten Lebensmittelproduktion verloren gehen.

Quelle: Zukunftsstiftung Landwirtschaft: Wege aus der Hungerkrise. S. 10–11

M 8 Quellentext zu den ökologischen Folgen der Rinder-/Tierzucht

2.5 Landwirtschaft in Kalifornien

Gedankenspiel: Was würde passieren, wenn bei einem hypothetischen „Calexit" (California Exit) der Sonnenstaat an der Westküste die USA verlassen würde? Die Vereinigten Staaten von Amerika würden zwar nur drei Prozent ihrer landwirtschaftlichen Nutzfläche verlieren, dafür aber einen großen Teil der für die Bevölkerung der gesamten USA lebenswichtigen landwirtschaftlichen Produktion. Kalifornien exportiert zudem jährlich Agrarprodukte im Wert von 20,5 Mrd. US-$ (2017), was einem Siebtel der Gesamt-US-Agrarexporte entspricht beziehungsweise der landwirtschaftlichen Exporte von Polen, Argentinien oder Thailand.

1. Charakterisieren Sie das Klima Kaliforniens in einem Nord-Süd- und einem Ost-West-Profil (M1, M2, Atlas).
2. Erklären Sie die Niederschlagsverhältnisse in Kalifornien (M1, M2, Atlas).
3. Erläutern Sie die agrarwirtschaftliche Nutzung Kaliforniens vor dem Hintergrund der klimatischen Verhältnisse (M3, M4, M5, Atlas).
4. Ordnen Sie die Erzeugung einiger führender Agrarprodukte (z.B. Weintrauben, Mandeln, Reis, Nüsse, Erdbeeren, Heu, Rindfleisch) innerhalb Kaliforniens geographisch ein (M1, M2, M4, Atlas).
5. a) Charakterisieren Sie die Stellung der kalifornischen Landwirtschaft innerhalb der USA (M5, Kap. 2.2).
   b) Erklären Sie die Höhe der Ackerlandpreise in Kalifornien (M7).
6. Analysieren Sie die kalifornischen Agrarexporte (M8, M9).
7. Nehmen Sie Stellung zur Produktion von Heu und Reis in Kalifornien.

Breite, schnurgerade Reihen gleichmäßig gewachsener Möhrenpflanzen verschmelzen in der Ferne zu einem grünen Meer, darüber spannt sich das Blau des weiten kalifornischen Himmels. Es ist später Vormittag, Anfang November, das Thermometer zeigt 26 Grad. Don Cameron zieht ein paar Möhren aus dem Boden: Noch sind sie bleistiftdünn, aber in wenigen Wochen werden sie ausgereift sein. Mit fast 3000 Hektar gehört die Terra Nova Ranch zu den größeren Farmen im San Joaquin Valley. Mehr als 25 Gemüsesorten werden hier angebaut, dazu Mandeln, Oliven und Trauben. Das wichtigste Produkt sind Tomaten, bis zu 150 000 Tonnen pro Saison liefert Farmmanager Don Cameron an die Ketchup-Hersteller und an Konservenfabriken. Solche Rekordernten werden möglich durch die hervorragenden Böden, das mediterrane Klima – und weil Wasser verfügbar ist. Auf der Terra Nova Ranch wird es aus 50 knapp 200 m tiefen Brunnen gepumpt. [...] Je weiter man im San Joaquin Valley nach Süden kommt, desto tiefer dringt man in eine industrielle Agrarwüste vor. Nur selten unterbrechen Stallungen und ein paar Strommasten die grau-braune Monotonie der im November meist abgeernteten Felder. Ab und zu sind dichte, lange Staubfahnen zu sehen, aufgewirbelt von gigantischen Traktoren, viele der Feldflächen werden zu dieser Zeit umgepflügt oder mit Eggen auf eine Wintersaat vorbereitet. Dazwischen immer wieder Reihen mit niedrigen Stallgebäuden – die geschlossenen sind Hühnerfarmen für Legehennen oder Geflügelmast, die offenen Gebäude gehören zu Milchproduktionsbetrieben oft mit 10 000, 20 000 oder 30 000 Tieren.

Quelle: Wilfried Bommert, Marianne Landzettel: Verbrannte Mandeln: Wie der Klimawandel unsere Teller erreicht. München: dtv 2017

M 3 Quellentext zur Landwirtschaft in Kalifornien

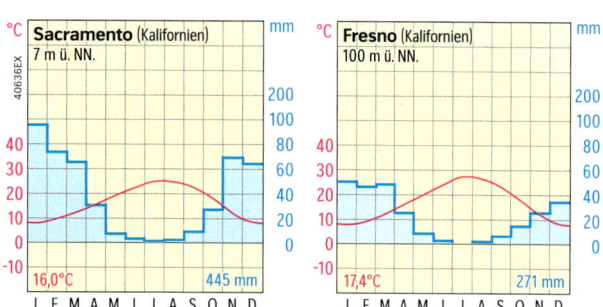
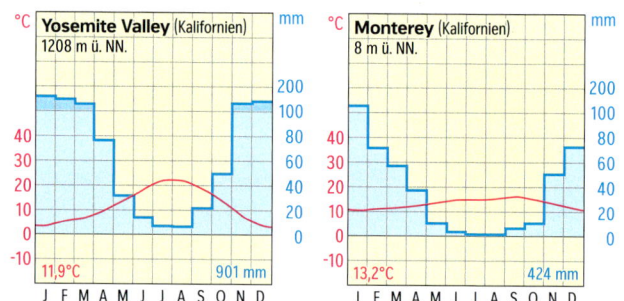

M 1 Klimastationen in Kalifornien

M 2 Panoramabild von Zentralkalifornien

Landwirtschaft in Kalifornien

M 4 Wichtigste Anbauprodukte in den kalifornischen Counties nach Verkaufswert (2017/2018)

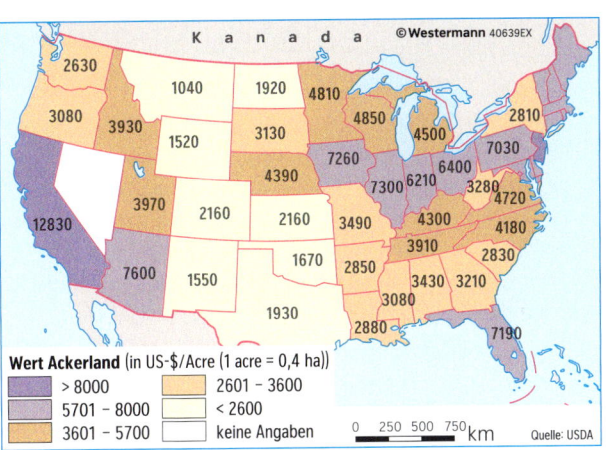

M 7 Preise für Ackerland in den USA (2019)

	2017		2005	
	in Mrd. US-$	US-Rang	in Mrd. US-$	US-Rang
Milch/-produkte	6,56	1	5,22	1
Trauben	5,79	1	3,20	1
Mandeln	5,60	1	2,52	1
Beeren[1]	3,10	1	1,12	1
Rindfleisch	2,63	7	1,74	7
Salat	2,41	1	1,41	1
Walnüsse	1,59	1	0,56	1
Tomaten	1,05	1	0,92	1
Pistazien	1,01	1	0,58	1
Masthähnchen	0,94	22	0,71	k.A.
Orangen	0,93	1	0,52	2
Brokkoli	0,85	1	0,67	1
Heu	0,76	1	1,43	2
Reis	0,68	2	0,58	2
Mohrrüben	0,62	1	0,49	1

[1] v.a. Erdbeeren Quelle: California Agricultural Statistics Review

M 5 Top 15 Agrarprodukte Kalifoniens nach Wertschöpfung* (2017, 2005)

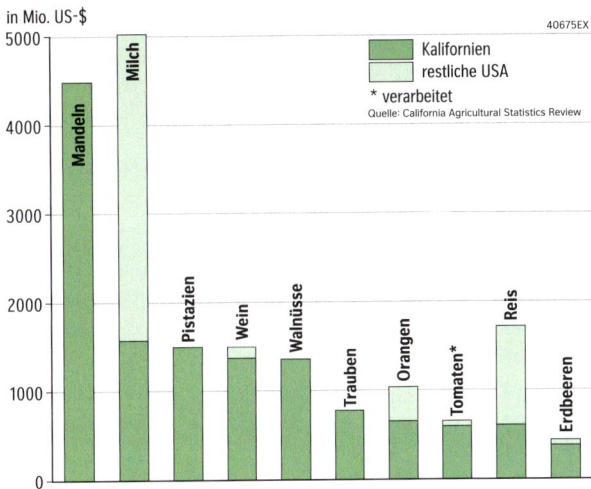

M 8 Top-10 Agrar-Exportprodukte in Kalifonien (2017)

	Exportwert (in Mio. US-$)	Wichtigste Produkte
EU	3408	Mandeln, Wein, Walnüsse
Kanada	3287	Wein, Erdbeeren, Salat
China	2270	Pistazien, Mandeln, Wein
Japan	1452	Mandeln, Reis, Walnüse
Mexiko	1057	Milch/-produkte, Weintrauben, verarbeitete Tomaten
Südkorea	996	Orangen, Mandeln, Rindfleisch
Indien	880	Mandeln, Baumwolle, Walnüsse

Quelle: California Agricultural Statistics Review

M 9 Wichtigste Exportmärkte für die kalifonische Landwirtschaft (2017)

M 6 Mandelanbau nahe Sacramento

M 10 Bewässerung eines Erdbeerfeldes im Salinas Valley

2.6 Probleme der durstigen Fruchtgärten in Kalifornien

Das Central Valley (mit dem nördlichen Sacramento und dem südlichen San Joaquin Valley) und das Salinas Valley in Kalifornien haben seit Jahrzehnten mit den vielfältigen Folgen der intensiven Bewässerungslandwirtschaft für den ganzjährigen Obst- und Gemüseanbau zu kämpfen. Und die Situation verschärft sich. Schon immer traten in Kalifornien in regelmäßigen Abständen Dürren auf, doch diese scheinen klimawandelbedingt häufiger und länger auszufallen. Stetig steigende Temperaturen (Kap. 1.11) setzen zudem der Sierra Nevada zu, deren Schmelzwasser für die Wasserversorgung von Kalifornien von entscheidender Bedeutung ist.

1. „Das San Joaquin Valley ist Amerikas Fruchtgarten. Aber wir hängen am Wassertropf Nordkaliforniens!" Beurteilen Sie die Aussage Nikiko Masumotos, Obstfarmerin in der Nähe von Fresno (M2, M4, M5, Atlas).
2. Der größte Teil des kalifornischen Wasserfußabdrucks ist mit der Nahrungsmittelproduktion verbunden. Analysieren Sie diese Aussage (Kap. 2.5, M2).
3. Erläutern Sie die hydrologischen, agrarwirtschaftlichen und infrastrukturellen* Folgen des Eingriffs in den Grundwasserleiter des San Joaquin Valleys (M3, M7, M8).
4. Erläutern Sie die Auswirkungen der Grundwasserentnahme in Küstennähe im Salinas Valley (M9–M11).
5. Analysieren Sie die Niederschlagsentwicklung und die Klimawandelfolgen* in Kalifornien (M12, Kap. 1.11).
6. „Unsere Landwirtschaft gräbt sich das Wasser ab!" Erläutern Sie diese Aussage eines Bewohners aus Monterey (M1–M12).

Um 1830 war Kalifornien vom Menschen noch wenig beeinflusst, der Raum wies eine weitgehend natürliche Vegetationsbedeckung auf. Die Gebirge waren von Hartlaubgehölzen bzw. Wald eingenommen, im Südwesten und östlich des Gebirgszuges der Sierra Nevada waren aufgrund des Regenschattens Halbwüsten und Wüsten zu finden. Das Kalifornische Längstal wurde größtenteils von Strauch- und Wüstensteppe eingenommen. Die ursprünglich vorhandene Vegetation ist heute vielfach durch Bewässerungsland, Dauerkulturen und Weiden ersetzt worden. Ermöglicht wurde die intensive landwirtschaftliche Nutzung erst durch weitreichende technische Maßnahmen zur Sicherstellung der Wasserversorgung. Letztere war vor allem aufgrund der Sommertrockenheit ein großes Problem, sowohl für die agrarische Nutzung als auch für die Versorgung der Städte. [...] Um die Wasserversorgung zu gewährleisten, wurden große Anlagen zum Speichern, Transportieren und Verteilen des Wassers errichtet. Für die Landwirtschaft waren das Central Valley Project (CVP) und das California State Water Project (SWP) die bedeutendsten Maßnahmen. [...] Die in den Wintermonaten im Nordteil Kaliforniens anfallenden Wassermengen werden gesammelt und in großen Reservoirs – vor allem dem Shasta-Stausee – gespeichert. Über Kanäle von mehr als 560 Kilometern Gesamtlänge wird das Wasser in die Bedarfsgebiete geleitet. [...] Der wichtigste Kanal ist der 700 Kilometer lange California Aquädukt, der die Anbaugebiete im südlichen Kalifornien (bei San José und in Teilen des San-Joaquin-Tales) versorgt. Der California Aquädukt verbindet 20 Stauseen und Reservoirs, fünf Kraftwerke, 17 große Pumpstationen und etwa 200 Kilometer Seitenkanäle. Die Versorgung der städtischen Räume erfolgt teilweise durch zusätzliche Systeme.

Quelle: Kalifornien. Diercke Handbuch. Braunschweig: Westermann 2015, S. 353

M1 Bewässerungskanal in Südkalifornien

M4 Quellentext zur Wasserversorgung Kaliforniens

Nordkalifornien	Südkalifornien
1/3 der Landesfläche	2/3 der Landesfläche
Sacra ● mento	
75 % des kalifornischen Niederschlags	80 % der kalifornischen Wassernachfrage
222 Mrd. m³ Niederschlag fallen in Kalifornien.	
111 Mrd. m³ verdunsten	111 Mrd. m³ verbleiben
Von den verbleibenden 111 Mrd. m³ entfallen:	

55,5 Mrd. m³ als Abfluss (Flüsse)	41,9 Mrd. m³ für die Landwirtschaft	11,1 Mrd. m³ für die städtische Nutzung	2,5 Mrd. m³ für andere Nutzungen

M5 Niederschlagsangebot und Wasserverbrauch

Agrarprodukte	Wasserbedarf
1 Orange	60,8 Liter
1 Kopf Brokkoli	23,7 Liter
1 Walnuss	21,5 Liter
1 Kopf Blattsalat	15,4 Liter
1 Tomate	14,5 Liter
1 Mandel	4,8 Liter
1 Pistazie	3,3 Liter
1 Erdbeere	1,7 Liter
1 Weintraube	1,3 Liter

Quelle: Mekonnen and Hoekstra (2012).

M2 Wasserverbrauch für die Produktion kalifornischer Agrarprodukte

M3 Feld im San Joaquin Valley

M6 Versalzung im Salinas Valley

Probleme der durstigen Fruchtgärten in Kalifornien 43

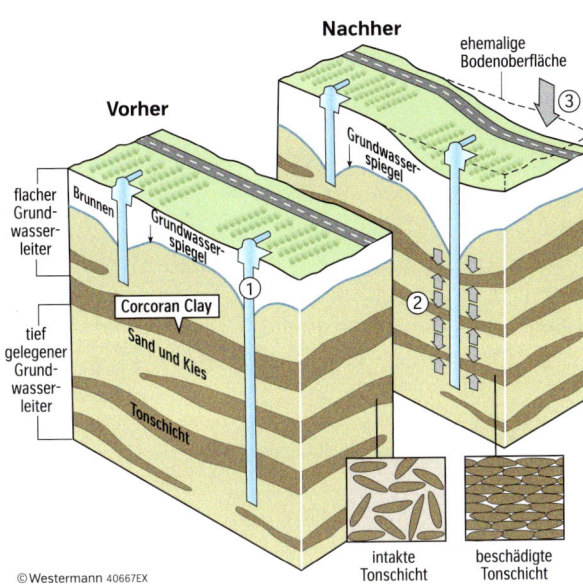

Der Untergrund des San Joaquin Valley besteht aus Sand- und Tonschichten im Wechsel, die Grundwasser enthalten. Dieses Grundwasser ist neben der Zuleitung von Wasser aus den Bergen die zweite Form der Wasserversorgung. Eine ausgedehnte Tonschicht, der Corcoran Clay, teilt das Tal vertikal in zwei Grundwasserreservoirs, einen flachen und einen tiefen Grundwasserleiter. Das Abpumpen des Wassers durch Tiefbrunnen (1) reduziert den Wasserdruck in den Tonschichten und lässt sie zusammenfallen (2). Die Sand- und Kiesschichten sind davon nicht betroffen, drücken die Tonschichten durch ihr Gewicht aber zusammen. Wird die „gesunde" Tonschicht einmal zerstört, kann sie nur begrenzt neues Wasser aufnehmen. Das betroffene Gelände senkt sich an der Oberfläche ab (3).

M 7 Grundwasserversorgung im San Joaquin Valley

Zeitraum	Region	Landabsenkung
1925 – 1977	San Joaquin Valley (Mendota)	ca. 9 m
1988 – 2016	San Joaquin Valley (El Nido)	ca. 1,5 m
1965 – 2018	San Joaquin Valley (El Nido)	ca. 2,6 m

Quelle: USGS

M 8 Landabsenkung im San Joaquin Valley

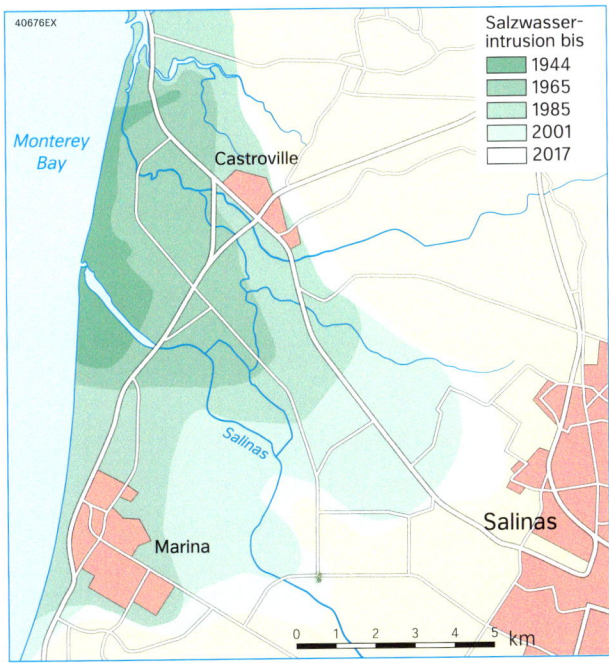

M 9 Eindringen von Meerwasser in den Untergrund des Salinas Valley (55 Meter Grundwasserleiter)

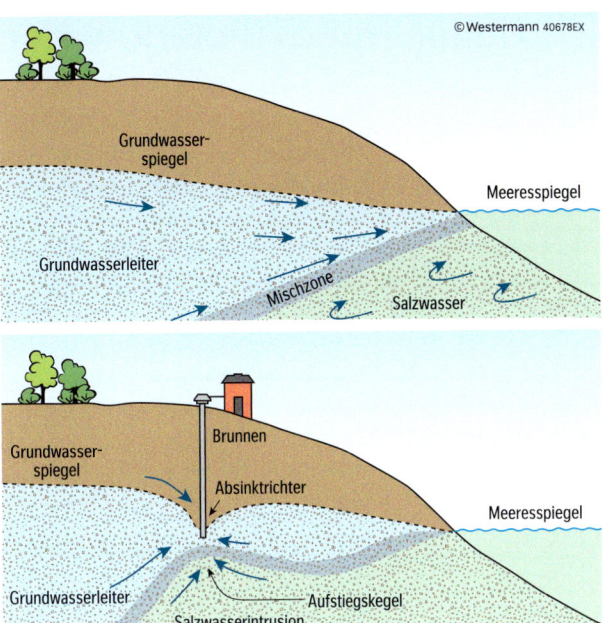

M 10 Meerwasserintrusion ins Grundwasser

Ein sehr hoher Anteil der Gemüseversorgung der USA stammt aus dem Salinas Valley an der Central Coast Kaliforniens. Das Bewässerungswasser aus den Kanälen der Küstenkette reicht schon lange nicht mehr aus, um die Wasserversorgung zum Beispiel von Salat, Avocados oder Erdbeeren sicher zu stellen oder dieses Wasser ist einfach zu teuer. Darum bewässern die Farmer im Mündungsbereich und im Tal schon lange aus Kostengründen mit selbst getriebenen Grundwasserbrunnen. Die Gefahr hierbei ist, dass zu viel von dem Grundwasser abgepumpt wird und das Meerwasser dadurch weiter in den Untergrund des Tales eindringt und das Grundwasser versalzt.

Wenn Süß- und Salzwasser in Küstennähe aufeinandertreffen, dann unterlagert das Meerwasser das Süßwasser, d. h. das Süßwasser „schwimmt" auf dem schwereren Salzwasser. Aufgrund der höheren Dichte von Salzwasser entsteht unter der Salzwassersäule ein höherer Druck als unter einer gleich hohen Süßwassersäule. Sind das Grundwasser (süß) und das Salzwasser wie in Küstennähe miteinander verbunden, so fließt in der Tiefe das dichtere Salzwasser zum weniger dichten Süßwasser, bis die Druckverhältnisse ausgeglichen sind. Zwischen beiden Wasserarten entsteht eine Mischzone.

Das Gleichgewicht von Salz- und Süßwasser im Untergrund des Mündungsbereiches ist auch dadurch gestört, dass schon sehr viel Bewässerungswasser entlang des Flusslaufes entnommen wird und so der normale Süßwassernachschub fehlt.

M 11 Meerwasserintrusion: Kampf des Salzwassers gegen das Süßwasser

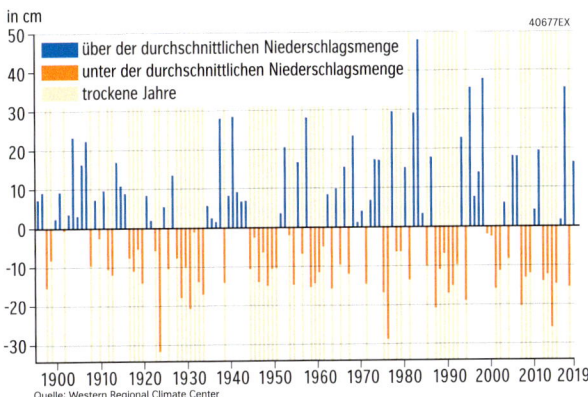

M 12 Niederschlagsentwicklung in Kalifornien

2.7 Neuer Trend: Biolandwirtschaft?

Immer häufiger kaufen Amerikaner auf Wochenmärkten regionale oder Bio-Ware. Kochkurse boomen. [...] Ungewohnte Töne in einem Land, das für Fast Food wie Hamburger und French Fries sowie für viele stark übergewichtige Bewohner bekannt ist. [...] Dass sich noch immer große Teile der Bevölkerung vorwiegend von Pizza, Donuts und Eiscreme ernähren, hängt auch damit zusammen, dass sehr viele Amerikaner in sogenannten „Food Deserts" [...] leben: ärmliche und sehr ländliche Gegenden, in denen es kaum Frisches zu kaufen gibt. [...] Doch das alles beginnt sich gerade zu ändern. Naturkost-Supermärkte mit einem gigantischen Angebot an Bio-Lebensmitteln sprießen wie Pilze aus dem Boden. Viele Amerikaner sind nicht nur bereit, mehr Geld für frische Ware, Bio-Milch und -Fleisch auszugeben, sondern finden auch zum altmodischen Selbstkochen und Selbstbacken zurück.

Quelle: Claudia Sarre: Bio-Welle im Fast-Food-Land.www.deutschlandfunk.de 5.1.2014

1. Beschreiben Sie die Biolandwirtschaft* in den USA, insbesondere auch ihre regionale Verteilung (M2, M4).
2. Vergleichen Sie die US-Biolandwirtschaft mit der in Deutschland (M1, M3, M5).
3. Erstellen Sie eine grafische Darstellung der Daten aus M2 oder M5.
4. „In einem Land der Billig-Burger und des Gen-Mais hat Bio keine Chance." Beurteilen Sie diese Aussage.

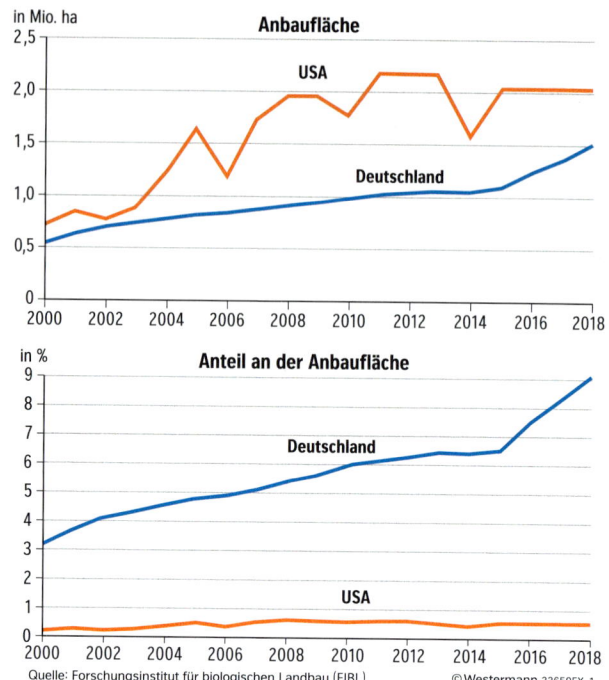

M3 Biologische Landwirtschaftsfläche und Anteil der biologischen Landwirtschaftsfläche an der Gesamtlandwirtschaftsfläche in den USA und Deutschland (2000 – 2018)

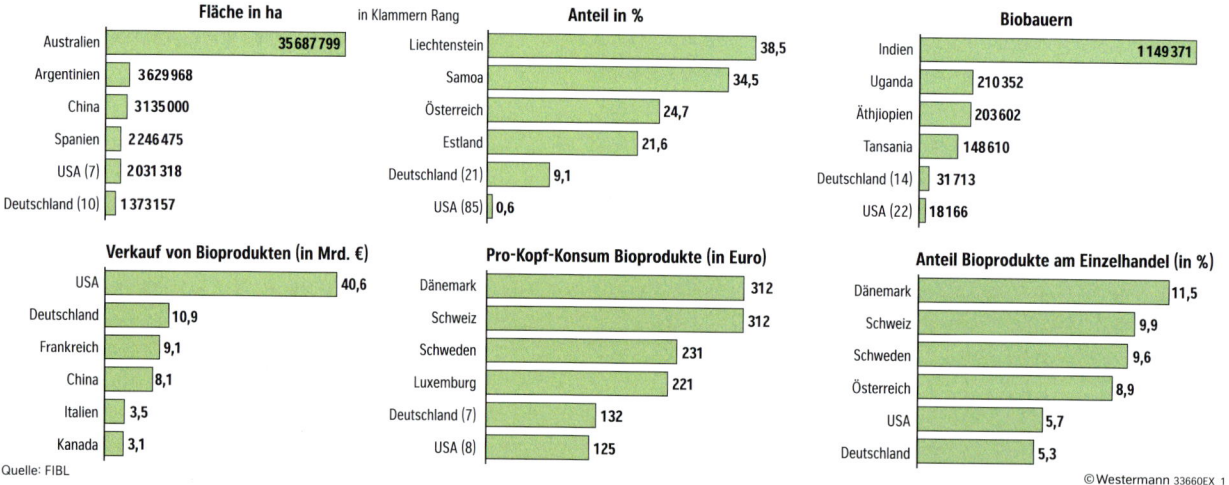

M1 Biologische Landwirtschaftsfläche, Anteil dieser Fläche an der Gesamtlandwirtschaftsfläche, Anzahl der Biobauern, Verkauf von Bioprodukten, Pro-Kopf-Konsum von Bioprodukten und Anteil von Bioprodukten im Einzelhandel (2018)

Bundesstaat	Bio-Farmen	Bundesstaat	Anbaufläche (in 1000 ha)	Bundesstaat	Verkauf (in Mio-US-$)	Bio-Produkte	Verkauf (in Mio. US-$)
Kalifornien	2713	Kalifornien	433	Kalfornien	2889	Milch	1386
Wisconsin	1276	Montana	108	Pennsylvania	660	Eier	816
New York	1059	New York	107	Washington	636	Hühnchen	750
Pennsylvania	803	Wisconsin	89	Oregon	351	Äpfel	327
Iowa	732	Oregon	79	Texas	297	Salat	277
Washington	677	Idaho	72	Wisconsin	255	Erdbeeren	242
Ohio	575	Colorado	71	New York	216	Rindfleisch	233
Vermont	556	Texas	59	Michigan	201	Weintrauben	218
Minnesota	545	Vermont	54	Colorado	181	Tomaten	175
Maine	494	Minnesota	53	N. Carolina	145	Mais	164
USA	14217	USA	2031	USA	7554	USA	7600

M2 Anzahl zertifizierter Bio-Farmen, Bio-Anbaufläche, Verkauf von Bio-Produkten in den US-Bundesstaaten (2016, Quelle: USDA)

Neuer Trend: Biolandwirtschaft?

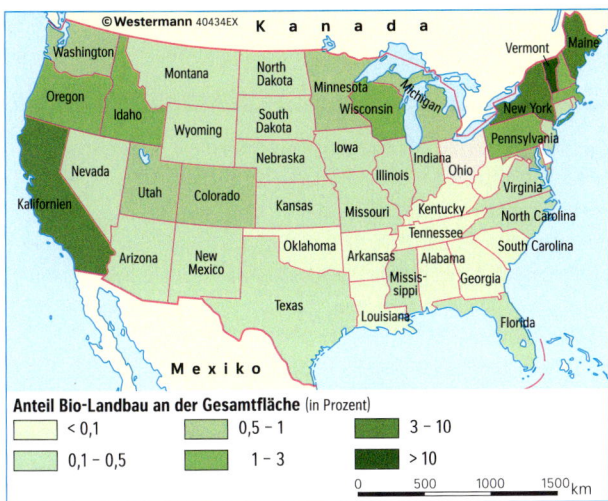

Anteil Bio-Landbau an der Gesamtfläche (in Prozent)
- < 0,1
- 0,1 – 0,5
- 0,5 – 1
- 1 – 3
- 3 – 10
- > 10

M 4 Anteil der biologischen Landwirtschaft an der gesamten Landwirtschaft in den USA (2016)

Feldfrucht	USA	Deutschland
Getreide, gesamt	281 215 (0,5 %)	302 000 (4,3 %)
Reis	13 310 (1,4 %)	-
Weizen	136 197 (0,9 %)	108 000 (3,4 %)
Ölsaaten	61 163 (0,2 %)	17 800 (1,3 %)
Hülsenfrüchte	5 804 (3,6 %)	2 107 (19,8 %)
Kartoffeln	6 978 (1,7 %)	9 300 (3,7 %)
Gemüse gesamt	64 461 (7,8 %)	14 477 (9,4 %)
Bohnen	10 627 (1,3 %)	19 000 (40,1 %)
Kohl	5 103 (6,3 %)	1 602 (10,1 %)
Obst, gesamt[1]	11 670 (4,2 %)	7 950 (16,8 %)
Äpfel	6 085 (4,7 %)	6 400 (18,9 %)
Beeren	3 220 (5,2 %)	2 815 (13,6 %)
Weintrauben	11 071 (2,7 %)	9 300 (9,3 %)
Erdbeeren	2 529 (11,7 %)	409 (2,9 %)
sub-/trop. Früchte	3 519 (9,1 %)	-
Zitrusfrüchte	4 919 (1,7 %)	-
Nüsse	8 573 (1,0 %)	230 (2,3 %)
Mandeln	2 386 (0,6 %)	-

[1] aus gemäßigten Klimazonen Quelle: FIBL

M 5 Anbauflächen von biologisch angebauten Feldfrüchten in den USA und Deutschland (2017; in 1000 ha; in Klammern Bio-Anteil an der Gesamtanbaufläche)

M 6 Whole Foods Market aus den USA ist die weltweit größte Biosupermarktkette mit 500 Filialen und 90 000 Mitarbeitern.

Grafische Darstellung von Statistiken

Statistische Daten werden oft in Tabellen oder Diagrammen wie Säulen-, Balken-, Kreis-, Kurven- oder Flächendiagrammen dargestellt. Bei den Daten kann es sich um Absolut- (Größe der Bio-Anbaufläche, M 3) oder Relativzahlen (Anteil der Bioanbaufläche an der Gesamtanbaufläche, M 3) handeln, oder auch um Beziehungszahlen (z. B. Farmen pro Einwohner).

Die beiden Kurvendiagramme in M 3 verdeutlichen anschaulich, wie wichtig es ist, genau zu beachten, ob ein Zusammenhang als relative oder absolute Zahl dargestellt ist. Die USA haben (absolut) eine größere Bio-Anbaufläche als Deutschland. Dies „relativiert" sich aber, wenn man die Fläche in Relation zur Gesamtanbaufläche setzt. Die USA haben zwar laut M 1 die siebtgrößte Bioanbaufläche der Welt, in Bezug auf den Anteil zur Gesamtfläche liegt sie nur auf dem 85. Rang in der Welt. Dies gilt es bei einem Vergleich abzuwägen.

Arbeitsschritte bei der Auswertung von Diagrammen

Orientierung

Verschaffen Sie sich einen Überblick über
- Quelle, Veröffentlichungsjahr, räumliche und zeitliche Abgrenzung,
- Thema des Diagramms,
- Diagrammart, Achseneinteilung und -bezeichnungen,
- Art der verwendeten Zahlen.

Beschreibung des Inhalts

Werten Sie die Diagramme aus. Beachten Sie
- Maximal- und Minimalwerte,
- grundlegende Aussagen über Größen oder zeitliche Entwicklungen, Tendenzen.

Erfassen und Erklären von Zusammenhängen
- Analysieren Sie die dargestellten Zusammenhänge.
- Begründen Sie wichtige Zusammenhänge oder Tendenzen.
- Bewerten Sie die Sicherheit der getroffenen Aussagen.
- Formulieren Sie eine Gesamtaussage.

Wertung
- Beurteilen Sie schließlich die Darstellungsform und die Aussagekraft der Statistik für die zu lösende Aufgabe.
- Bewerten Sie die Sicherheit der Gesamtaussage.

Tipps bei der Auswertung von Statistiken

- Beachten Sie die Quelle der Daten. Ist sie seriös oder lässt sich unterstellen, dass sie eventuell von Interessen geleitet ist? Hier stammen die Zahlen vom US-Agrarministerium und einer unabhängigen Forschungseinrichtung. Beides sind grundsätzlich vertrauenswürdige Quellen.
- Hinterfragen Sie kritisch, wie genau statistische Daten wirklich sein können. Daten mit drei Nachkommastellen erwecken zwar den Eindruck einer hohen Genauigkeit, werden aber nur selten durch eine exakte Zählung ermittelt, sondern sind häufig nur geschätzt oder fortgeschrieben.
- Überprüfen Sie, wie alt die Daten sind. Veraltete Zahlen können neuere Entwicklungen nicht widerspiegeln. Auf der anderen Seite werden zentrale Aussagen auch nicht weniger gültig, weil die Daten vier Jahre alt sind.
- In Diagrammen können Inhalte durch geschickte Gestaltung manipuliert werden. Typische Beispiele sind eine Hochachse, die nicht am 0-Punkt beginnt, Zeitreihen auf der Querachse mit unterschiedlichen Zeitabständen oder das Auslassen unerwünschter Daten (ohne Rohdaten nicht festzustellen).

2.8 Forst- und Holzwirtschaft in Kanada

Kanada ist nicht nur ein Industrieland, sondern auch ein bedeutender Agrarexporteur, wie endlose Getreidefelder in den Prärieprovinzen zeigen. Nahezu unbegrenzt ist in Kanada aber auch das Waldland (24 % der weltweiten borealen Nadelwälder). Entsprechend spielen traditionell die Holz- und Papierindustrie eine bedeutende Rolle. Wird in Kanada die Holzwirtschaft aber nachhaltig betrieben oder findet Raubbau am borealen Nadelwald statt?

1. Beschreiben Sie die Verbreitung der Wälder in Kanada (M6).
2. Stellen Sie Gunst- und Ungunstfaktoren für die Holzwirtschaft in Kanada dar (M3 – M6).
3. Charakterisieren Sie die nationale und globale Bedeutung der kanadischen Forst- und Holzwirtschaft (M1, M2).
4. Begründen Sie die Lage der Zellulose- und Papierfabriken am Pazifik und am St.-Lorenz-Strom (M5 – M7).
5. Analysieren Sie den Netto-Verlust an Waldfläche in Kanada mittels satellitengestützter Messung des Beschirmungsgrads (M11, www.globalforestwatch.org/map).
6. Erklären Sie den Unterschied zwischen Entwaldung* und Verlust von Waldfläche (M8, M11).
7. Erörtern Sie die Bewertung der Rolle der Holzwirtschaft durch Umweltministerium, Papierindustrie und Umweltschützer (M8, M9, M12).
8. Beurteilen Sie die Holzwirtschaft in Kanada unter dem Gesichtspunkt der Nachhaltigkeit*.

Kanada gehört zu den waldreichsten Ländern der Erde. [...] Von den Wäldern werden rd. 2,5 Mio. km² oder 60 % als nutzbar eingestuft (timber productive forest land). Allerdings ist ein Holzeinschlag in großen Bereichen, die weit abgelegen und unerschlossen sind, nicht möglich und ökonomisch nicht sinnvoll. Auch sind die Waldbestände in ihrem Holzreichtum und der Qualität sehr unterschiedlich, fast zwei Drittel sind Weichholz, 15 % Hartholzbestände, 20 % entfallen auf Mischwälder. Insgesamt bieten sie ein äußerst umfangreiches Potenzial für die Wirtschaft.

Holz war seit Beginn der Besiedlung der wichtigste Baustoff für Unterkünfte, die bei der winterlichen Kälte solide errichtet werden mussten und meistens Blockhäuser waren. Außerdem war Holz als Heizmaterial unentbehrlich. [...] Wichtige Veränderungen in der Holzwirtschaft ergaben sich durch die Herstellung von Papier, die schon früh im 19. Jh. einsetzte. [...] Mit der Produktion von Zellulose und Papier war regional eine Ausbreitung der Holzwirtschaft nach Norden in den Bereich des Kanadischen Schildes der Provinzen Quebec und Ontario verbunden. Die bei der Bauholzgewinnung bevorzugte Kiefer wurde durch Fichten des borealen Nadelwaldgürtels ergänzt. Neben den Wäldern bietet der Schild auch ausreichend Wasser und Energie durch die Flüsse, womit die drei wesentlichen Grundlagen für eine Papierproduktion gegeben sind. Die Flüsse stellen ebenfalls einen billigen Transportweg für die Hölzer, die geflößt werden können, dar.

Quelle: Karl Lenz: Kanada. Darmstadt: WBG 2001, S. 154

M 4 Quellentext zur Forstwirtschaft in Kanada

Beitrag zum BIP	
Forstwirtschaft	4,3 Mrd. C-$
Zellstoff- und Papierindustrie	8,9 Mrd. C-$
Holzverarbeitung	11,4 Mrd. C-$
Anteil am BIP	1,6 %
Exporte von Holz/Holzprodukten	35,7 Mrd. C-$
Anteil an Exporten	8,5 %
Beschäftigung in Forst-/Holzwirtschaft	
Holzgewinnung	33 310
Sägemühlen	22 470
Papierindustrie	55 590
Holzverarbeitung	98 570
gesamt (direkt, indirekt)	317 320
Anteil an Beschäftigung	1,1 %

Quelle: NRCAN

M 1 Wirtschaftsfaktor Forstwirtschaft in Kanada (2017)

M 3 Automatischer Holzvollernter im Einsatz in Kanada

M 5 Holzfloß auf dem Fraser River bei Vancouver

Land	Waldfläche		Industrie-Rundholz		Schnittholz		Zellstoff		Papier	
	(in Mio. ha)	in % der Landesfläche	Produktion (in Mio. m³)	Export (in Mio. m³)	Produktion (in Mio. m³)	Export (in Mio. m³)	Produktion (in Mio. t)	Export (in Mio. t)	Produktion (in Mio. t)	Export (in Mio. t)
Russland	815	49,8	219,6	19,2	42,7	31,7	8,6	2,3	9,0	3,2
Brasilien	493	59,0	158,1	0,4	10,2	3,1	21,7	15,2	10,4	1,9
Kanada	347	38,2	150,7	6,2	46,9	30,2	16,8	9,7	10,1	7,5
USA	310	33,9	368,2	12,8	82,1	7,4	49	7,8	71,6	11,5
China	208	22,1	181,7	0,1	90,3	0,2	13,7	0,2	108,4	6,7
Welt	3999	30,8	2027,5	135,5	492,5	157,8	187,8	65,6	408,8	116,8

M 2 Waldflächen und Forstwirtschaft (2018 (Quelle: FAO)

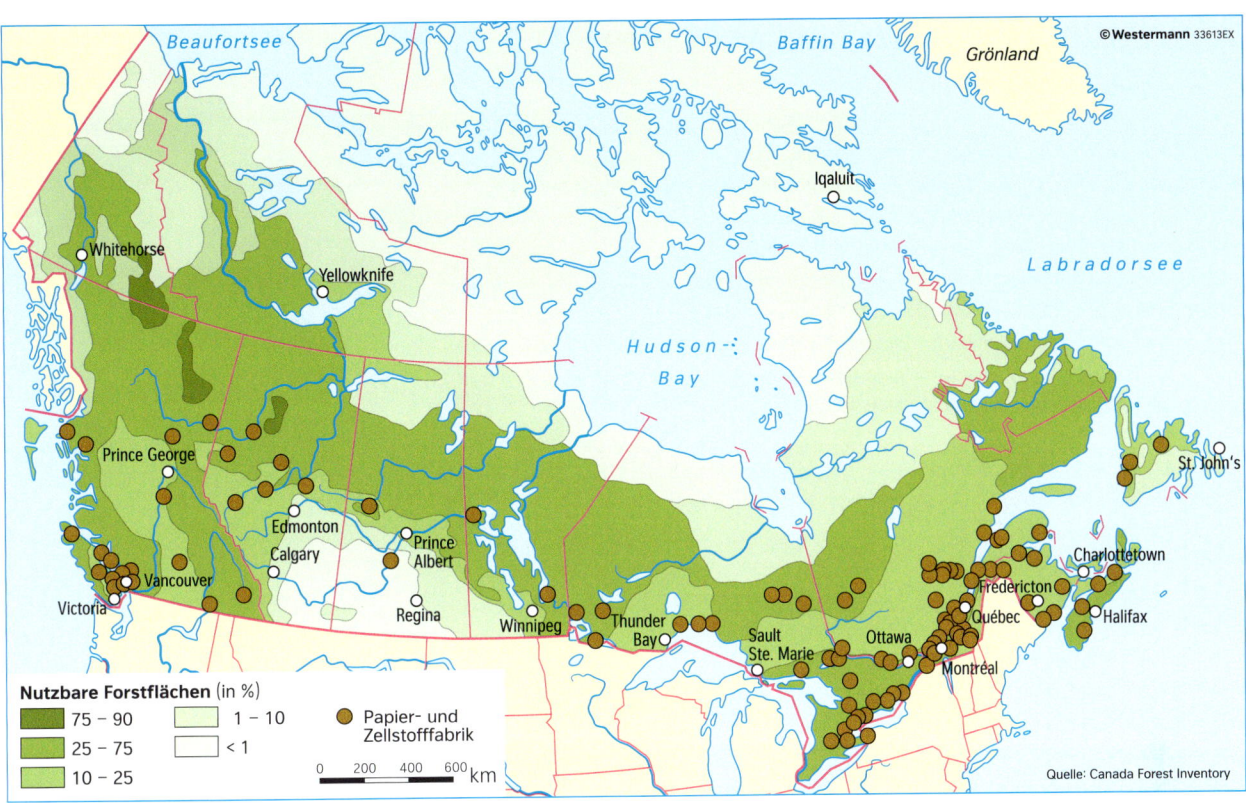

M 6 Nutzbare Waldflächen und Papierindustrie in Kanada

M 7 Zellstoff- und Papierfabrik in Corner Brook, Neufundland

M 10 Kahlschlagflächen in British Columbia

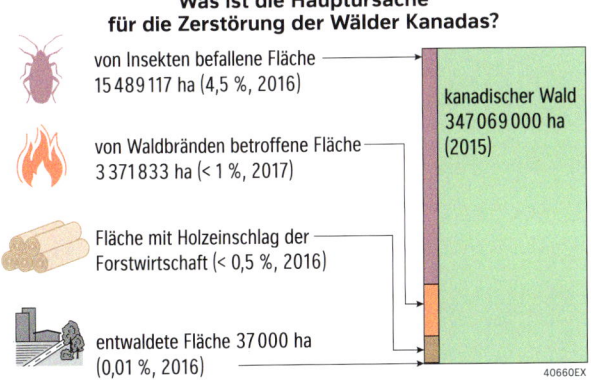

M 8 Grafik aus dem Waldzustandsbericht des kanadischen Ministeriums für natürliche Ressourcen 2018

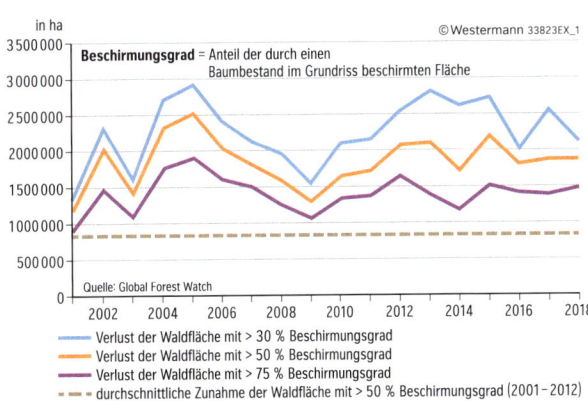

M 11 Verlust und Zuwachs an Waldflächen in Kanada mittels satellitengestützter Messung des Beschirmungsgrads

„Der größte Teil der weltweiten Entwaldung findet in den Tropenwäldern statt, nicht in Nordamerika oder Kanada. Nur 0,01 Prozent der kanadischen Waldfläche geht jedes Jahr durch Abholzung verloren. Und Hauptverursacher ist nicht die Forstwirtschaft, sondern es sind die Landwirtschaft und die Öl- und Gasförderung".

M 9 Zitat eines Papierfabrikanten

„Kanada ist seit 2000 die Nummer Eins in der Welt beim Verlust intakter Waldflächen. Die Hauptursachen sind Waldbrände, die Holzwirtschaft und die Entwicklung der Energiewirtschaft. Es gibt auf nationaler oder regionaler Ebene keinen politischen Willen, die Primärwälder zu erhalten. Die meiste Holzgewinnung erfolgt noch immer in unberührten Wäldern."

M 12 Zitat eines kanadischen Umweltschützers

2.9 „Todeszone" im Golf von Mexiko

Der Mississippi und sein wichtigster Nebenfluss, der Missouri, bilden mit einer Gesamtlänge von 6051 km das viertlängste Flusssystem der Welt und das größte Nordamerikas. Das 12000 km² große Mississippidelta ist ein wichtiges ökologisches System an der US-amerikanischen Golfküste. Aufgrund der natürlich hohen Sedimentfracht ändert sich der Küstenverlauf periodisch. Flusssystem und Delta haben eine hohe wirtschaftliche Bedeutung, als vielbefahrener Transportweg und als Industriestandort. Zugleich wird das Einzugsgebiet intensiv landwirtschaftlich genutzt. Damit sind massive Umweltprobleme in den letzten Jahrzehnten verbunden.

1. a) Erstellen Sie eine Skizze vom Verlauf des Mississippi und Missouri sowie ihrem Flusseinzugsgebiet* (M7, Atlas).
   b) Beschreiben Sie M1.
2. Charakterisieren Sie die landwirtschaftliche und wirtschaftliche Nutzung am Mississippi und Missouri (M1, M7, Atlas).
3. Erklären Sie die Probleme, die sich aus der intensiven landwirtschaftlichen Nutzung ergeben (M1, M5, M7, M8).
4. Erläutern Sie das Phänomen der Dead Zones im Golf von Mexiko (M1 – M5).
5. a) Analysieren Sie die beiden Satellitenbilder (M5).
   b) Entwickeln Sie einen Zusammenhang zu M1 und M3.
6. Beurteilen Sie die Maßnahmen, die Dead Zones im Golf von Mexiko zu bekämpfen (M3, M5, M8).

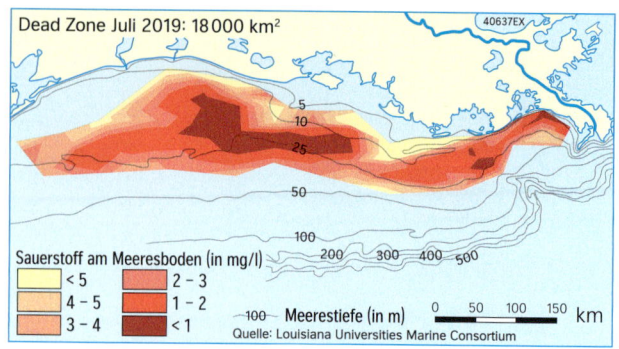

M2 Dead Zone im Golf von Mexiko im Juli 2019

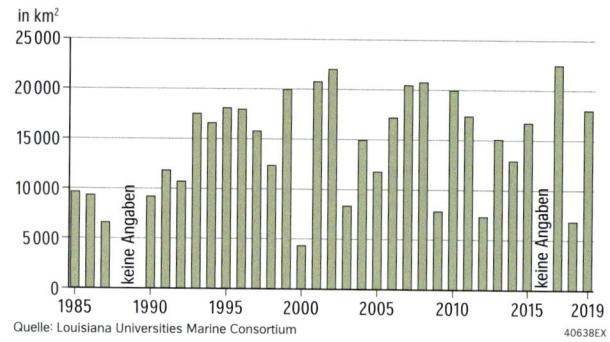

M3 Größe der Dead Zones im Golf von Mexiko (1985 – 2019)

M1 Foto des Mississippi, aufgenommen von der Raumstation ISS im Frühjahr 2019

„Das Wassereinzugsgebiet des Mississippi gehört zu den größten der Welt und besteht aus mehr als hundert Nebenflüssen, darunter der Red River, der Ohio und der Missouri. [Es] erstreckt sich von den Appalachen bis zu den Rocky Mountains und trägt zu etwa 40 Prozent des Abflusses im kontinentalen Teil der Vereinigten Staaten bei. Das Flusssystem entwässert Wasser und transportiert Sedimente aus 31 US-Bundesstaaten und führt beides über die Flussdeltas des Atchafalaya und des Mississippi in den Golf von Mexiko. Küstenparallele Strömungen tragen einen Großteil dieser Sedimente westlich der Deltas und lagern sie an den Stränden der Golfküste ab [...]. Das hell getönte Land auf beiden Seiten des Flusses zeigt seine Überschwemmungsgebiete. Da Flüsse ein Transportsystem und eine zuverlässige Wasserquelle sind, wählten Menschen [in der Vergangenheit] häufig Überschwemmungsgebiete als Standorte von Städten und Industrien sowie für die Landwirtschaft. Entlang des gesamten Mississippi ist die landwirtschaftliche Bodennutzung heute intensiv. Überschüssiger Stickstoff- und Phosphordünger aus der Landwirtschaft gelangt in die Flussentwässerungssysteme und schließlich in den Golf von Mexiko. Lokale und regionale Überschwemmungen können die Erosionsraten und die Nährstoffabflüsse erhöhen."

Quelle: NASA Earth Observatory: Long View of the Mississippi River Delta 7.7.2019 (Üs.: Thilo Girndt)

M4 Quellentext zu M1

Kein anderer nordamerikanischer Fluss hat ein so großes Einzugsgebiet wie der Mississippi. Entsprechend groß sind die Nährstoffmengen, die er in den Golf von Mexiko spült. Da das Süßwasser leichter als das salzige Meerwasser ist, lagert es sich auf dem Meerwasser ab. Dieses Phänomen nennt man Stratifizierung. Diese Süßwasserschicht verhindert wie eine Decke, dass das Meerwasser Gase wie zum Beispiel Sauerstoff mit der Atmosphäre austauscht. Derartige Stratifizierungen kennt man auch aus anderen Küstengebieten, etwa der Ostsee zwischen Dänemark und Schweden oder aus den norwegischen Fjorden. Im Fall des Mississippi aber ist die Situation verschärft, weil das Flusswasser besonders viele Nährstoffe enthält. Die Nährstoffe führen zu üppigem Algenwachstum. Wenn die Algen sterben, sinken ihre Überreste in die untere Wasserschicht. Dort werden sie durch Bakterien abgebaut, die Sauerstoff verbrauchen. Dadurch nimmt die Sauerstoffkonzentration in der tief gelegenen Salzwasserschicht gefährlich ab. Frei bewegliche Organismen fliehen vor dem Sauerstoffmangel. Weniger mobile Lebewesen wie etwa Muscheln sterben. Daher werden die sauerstoffarmen Gebiete vor der Küste von Louisiana und Texas „dead zone", Todeszone, genannt. Im Jahr 2002 wurden niedrige Sauerstoffkonzentrationen auf einer Fläche von mehr als 20 000 Quadratkilometern beobachtet. Es gibt deutliche Hinweise darauf, dass die mit der Stratifizierung einhergehenden Sauerstoffprobleme erst seit Mitte des letzten Jahrhunderts vermehrt auftreten. Der Grund dafür dürften die angestiegenen Nährstoffkonzentrationen, insbesondere der Stickstoffe, sein, die sich seit den 1950er Jahren verdreifacht haben. Die Stratifizierung im nördlichen Golf von Mexiko ist an sich ein natürliches Phänomen, das vor allem in niederschlagsreichen Jahren ausgeprägt ist. Sturmereignisse wie Hurrikans können das Wasser stark durchmischen und der Stratifizierung sogar entgegenwirken. Dennoch ist die Nährstofffracht des Mississippi zu groß. Mithilfe eines Managementplans versucht man nun, die Nährstoffeinträge zu reduzieren, um die Todeszone auf eine maximale Größe von etwa 5000 Quadratkilometern zu begrenzen. Zu den Maßnahmen gehören eine verbesserte Klärung der Abwässer, eine Optimierung der Düngung und die Schaffung von Überflutungsflächen entlang der Flüsse, die beträchtliche Nährstoffmengen abfangen können.
Quelle: World Ocean Review 1. Hamburg: Maribus 2010, S. 81

M 5 Quellentext zu Dead Zones im Golf von Mexiko

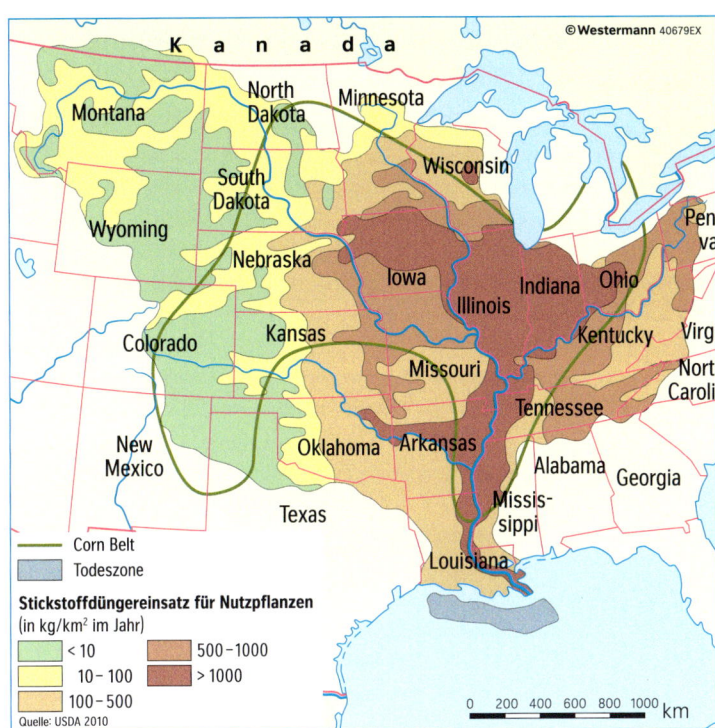

M 7 Düngereinsatz im Mississippi-Flusseinzugsgebiet

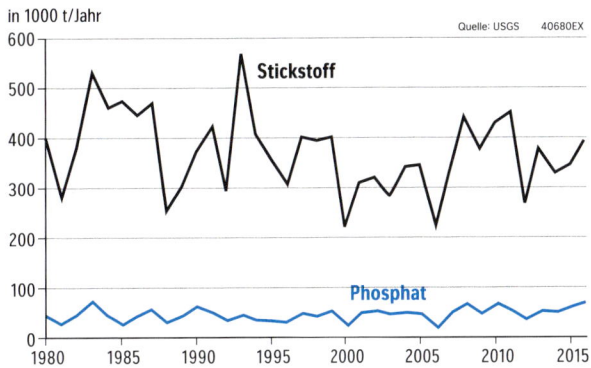

M 8 Durchschnittliche jährliche Fracht von Stickstoff und Phosphat im Mississippi bei St. Francisville (Louisiana)

M 6 Mississippi und Illinois River nordwestlich von St. Louis am 5. Juni 2018 und am 7. Mai 2019

LANDWIRTSCHAFT UND UMWELT

2.10 Die automobile Nation

Im offenen Cadillac über die Route 66, im endlosen Stau vor Los Angeles, mit der schwarzen Stretch-Limo zur Filmpremiere – bei unseren Vorstellungen vom Verkehr in den USA spielt das Auto eine wesentliche Rolle. Und tatsächlich nimmt das Auto – auch als Ausdruck der so wichtigen individuellen Freiheit – im nationalen Verkehrsaufkommen eine dominierende Stellung ein. Die Gründe hierfür liegen nicht nur in der Weite des Landes.

1. Erstellen Sie eine Mindmap zum Thema Verkehr in den USA.
2. Vergleichen Sie die Verkehrsstruktur und die Verkehrsmittelnutzung in den USA und in Deutschland (M1, M4, M5, Atlas).
3. Stellen Sie die Bedeutung des Flughafens Atlanta dar (M6, M7, Atlas).
4. Erläutern Sie die Probleme des Öffentlichen Personennahverkehrs* in den USA (M10, M11).
5. Beurteilen Sie die Zurückhaltung der USA bei Hochgeschwindigkeitszügen, auch vor dem Hintergrund, dass der Marktanteil der Bahn am Güterverkehr mit über 40 Prozent mehr als doppelt so hoch wie in Deutschland ist (M8).
6. „Die USA werden immer eine Autogesellschaft bleiben." Nehmen Sie Stellung zu dieser Aussage (M3, M11).
(Z) 7. Entwickeln Sie Ideen für Maßnahmen, um die Alternativen zu Auto und Flugzeug bei Kurz- und Langstrecken im Personenverkehr attraktiver zu machen.

Das Warten auf öffentliche Verkehrsmittel lohnt sich gewöhnlich in den USA nicht. Lediglich in einzelnen Großstädten wie beispielsweise New York, Boston, Washington oder San Francisco existiert ein – im westeuropäischen Sinne – gut und nachfragegerecht ausgebautes System öffentlicher Verkehrsmittel mit Bussen und Bahnen. Bushaltestellen finden sich zwar auch in ländlicheren Gebieten, allerdings oftmals nur mit minimaler Bedienung oder mit einer Funktion allein im Überlandverkehr (Fernbusse). Entsprechend ist die Nutzung öffentlicher Verkehrsmittel kaum ausgeprägt. Demgegenüber ist die Nutzung von Personenkraftwagen für die US-Gesellschaft und auch für die Raumstrukturen der Vereinigten Staaten besonders charakteristisch und tendenziell zunehmend. Ursächlich dafür wirkt aber nicht allein die räumliche Ausdehnung des Landes, da insbesondere im Fernverkehr der Inlandsflugverkehr durch Lowcost-Airlines dominiert, vielmehr werden auch und gerade kurze und kürzeste Distanzen mit dem Auto zurückgelegt. Hinzu kommt eine starke emotionale Verknüpfung des Autoverkehrs mit dem die Nation prägenden Freiheits- und Unabhängigkeitsgedanken der US-Gesellschaft. Überspitzt könnte man formulieren, dass „on the road" ein Gefühl des Unterwegsseins und des Bewegtseins darstellt, das wiederum mit dem individuell ausgestalteten American Dream verbunden scheint.

Quelle: Rudolf Juchelka: Automobilität und motorisierter Individualverkehr in den USA. Geographische Rundschau 6/2013, S.28

M3 Quellentext zur Verkehrsmittelnutzung in den USA

		USA	Deutschland
Autobesitzer pro 1000 Ew.		838	561
Durchschnittsfahrstrecke mit dem Auto im Jahr/Ew.		21 560	13 931
Anteil der Fahrten (in %)	mit dem Auto	85	57
	mit ÖPNV	5	10
	zu Fuß	5	22
	mit dem Fahrrad	1	11
Verkehrsunfälle (pro 100 000 Ew.)		12,4	4,1
Verkehrsunfälle (pro gefahrene Mrd. km)		7,3	4,2
Anteil Haushaltsausgaben für Transport		16,5 %	14,7 %
Staatliche Ausgaben für Verkehrssektor/Ew. (in US-$)		625	460
Anteil des Transportsektors an den CO_2-Emissionen*		33,4 %	21,4%

aus verschiedenen Quellen, * 2014

M1 Daten zum Verkehr – Vergleich USA und Deutschland (2017)

M2 Highway in Los Angeles

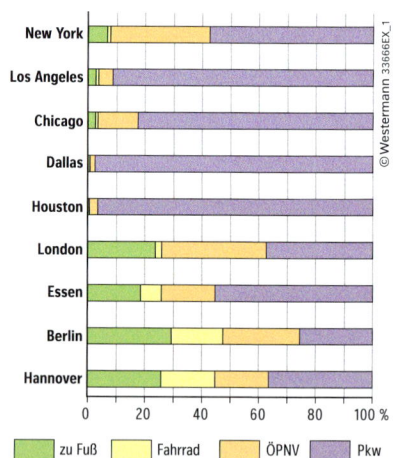

M4 Modal Split (Verteilung des Transportaufkommens auf Verkehrsmittel) ausgewählter Städte (2016 – 2018, verschiedene Quellen)

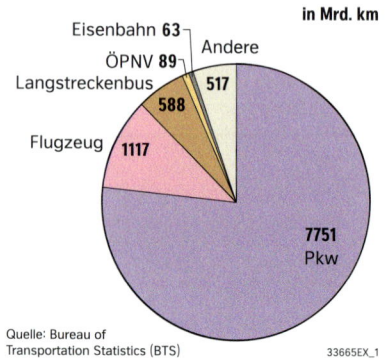

M5 USA: Personen-Kilometer pro Verkehrsmittel (2017)

Quelle: Bureau of Transportation Statistics (BTS)

M 6   Hartsfield–Jackson Atlanta International Airport. Der nach Passagieraufkommen größte Flughafen der Welt dient vor allem als Knotenpunkt (Hub) für Inlandsflüge (ca. 87 % der Passagiere) zu mehr als 150 US-Städten.

M 9   San Fransisco Cable Car: Die berühmte Kabelstraßenbahn von 1873 ist heute mehr eine Touristenattraktion als ein öffentliches Verkehrsmittel.

Flughafen	Passagiere	Flughafen	Flüge
Atlanta	103 902 992	Atlanta	879 560
Peking	95 786 442	Chicago	867 049
Dubai	88 242 099	Los Angeles	700 362
Tokio	85 408 975	Dallas	654 344
Los Angeles	84 557 968	Peking	597 259
Chicago	79 828 183	Denver	574 966
London	78 014 598	Charlotte	553 817
Hongkong	72 664 075	Las Vegas	542 994
Shanghai	70 001 237	Amsterdam	514 625
Paris	69 471 442	Shanghai	496 774
Frankfurt (14.)	64 500 386	Frankfurt (13.)	475 537

Quelle: Airports Council International

M 7   Rangliste der größten Flughäfen der Welt (2017)

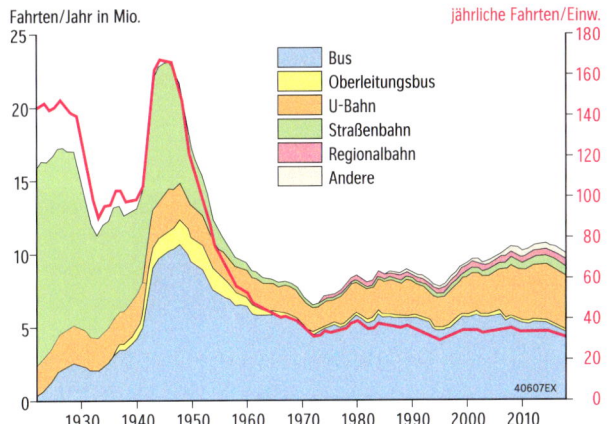

M 10   USA: Entwicklung des öffentlichen Personennahverkehrs

Der Eisenbahn kommt in der US-amerikanischen Geschichte eine gewichtige Rolle zu, gerade auch im Personenverkehr, als sie im 19. Jahrhundert zu den Zeiten der großen Eisenbahnbarone den Osten mit dem Westen des Landes verband. Heute benutzen Reisende für die großen Entfernungen im Land lieber das Flugzeug oder den Überlandbus. Lediglich mit dem Güterverkehr verdienen die Eisenbahngesellschaften ihr Geld. Die Personenzüge, aber vor allem auch die Schienen sind in einem maroden Zustand, sodass auf ihnen gar kein moderner Hochgeschwindigkeitsverkehr stattfinden könnte. Und so verwundert es kaum, dass es in den gesamten USA nur eine einzige Hochgeschwindigkeitsstrecke mit 20 Zügen gibt, die ihren Namen auch nur bedingt verdient. Zwischen Washington D.C., New York City und Boston verkehrt der Acela Express, mit einer Maximalgeschwindigkeit von 240 km/h und einer Durchschnittsgeschwindigkeit von 100 km/h. Das ähnlich große China hat innerhalb weniger Jahre ein Hochgeschwindigkeitsnetz mit einer Gesamtlänge von über 20 000 km mit diversen Verbindungen errichtet, die alle Großstädte verbinden, und auf dem Züge mit Durchschnittsgeschwindigkeiten von über 280 km/h unterwegs sind.

Hochgeschwindigkeitszüge wären dabei in den USA gar nicht so sehr für den transnationalen Verkehr interessant, sondern vielmehr in den großen Ballungszentren. Doch das einzige große Hochgeschwindigkeitsprojekt zwischen Los Angeles und San Franzisco, was später nach San Diego im Süden und Sacramento im Norden verlängert werden sollte, wurde 2019 quasi eingestellt. Zu hohe Kosten und eine zu lange Bauzeit waren die Begründungen für den Projektstopp. Lediglich eine kleine Teilstrecke wird weitergebaut. Andere Projekte fielen schon nach der Finanzkrise 2007/8 dem Rotstift zum Opfer.

M 8   Eisenbahnverkehr in den USA

New York hat mit 380 km Streckenlänge und jährlich 1,7 Mrd. Fahrgästen weltweit die sechstgrößte U-Bahn der Welt. Die Anzahl von 472 Stationen der New York City Subway ist weltweit Spitze. Dies ist allerdings auch der einzige Superlativ, den der Öffentliche Personennahverkehr in den USA vorweisen kann. Zwar besitzen heute elf weitere Städte U-Bahnen, 32 Straßenbahnen und 20 S-Bahnsysteme. Doch in vielen Städten gibt es lediglich Busse. Zudem sind die Straßenbahnnetze klein. Lediglich Dallas und Los Angeles haben Netze, die länger sind als die Stadtbahn in Hannover (123 km). Allerdings hatte Los Angeles einmal das weltweit längste Straßenbahnnetz mit rund 2000 km, heute sind es gerade einmal 159 km.

Eine wesentliche Ursache für den Niedergang des einst effektiven Straßenbahnwesens in den USA ist dessen systematische Zerstörung in 45 Städten in den 1930er- bis 1960er-Jahren. Die großen Automobilhersteller kauften reihenweise Verkehrsunternehmen auf, um sie anschließend stillzulegen. Das Motiv war die Förderung des Verkaufs von Autos. Unterstützung bekam die Autoindustrie aber auch durch die Politik, die landesweit nach dem Zweiten Weltkrieg eine autozentrierte Stadt- und Verkehrsplanung verfolgte, die dem Ideal einer autogerechten Stadt folgte.

Dazu kommt noch das hohe Maß an Suburbanisierung und Zersiedlung. Diese macht die Schaffung und den Betrieb eines qualitativ hochwertigen und gleichzeitig wirtschaftlich erfolgreichen Öffentlichen Personennahverkehrsangebots schwierig.

In den letzten Jahren erfuhren schienengebundene Nahverkehrssysteme eine kleine Renaissance. In 16 Städten wurden seit dem Jahr 2000 vor allem kleinere Straßenbahnsysteme mit einer oder wenigen Linien aufgebaut.

M 11   Öffentlicher Personennahverkehr (ÖPNV*) in den USA

Zusammenfassung

Agrarregionen in Angloamerika

Im Norden Angloamerikas lassen winterliche Kälte und kurze Vegetationsperioden nur eine forstliche Nutzung zu. So ist die Forst- und Holzwirtschaft ein wichtiger Wirtschaftszweig in Kanada. Während in den Gebirgen und in den Trockenräumen im Westen und Südwesten der USA nur eingeschränkt beziehungsweise mit hohem Bewässerungsaufwand Landwirtschaft möglich ist, gibt es insbesondere im Mittleren Westen hervorragende Bedingungen für den Ackerbau. Hier werden heute vor allem Mais und Sojabohnen als Futterpflanzen für die intensive Rinderhaltung, aber auch Weizen angebaut. Im Nordosten der USA dominieren die Milchwirtschaft und die Schweinehaltung. In klimatischen Gunsträumen in Kalifornien und im Südosten ist der Anbau unterschiedlichster Kulturen (Baumwolle, Erdnüsse, Mandeln, Gemüse, Wein oder Zitrusfrüchte) möglich, wobei allerdings in Kalifornien künstlich bewässert werden muss. Kalifornien ist heute auch mit Abstand der Bundesstaat, der die wertvollste Agrarproduktion aufweist und vor allem Mandeln, Nüsse, Milchprodukte und Wein weltweit exportiert.

Das traditionelle System zusammenhängender Landwirtschaftsgürtel mit ähnlichen Nutzungs- und Betriebsformen (Agricultural Belts) hat sich im Zuge des landwirtschaftlichen Strukturwandels im Laufe des 20. Jahrhunderts aufgrund einer Reihe von Faktoren (z. B. Einführung neuer Kulturpflanzen wie Soja, Ausweitung der Bewässerung) aufgelöst oder ist nur noch in Ansätzen vorhanden. So dominiert im ehemaligen Baumwollgürtel im Südosten der USA heute die Geflügel-, im Wheat Belt in den Great Plains die Rinderzucht.

Von der Family Farm zum Agrobusiness

Bei vielen Agrarprodukten nehmen die USA eine Spitzenstellung in der globalen Produktion ein. Die Landwirtschaft ernährt nicht nur die eigene Bevölkerung, sondern landwirtschaftliche Produkte und vor allem auch Nahrungsmittel stellen ein wichtiges Exportgut der USA dar, die weltweit größter Agrarexporteur sind.

Neben günstigen naturräumlichen Bedingungen hat auch der Einsatz von Maschinen, Mineraldünger und Schädlingsbekämpfungsmitteln zu einer hohen Produktivität der Landwirtschaft beigetragen. Aufwändige Bewässerung, Einsatz (gentechnisch) verbesserten Saatguts und immer effektivere Anbaumethoden haben aber auch den finanziellen Aufwand für die Farmer steigen lassen, sodass es zu einem Strukturwandel der Betriebsformen mit immer größeren und professioneller organisierten Farmen sowie einem Konzentrations- und Spezialisierungsprozess gekommen ist. Die Farmgröße hatte sich von 1950 bis 1980 verdoppelt und ist seitdem nur deshalb annähernd konstant, weil in der Agrarstatistik auch eine große Anzahl von „Hobbyfarmern" mitgezählt werden. Ein Großteil der Farmen hält ein oder zwei Tierarten beziehungsweise baut ein oder zwei Produkte an.

Große und mittlere Familienbetriebe sind aber durchaus noch wettbewerbsfähig. Ihr Bestand ist eher durch Nachfolgeprobleme gefährdet. Die klassische kleine Family Farm hat zunehmend Platz gemacht für eine „industriell" betriebene Landwirtschaft (Agrobusiness) mit einem hohen vertikalen Integrationsgrad. Ein Beispiel hierfür sind die riesigen Rindermastbetriebe (Feedlots) im Mittleren Westen, in denen bis zu 100 000 Rinder gleichzeitig gemästet und dann in Betrieben des gleichen Unternehmens geschlachtet und weiter vermarktet werden.

Umweltprobleme und Klimawandel

Die USA und Kanada haben – wie die meisten Industrieländer – eine Reihe von Umweltproblemen: Luft-, Wasser- und Meeresverschmutzung, gefährliche Abfälle, Entwaldung und vieles mehr. Zu beachten ist dabei aber der etwa im Vergleich zu Deutschland sehr viel höhere Ressourcenverbrauch in beiden Ländern. Die Folgen des globalen Klimawandels deuten sich an (Dürre, Waldbrände). In vielen Bundesstaaten, insbesondere aber in Kalifornien, treten immer wieder akute Wasserprobleme auf. Die Agrarregionen am Mississippi belasten den Fluss mit massiven Nährstoffeinträgen, so dass es im Golf von Mexiko zu Dead Zones mit Sauerstoffarmut kommt. In Kanada belastet die zum Teil intensive Forstwirtschaft, aber auch die Landwirtschaft und der Ölsandabbau die Waldbestände.

Weiterführende Literatur und Internetlinks

Geographische Rundschau
- Der Osten der USA 11/2017
- Mittlerer Westen in den USA 3/2015
- Südstaaten der USA 10/2011

Daten zur US-amerikanischen, kanadischen und internationalen Landwirtschaft
United States Department of Agriculture
- www.usda.gov
- www.nass.usda.gov/AgCensus/
Agriculture and Agri-Food Canada
- www.agr.gc.ca
Ernährungs- und Landwirtschaftsorganisation der Vereinten Nationen (FAO)
- http://faostat3.fao.org

Rindfleischproduktion in Feedlots
JBS (Kuner Feedlot)
- https://jbssa.com
Weltagrarbericht
- www.weltagrarbericht.de

Daten zur kalifornischen Landwirtschaft
Calfifonia Department of Food and Agriculture
- www.cdfa.ca.gov
National Agricultural Statistics Service
- https://quickstats.nass.usda.gov/

Biolandwirtschaft
Institute of Organic Agriculture
- https://statistics.fibl.org/
- www.organic-world.net
United States Department of Agriculture
- www.nass.usda.gov/Surveys/Guide_to_NASS_Surveys/Organic_Production/

Daten zur kanadischen Holzwirtschaft/Entwaldung
National Forest Inventory
- https://nfi.nfis.org/
Natural Ressources Canada
- www.nrcan.gc.ca

FAO Waldwirtschaft
- http://faostat.fao.org
Global Forest Watch
- www.globalforestwatch.org
Global Forest Change
- http://earthenginepartners.appspot.com/science-2013-global-forest

Dead Zones im Golf von Mexiko
NASA
- www.nasa.gov/topics/earth/index.html
World Ocean Review
- worldoceanreview.com/de

Verkehrsstatistiken in den USA
Bureau of Transportation Statistics (BTS)
- www.rita.dot.gov/bts/
American Public Transportation Association
- www.apta.com

3 WIRTSCHAFT UND ENERGIE

Kipplaster mit Ölsand im Attabasca-Tagebau bei Fort McMurray in Alberta (Kanada)

3.1 Weltwirtschaftsmacht USA

The United States of America, right now, has the strongest, most durable economy in the world. [...] Anyone claiming that America's economy is in decline is peddling fiction. [...] The United States of America is the most powerful nation on Earth. Period.

Barack Obama, ehemaliger US-Präsident 13.1.2016

(to peddle something – mit etwas hausieren gehen)

Im Selbstverständnis der US-Amerikaner sind sie nicht nur politisch/militärisch die Nummer Eins in der Welt, sondern auch wirtschaftlich. Doch seit einigen Jahren kratzt China (und auch die Europäische Union als Gesamtwirtschaftsraum) an dieser Spitzenposition (M2). Die Wirtschaftsexperten sind sich sicher, dass spätestens in 15 Jahren die chinesische Wirtschaftskraft die US-amerikanische übersteigen wird. Dennoch nimmt die große Volkswirtschaft der USA gegenwärtig und auch in naher Zukunft eine Vormachtstellung in der Welt ein. Dazu tragen einige Faktoren bei. So verfügen die USA über

- einen sehr großen, konsumwilligen Binnenmarkt*, sodass ihre Wirtschaft nicht unbedingt auf Exporte angewiesen ist,
- über ein riesiges Arbeitskräftepotenzial, das durch Einwanderung immer wieder aufgefüllt wird,
- ein trotz seiner Größe hervorragend erschlossenes, mit vielen Ressourcen ausgestattetes Land,
- eine Reihe von Spitzenuniversitäten (Harvard, MIT, Yale), die den Anschluss an die Spitzentechnologie sicherstellen und damit auch immer wieder innovative Unternehmen (Apple, Google) hervorbringen,
- einen hohen Anteil der größten weltweit agierenden Konzerne (Walmart, Exxon) und von Marktführern mit den wertvollsten Produktmarken der Welt (Coca-Cola, McDonalds, Microsoft, Marlboro, Visa),
- die weltweit höchste Produktivität* in der Industrie aufgrund von hoher Automatisierung (ein Amerikaner erwirtschaftete 103 366 US-$, ein Deutscher 93 322 US-$ und ein Chinese 21 987 US-$ im Jahr 2017),
- den weltweit wichtigsten Börsenplatz New York,
- mit dem US-Dollar die wichtigste Währung der Welt,
- eine oft dominierende Rolle in weltwirtschaftspolitischen Entscheidungsgremien (z.B. Weltbank, Rating-Agenturen).

The American Dream

Auch wenn amerikanische Firmen rund um den Globus Geschäfte machen und amerikanische Produkte weltbekannt sind, den Titel des Exportweltmeisters haben die USA schon vor etlichen Jahren an China verloren. 10,0 Prozent der weltweiten Exporte kamen 2018 aus den USA (China: 13,5 %, Deutschland 7,4 %). Bei den Importen verkehrt sich das Bild allerdings. Beim Handelsbilanzdefizit*, also dem Umstand, dass ein Land weitaus mehr einführt als ausführt, sind die USA mit großem Abstand Spitze (Kap. 3.6).

Darüber hinaus gilt die amerikanische Wirtschaft noch immer als der Prototyp des Modells der freien Marktwirtschaft*, des liberalen, selbstbewussten und innovationsfreudigen Unternehmertums. Nur der Bürger selbst ist für seinen (wirtschaftlichen) Erfolg – seinen *American Dream* – verantwortlich. Der Staat setzt dabei nur die Rahmenbedingungen, indem er seine Bürger und ihr Eigentum schützt sowie ein Zahlungsmittel und ein Rechtssystem bereitstellt.

Doch die ernste Sorge der US-Bürger um die Zukunft der Wirtschaft lässt sich heute nicht allein mit dem Hinweis auf das freie Spiel der Kräfte beiseiteschieben: Gibt es genug Jobs auch außerhalb der Boomregionen? Profitieren die USA wirklich von der Globalisierung*? Die Trump-Regierung vertritt seit 2017 den Standpunkt, dass US-Unternehmen ihre ausländischen Produktionsstätten in die Vereinigten Staaten zurückverlagern sollen. Dies soll unter anderem durch hohe Strafzölle für Importe provoziert werden (Kap. 3.6). Die Corona-Krise wird diese Effekte wahrscheinlich noch verstärken.

Sind es heute vor allem innovative Dienstleistungen* (Kap. 3.5), die den wirtschaftlichen Ruf der USA bestimmen, spielt auch die Industrie in vielen Bundesstaaten weiterhin eine wichtige Rolle (M4, Kap. 3.2, 3.4). So bestehen in dem Flächenstaat zum Teil erhebliche Disparitäten zwischen den altindustriellen Räumen und den jungen Industrie- und Dienstleistungsregionen (Kap. 3.3).

Die USA und Kanada sind nicht nur große Energieverbraucher, sondern auch große Energieproduzenten. Der Energiesektor spielt in beiden Volkswirtschaften daher eine große Rolle (Kap. 3.7 – 3.10).

Hat Chinas Wirtschaft die USA überholt und ist die neue Nummer Eins in der Welt? Ja und Nein. Kaufkraftbereinigt sieht der Internationale Währungsfonds (IWF) die chinesische Wirtschaft in diesem Jahr erstmals vor den USA. Das heißt, wenn verglichen wird, was ein Chinese und ein Amerikaner für eine Tasse Tee oder Kaffee ausgeben muss. Also, was er tatsächlich mit seinem Geld kaufen kann – unabhängig vom unterschiedlichen Preisniveau und Wechselkurs*. Wird aber alles in US-Dollar gerechnet, liegen die USA um satte 70 Prozent vor China und bleiben die größte Volkswirtschaft der Erde.

Quelle: China vor den USA neue Nummer eins. Handelsblatt 29.12.2014

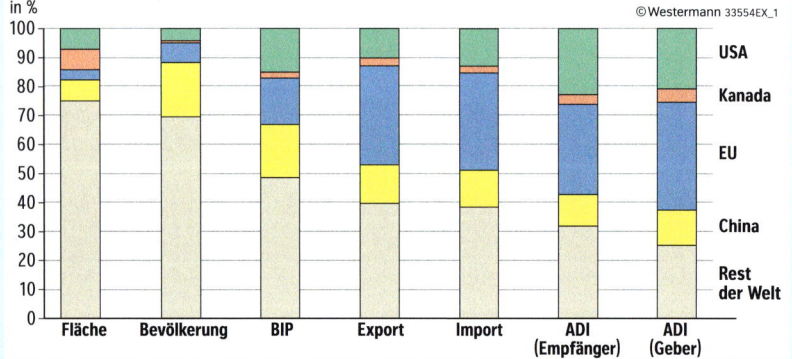

M1 Bedeutung von USA/Kanada im internationalen Vergleich (2018)

	BIP (in Mrd. US-$)			BIP/Ew. (in US-$)	
	2018		2024[2]	2018	
Staat	nominal	KKB[1]	nominal	nominal	KKB[1]
USA	20 580	20 580	25 793	62 869	62 869
China	13 368	25 279	20 979	9 580	18 116
Japan	4 972	5 597	6 260	39 304	44 246
Deutschland	3 951	4 343	4 675	47 662	52 386
Großbritannien	2 829	3 039	3 150	42 580	45 741
Frankreich	2 780	2 970	3 214	42 953	45 893
Indien	2 719	10 485	4 631	2 038	7 859
Italien	2 075	2 399	2 246	34 321	39 676
Brasilien	1 867	3 366	2 296	8 959	16 146
Kanada	1 712	1 838	2 238	46 290	49 690
EU	18 737	22 042	22 045	38 376	43 187

[1] kaufkraftbereinigt (nach Kaufkraftparitäten*) [2] Prognose Quelle: IMF

M2 Bruttoinlandsprodukt* der zehn wirtschaftsstärksten Staaten (in Mrd. US-$)

M3 Quellentext zur größten Volkswirtschaft der Welt

Weltwirtschaftsmacht USA

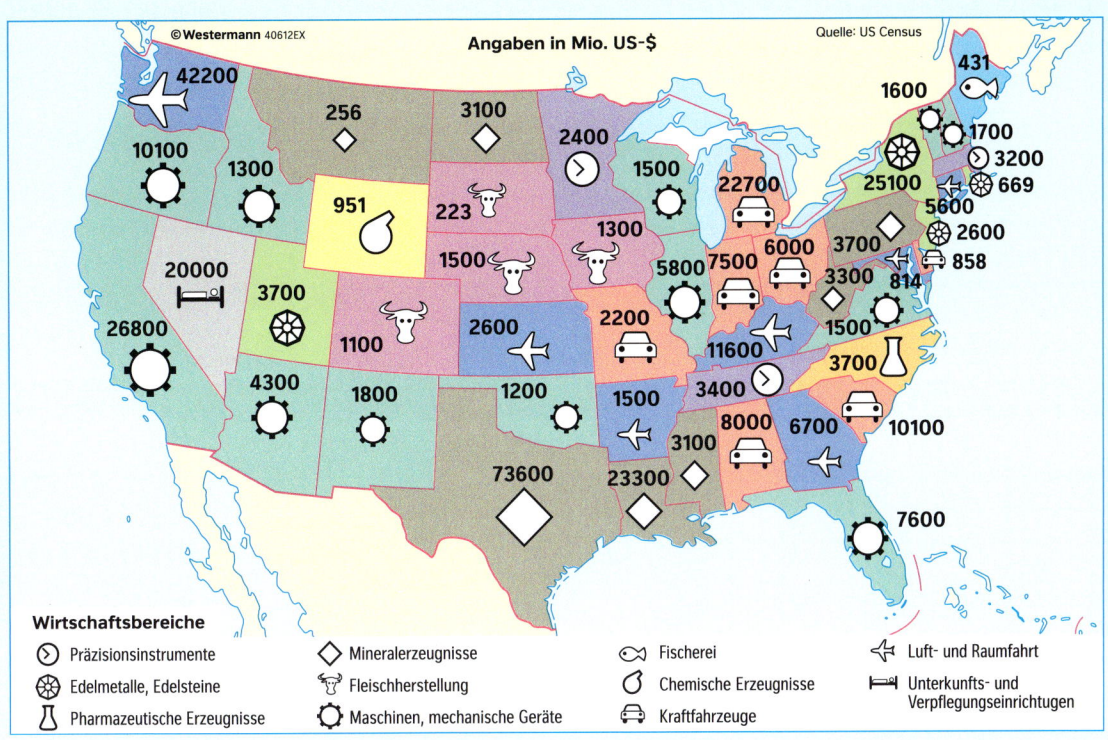

M 4 Die profitabelsten Wirtschaftsbereiche der US-Bundesstaaten (Umsätze der profitabelsten Produkte/-gruppen; 2017)

	Exporte	
	(in Mrd. US-$)	(in %)
Agrarprodukte, Nahrungsmittel	153,5	6,1
Erdölprodukte	189,3	7,6
andere Energierohstoffe	28,4	1,1
Papier	23,4	0,9
Textilien	13,7	0,5
Chemische Erzeugnisse	121,9	4,9
Metallerzeugnisse	86,0	3,4
Flug-/Raumfahrzeuge	130,7	5,2
Maschinen	239,1	9,6
Elektronik	187,5	7,5
Kraftfahrzeuge	158,8	6,3
Konsumprodukte	205,5	8,2
andere Güter	136,5	5,5
Güter gesamt	**1674,3**	**66,9**
Transportdienstleistungen	92,9	3,7
Reiseverkehrsdienstleistungen	214,7	8,6
Versicherungen	17,5	0,7
Finanzdienstleistungen	112,0	4,5
Nutzung geistigen Eigentums (Software etc.)	128,7	5,1
IKT-Dienstleistungen	43,2	1,7
andere Unternehmensdienstleistungen	165,7	6,6
andere Dienstleistungen	52,3	2,1
Dienstleistungen gesamt	**827,0**	**33,1**

Quelle: US Bureau of Economic Analysis (BEA)

M 5 Export von Gütern und Dienstleistungen* der USA (2018)

M 6 Filiale von Walmart in Cherryville (New York)

	Branche	Umsatz (in Mrd. US-$)	Gewinn (in Mrd. US-$)	Mitarbeiter* (in 1000)	Weltrang
Walmart	Einzelhandel	514	6,7	2200	1
ExxonMobil	Öl und Gas	290	20,8	71	8
Apple	Technologie	266	59,5	132	11
Berkshire Hathaway	Mischkonzern	248	4,0	389	12
Amazon	Internethandel	233	10,1	647	13
United Health	Versicherungen	226	12,0	300	14
McKesson	Pharmahandel	214	0,0	70	17
CVS Health	Pharmahandel	195	-0,6	295	18
AT&T	Telekommunikation	171	19,4	254	25
AmerisourceBergen	Pharmahandel	168	1,7	21	27
Chevron	Öl und Gas	166	14,8	49	28
Ford	Automobile	160	3,7	199	30
General Motors	Automobile	147	8,0	173	32
Costco	Einzelhandel	142	3,1	194	35
Alphabet (Google)	Technologie	137	30,7	99	37

* weltweit   Quelle: Fortune Global 500

M 7 Die 15 größten Unternehmen in den USA (nach Umsatz; 2018)

---

1. Beschreiben Sie die Bedeutung der USA und Kanada im internationalen Vergleich (M 1).
2. Vergleichen Sie die Wirtschaftskraft der Länder/Wirtschaftsräume (M 2).
3. Analysieren Sie die (regionalen) Schwerpunkte der US-amerikanischen Wirtschaft und Exporte (M 4, M 5, M 7).

3.2 Strukturwandel der Wirtschaft: IT statt Maschinen?

Noch weit bis ins 19. Jahrhundert hinein dominierte in den USA die Landwirtschaft. Die aufgrund etlicher Gunstfaktoren rasche industrielle Entwicklung begann nach dem amerikanischen Bürgerkrieg (1865). Bald überflügelte man die bis dato führende Industriemacht Großbritannien. Seitdem sind die USA als führende industrielle und technologische Wirtschaftsmacht an der Spitze der Weltwirtschaft. Im Laufe des 20. Jahrhunderts setzte – wie in anderen Industrieländern – ein massiver Ausbau des Dienstleistungs-* und Informationssektors ein. Zugleich geriet das klassische produzierende Gewerbe in die Krise.

1. Fassen Sie Faktoren zusammen, die die wirtschaftliche Entwicklung der USA positiv beeinflussten (M8, Text S. 54).
2. a) Beschreiben Sie die Zyklen der Wirtschaftsentwicklung nach Kondratjew* (M9).
   b) Erläutern Sie die Rolle der USA bei dieser Wirtschaftsentwicklung (M9).
3. Charakterisieren Sie den sektoralen Strukturwandel* der USA (M1, M3, M4).
4. Vergleichen Sie die Struktur der Wirtschaft der USA und Deutschlands (M2, M5, M6).
5. Erklären Sie den Bedeutungsrückgang der US-amerikanischen Industrie seit den 1970er-Jahren (M11, M1, M4).
6. Erörtern Sie den Begriff Reindustrialisierung im Zusammenhang mit der Erholung des Industriesektors der USA in den 2010er-Jahren (M11, M1, M4).

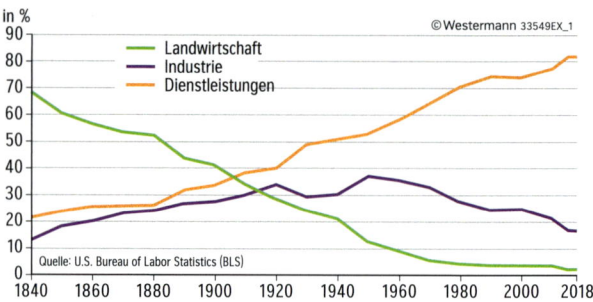

M3 Beschäftigung nach Sektoren (1840 – 2018)

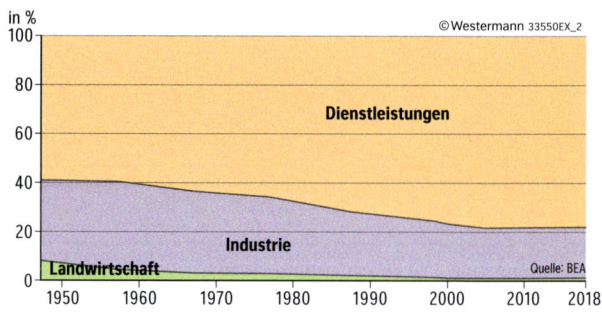

M4 Bruttoinlandsprodukt nach Sektoren (1947 – 2018)

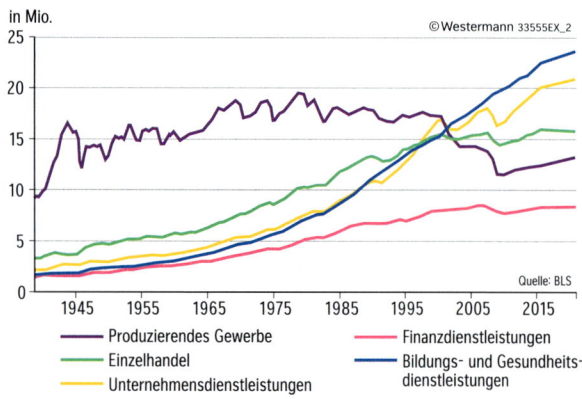

M1 Beschäftigung im produzierenden Gewerbe* und in ausgewählten Dienstleistungsbereichen (1939 – 2018)

Wirtschaftsbereiche	USA in Mrd. US-$	in %	Deutschland in Mrd. Euro	in %
Bergbau	287,3	8,0	4,8	0,6
Baugewerbe	790,4	22,1	109,3	14,1
Energie-/Wasserversorgung	315,1	8,8	70,1	9,0
Verarbeitendes Gewerbe*	2185,1	61,1	592	76,2
Metallerzeugnisse	149,5	4,2	54,4	7,0
Maschinen	148,1	4,1	104,4	13,4
Computer, Elektronik	280,9	7,9	32,6	4,2
Kraftfahrzeuge	158,1	4,4	104,4	13,4
Andere Fahrzeuge	152,2	4,3	16,4	2,1
Nahrungsmittel, Tabak	264,0	7,4	44,3	5,7
Textilien, Bekleidung	18,3	0,5	6,5	0,8
Erdöl- und Kohleprodukte	128,3	3,6	5,7	0,7
Chemische/Pharmazeutische Erzeugnisse	362,1	10,1	60,9	7,8
Gummi-/Kunststoffwaren	77,2	2,2	28,2	3,6
Andere Güter	446,4	12,5	134,2	17,3

M5 Bruttowertschöpfung* des produzierenden Gewerbes* in den USA (2017) und in Deutschland (2017)

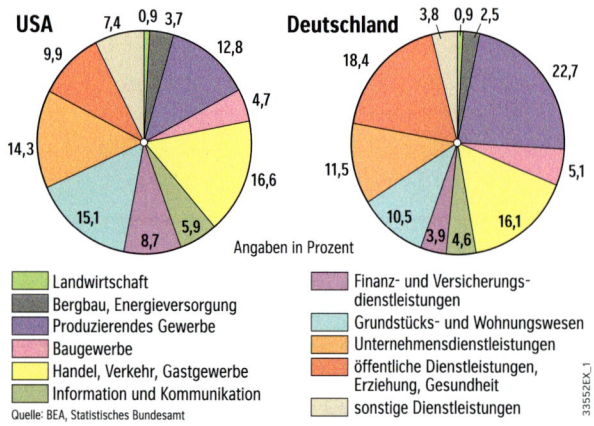

M2 Entstehung des Bruttoinlandsprodukts (BIP) in den USA und in Deutschland (2017)

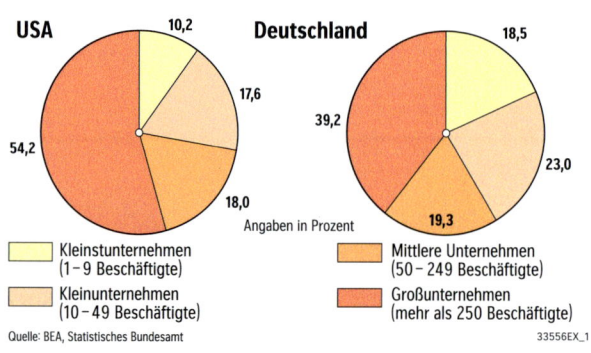

M6 Beschäftigung nach Unternehmensgrößenklassen in den USA und in Deutschland (2017)

M 7 Harley-Davidson in Milwaukee

M 10 Google-Mitarbeiter in Mountain View

M 12 New York Stock Exchange

Der Aufstieg der USA zu einer globalen Wirtschaftsmacht, der im ausgehenden 19. Jahrhundert begann, wurde durch eine ganze Reihe von Faktoren begünstigt. Eine wichtige Rolle spielten dabei sowohl die reichen Bodenschätze als auch die klimatische und landschaftliche Vielfalt. Das stabile demokratische System und günstige Rahmenbedingungen für Wirtschaft und Unternehmen wirkten sich ebenso förderlich aus wie die positive Einstellung der Amerikaner zu Arbeit und Erfolg. Zahlreiche bahnbrechende Erfindungen und der enge Verbund von Forschung, Industrie und Produktion sind als weitere Triebfedern des Erfolges zu nennen. Der Zustrom neuer Arbeitskräfte gab der Wirtschaft und der Gesellschaft neue Impulse. Der große Absatzmarkt begünstigte die Massenproduktion und damit das Auftreten großer, gut durchorganisierter Produktionssysteme, die durch Pragmatismus gekennzeichnet waren. Zahlreiche Neuerungen in Organisation und Management wie der „Taylorismus"*, die wissenschaftliche Betriebsführung, und der „Fordismus"*, also die Rationalisierung durch Fließbandarbeit, führten zu einer immer effizienteren Gestaltung aller Produktionsabläufe, die zum Kennzeichen des „Amerikanismus" und zum Vorbild für die Organisation der Wirtschaft in Europa wurden. Risikobereitschaft, Selbstvertrauen und Unternehmergeist, hohe Flexibilität auf dem Arbeitsmarkt, das unternehmerfreundliche Umfeld und die Zurückhaltung des Staates wirkten sich begünstigend auf die Wirtschaft aus und führten zum „amerikanischen Modell" des staatsfernen Laissez-faire-Kapitalismus.
Quelle: Wirtschaft. Diercke Handbuch. Braunschweig: Westermann 2015, S. 339

M 8 Quellentext zu den Erfolgsfaktoren für die wirtschaftliche Entwicklung der USA

Niedrige Energiepreise, günstige Löhne, eine wachsende Bevölkerung, eine moderne Infrastruktur und ein umfassendes IT-Know-how zählen zu den Schlüsselfaktoren für den Wiederaufstieg der Industrie in den Vereinigten Staaten. Binnen weniger Jahre erschloss sich das Land mit Fracking enorme Energiereserven. [...] US-Unternehmen bezahlen nicht einmal halb so viel für Elektrizität wie manch Wettbewerber in Europa. Zugleich sind die Gesamtproduktionskosten aufgrund niedriger Lohnnebenkosten und eines geringen Lohnniveaus vor allem in den Südstaaten und Mexiko äußerst wettbewerbsfähig. Sie müssen selbst den Vergleich mit der weit entwickelten chinesischen Küstenregion nicht mehr scheuen. Entsprechend liegen die durchschnittlichen Lohnstückkosten ein Drittel unter denjenigen in Deutschland. Zudem wächst das Arbeitskräftepotenzial kontinuierlich. [...]
Zugute kommt den Vereinigten Staaten in den nächsten Jahren auch ihre traditionell starke Stellung in der IT – und dies gleich in doppelter Hinsicht. Zum einen fördert der vermehrte IT-Einsatz generell die Arbeitsproduktivität. Zum anderen stehen digitale Fertigungsprozesse im Mittelpunkt der laufenden vierten industriellen Revolution, und mit dem Silicon Valley liegt das Epizentrum der Digitalisierung an der US-Westküste. Darüber hinaus funktioniert der schienengebundene Frachtverkehr für Grundstoffe und Zwischenprodukte reibungslos – trotz aller Kritik am Zustand der nordamerikanischen Verkehrsinfrastruktur. [...] Entsprechend bildet sich eine moderne Infrastruktur für den effizienten Handel mit Industriegütern heraus.
Quelle: Armin Schmiedeberg, Michael Füllemann: Go West! Wie Unternehmen von der Reindustrialisierung der USA profitieren können. Bain 2014, S. 4–5

M 11 Quellentext zur Reindustrialisierung der USA

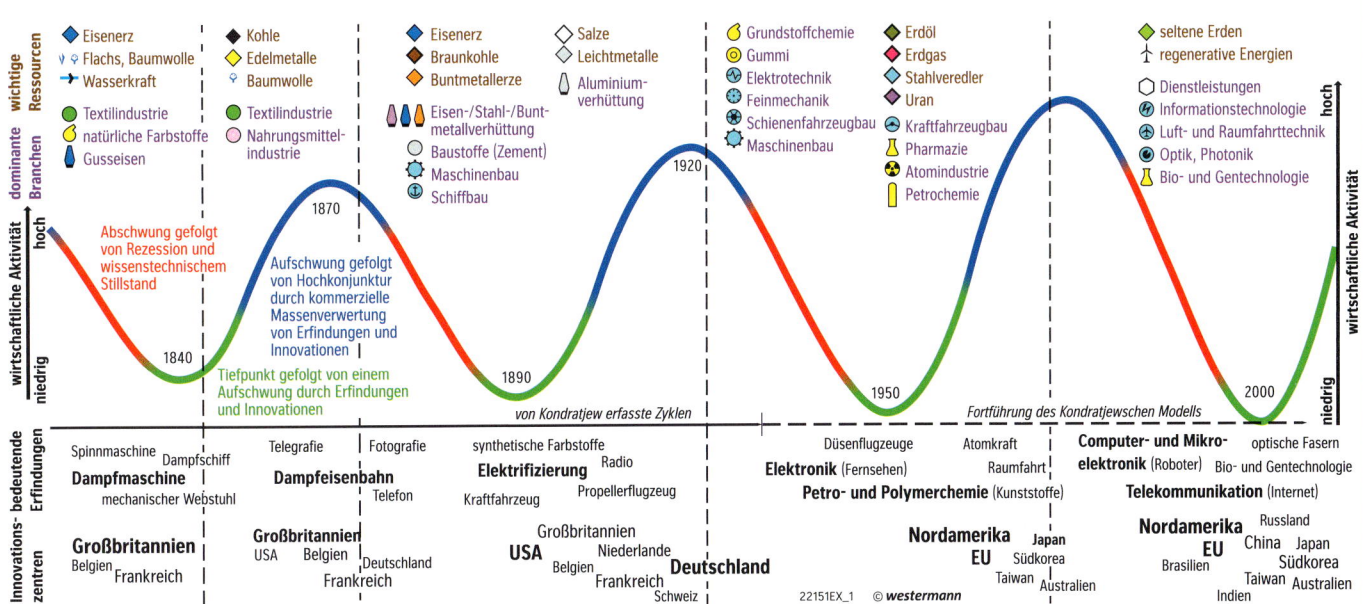
M 9 Zyklen der Wirtschaftsentwicklung nach Kondratjew*

3.3 Wirtschaftsräume in Angloamerika

Auf schmutziger Kohle gebettet oder von der Sonne verwöhnt? Diese Gegensätze spiegeln sich noch heute in der räumlichen Verteilung der Wirtschaftsstandorte in Angloamerika wider. Abhängig zum Beispiel von den vorhandenen Ressourcen, den globalen Hauptschifffahrtsrouten (Anbindung an den weltweiten Exportmarkt), dem Klima und der vorhandenen Bevölkerung haben sich unterschiedliche Wirtschaftsregionen entwickelt. Konzentrationspunkte der Industrie und des Dienstleistungssektors mit hoher Wirtschaftskraft wechseln mit fast rein agrarisch geprägten Regionen. Dies hat bis heute zu erheblichen räumlichen Disparitäten geführt.

1. Nennen Sie Beispiele für Standorte
   a) von Erdölraffinerien,
   b) Nahrungsmittelindustrie und
   c) der Maschinenbauindustrie (Atlas)
   und erläutern Sie ihre räumliche Lage.
2. Erstellen Sie eine Kartenskizze (Croquis) zu den Innovationszentren der USA (Luft- und Raumfahrindustrie, Elektronik, Optik/Photonik und Biotechnologie/Pharmazie) (Atlas).
3. Vergleichen Sie die in M1/M4 aufgeführten Industrieregionen.
4. Erläutern Sie die räumliche Lage der wirtschaftlichen Zentren der USA und die Entwicklung der Regionen (M1, M2, M3, M8).
5. „Die USA sind geprägt von großen räumlichen Disparitäten." Beurteilen Sie diese Aussage anhand der Beispiele Gary und Phoenix (M5–M10).

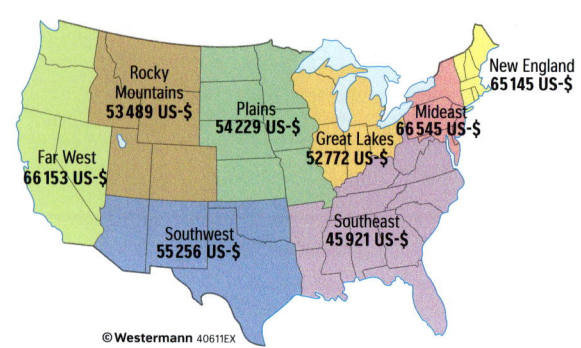

M2 Pro-Kopf-Einkommen der Regionen (2018)

	Gesamt			Verarbeitendes Gewerbe		
	1976	1997	2018	1976	1997	2018
New England	5,3	5,7	5,3	6,0	5,6	4,6
Mideast	20,6	19,0	18,0	19,9	13,8	10,6
Great Lakes	19,8	16,1	13,5	28,6	23,1	20,8
Plains	7,6	6,5	6,2	6,8	7,0	7,5
Southeast	19,7	21,3	21,1	19,3	22,6	22,9
Southwest	9,0	10,2	11,9	6,3	10,7	12,5
Rocky Mountains	2,7	3,0	3,5	1,5	2,1	2,6
Far West	15,3	17,4	20,0	11,6	15,2	18,6

Quelle: BEA

M3 Beiträge der Regionen zum BIP der USA (in %, 1976–2018)

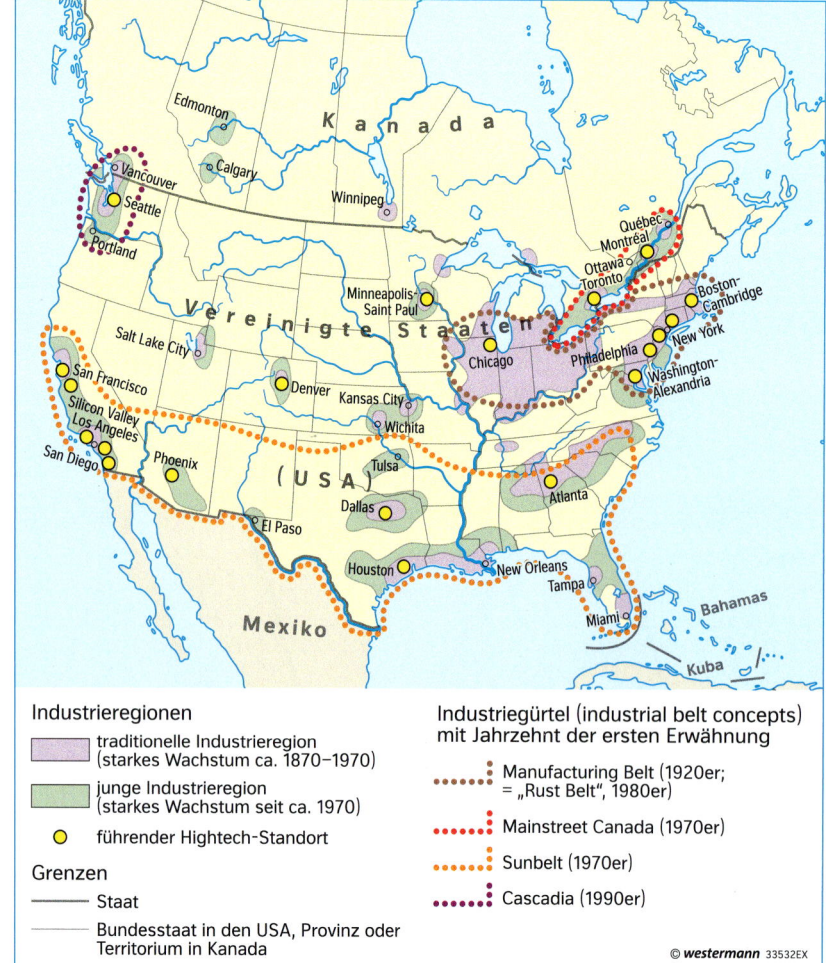

M1 Industrieräume der USA und Kanadas

Manufacturing Belt

Traditioneller Industriegürtel der USA, heute „Rust Belt" (Rost-Gürtel) genannt, älteste Industrieregion der USA auf der Basis von Eisenerz und Kohle, Eisen- und Stahlindustrie (Schwerindustrie vergleichbar mit dem Ruhrgebiet), Folgeindustrien: Maschinen- und Schiffbau, Automobilindustrie in Detroit und Toronto mit Zulieferern, Nahrungs- und Genussmittelindustrie (Basis: Agrarerzeugnisse aus dem Mittelwesten), heute auch Hightech-Hotspots*.

Sunbelt

„Sonnengürtel", kein durchgehender Wirtschaftsgürtel, einzelne Industrieregionen, wirtschaftliche Schwerpunkte: Rüstungsindustrie (Waffenherstellung), Hightech-Hotspots (Elektronik, Luft- und Raumfahrt, Biotechnologie, Medizin), Petrochemie (Basis: Erdöl, Erdgas der Golfküstenregion), Agrobusiness.

Cascadia

„Kaskadenregion" (Kaskadenkette trennt die Küstenregion vom Binnenland); USA/Kanada (Seattle, Vancouver): Holzindustrie, Aluminiumindustrie (Basis: Wasserkraft) mit angeschlossener Luft- und Raumfahrtindustrie, Hightech-Branche; Kanada (Edmonton, Calgary): chemische Industrie (Basis: Erdöl, Kohle)

Main Street Canada

Kanadas „Hauptstraße" der Industrie (entlang des Erie-, Ontariosees und des St. Lorenz-Stromes, Aluminiumverhüttung, Fahrzeug- und Maschinenbau, Holz- und Papierindustrie.

M4 Industrieregionen Angloamerikas

Wirtschaftsräume in Angloamerika 59

M 5   Gary

M 9   Phoenix

Gary, eine Stadt am Rande der [Metropolregion] Chicago [...] hat seit ihrem Bevölkerungshöchststand [...] im Jahr 1960 rund 55 % ihrer Bevölkerung verloren. Heute sind rund ein Drittel aller Häuser verlassen [...]. Zudem hat Gary sich zu einer ethnisch nahezu homogenen Stadt entwickelt: 84,8 % der Einwohner sind Afro-Amerikaner, im Vergleich zu nur 9,1 % im gesamten Bundesstaat Indiana. Die Geschichte der Stadt ist [...] eng mit der Industrialisierung verbunden, die [...] von der U.S. Steel Corporation [ausging]. Auf der Suche nach einem geeigneten Standort zwischen den Kohlelagerstätten der Appalachen und den Erzvorkommen in Minnesotas Iron Range wählte die Stahlfirma ein unbesiedeltes Stück Land, 40 Quadratmeilen groß am Lake Michigan, und begründete im Jahr 1906 die Stadt Gary Works. [...] In der Folgezeit kam es zu einem sagenhaften Boom, bei dem sich die Bevölkerung innerhalb von 50 Jahren verzehnfachte. [...] Der Boom dauerte jedoch gerade einmal 50 Jahre, dann setzten in den 1960er-Jahren der Strukturwandel – allen voran die einsetzende Stahlkrise – und Suburbanisierung dem Aufschwung ein Ende. [...] Der Immobilienmarkt liegt darnieder, die Immobilienpreise zählen zu den „günstigsten" in den gesamten USA. [...] Repräsentative Gebäude an der Broadway Avenue künden noch vom einstigen Boom der Stadt, sie sind jedoch umgeben von Leerstand und Zerfall.
Quelle: Ulrike Gerhard: Lost in the Heartland? Geographische Rundschau 3/2015, S. 24

M 6   Quellentext über Gary (Indiana)

Phoenix ist eine Metropolregion mit Spitzenwachstum bei Einwohnern, Siedlungsfläche und Beschäftigung – einige [...] bezeichnen Phoenix deshalb in Anspielung auf Kaliforniens Silicon Valley als „silicon desert", dessen Wirtschaftswachstum sich aus sich selbst heraus zu generieren scheint. Phoenix liegt inmitten einer Halbwüstenzone und verfügt über reichlich Sonnentage, milde Winter, fossile Grundwasserressourcen und viel Fläche. Die Attraktivität des polyzentrischen, gering verdichteten urbanen Agglomerationsraumes mit 3,5 Mio. Einwohnern belegen zahlreiche Rentnersiedlungen [...] sowie eine stark wachsende wissensbasierte Ökonomie. Die Transformation von einem agrarwirtschaftlichen hin zu einem postindustriellen Wirtschaftsraum hat sich seit den 1950er-Jahren in atemberaubendem Tempo vollzogen. Meilensteine dieser Entwicklung des boosterism waren die Bestrebungen lokaler Politiker und Unternehmer, Phoenix als Wintertourismusgebiet zu etablieren, große Armeestützpunkte zu entwickeln und in deren Umfeld Luftfahrt- sowie Verteidigungsindustrie und andere Hightech-Industrie* anzusiedeln (z.B. Honeywell, Boeing, Lockheed Martin, Motorola), während die lokale Bauwirtschaft vor allem im Segment der Wohnbebauung direkt von diesen Entwicklungen profitierte und zu einem der größten regionalen Wirtschaftszweige wurde. Zu den Einfluss- und Steuerungsgrößen des Wirtschaftsbooms und der Stadtentwicklung zählen im gesamten Sunbelt überdurchschnittliche Investitionen in Infrastruktur und Humankapital durch den Ausbau von Bildungseinrichtungen.
Quelle: Angela Hof: ZSA regional: Phoenix – Wirtschaftsboom im Wettstreit mit der Natur. In Gamerith, W., Gerhard, U. (Hrsg.): Kulturgeographie der USA, S. 220

M 10   Quellentext über Phoenix (Arizona)

	1910	1930	1950	1960	1970
Gary	16,8	100,7	133,9	178,3	175,4
Phoenix	11,3	48,1	106,8	439,2	581,6
	1980	1990	2000	2010	2018
Gary	152,0	116,6	102,7	80,3	75,3
Phoenix	789,7	983,4	1321,0	1445,6	1660,3

M 7   Einwohnerentwicklung von Gary und Phoenix (in 1000)

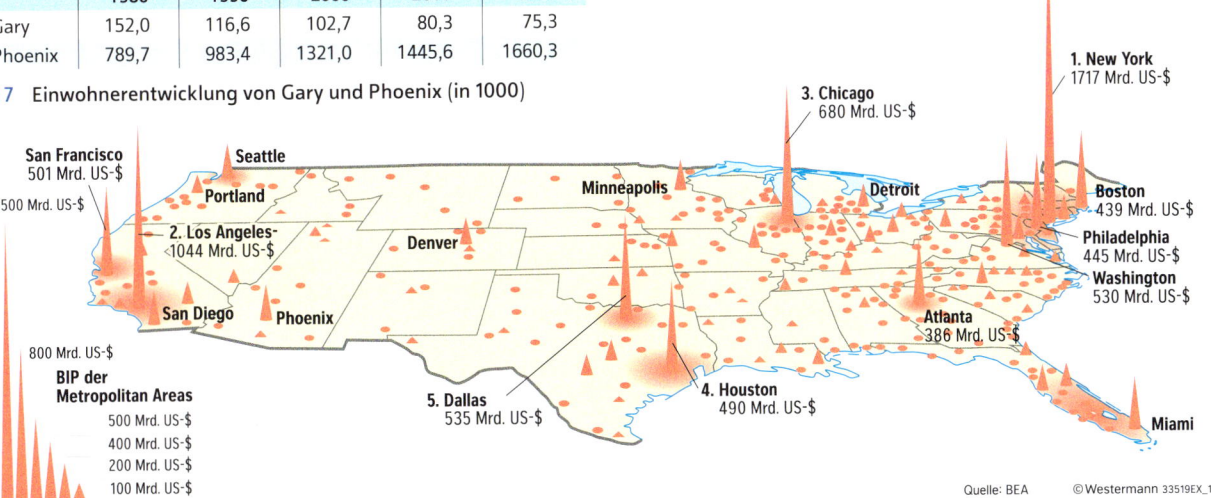

M 8   Hotspots der Wirtschaftskraft in den USA: die Metropolitan Areas mit dem höchsten BIP (2017)

3.4 Automobilindustrie im Wandel

Die Automobilindustrie und ihre Zulieferer zählen mit circa einer Million Beschäftigten weiterhin zu den Schlüsselbereichen der US-amerikanischen Wirtschaft. Zur ihr gehören aber seit den 1980er-Jahren nicht nur die großen heimischen Hersteller – die sogenannten Big Three General Motors (GM), Ford und Chrysler (heute Fiat Chrysler) – sondern auch japanische, deutsche und südkoreanische Automobilproduzenten. Gleichzeitig hat sich auch das traditionelle Standortmuster dieses Industriezweigs verändert.

1. Beschreiben Sie die Entwicklung der Automobilindustrie in den USA (M1, M2, M4).
2. Charakterisieren Sie die Bedeutung
   a) der US-amerikanischen Automobilhersteller in Michigan (M4, M6, M7, Atlas).
   b) der ausländischen Automobilhersteller in den USA (M2, M5, M6, M8).
3. Analysieren Sie die Verteilung der Standorte der amerikanischen Automobilindustrie (M6, Atlas).
4. Vergleichen Sie die Standorte und die Standortanforderungen der Endmontagewerke mit denen der Forschungs- und Entwicklungseinrichtungen (M6, M7).
5. Japanische und deutsche Automobilhersteller exportieren Autos in die USA und stellen Autos in eigenen Werken in den USA her, zum Teil auch für den Export außerhalb der USA. Vergleichen Sie diese beide Strategien.
6. Beurteilen Sie die Folgen einer protektionistischen Wirtschaftspolitik für South Carolina (M8, auch Kap. 3.6).

M3 BMW-Werk in Spartanburg

Die Automobilindustrie hat zu Beginn des 20. Jahrhunderts einen wesentlichen Beitrag zur Industrialisierung der USA geleistet und konzentrierte sich lange auf das südliche Michigan mit dem Zentrum Detroit. Nachdem es in der Anfangsphase eine größere Zahl von Konkurrenten gegeben hatte, beherrschten die „Big Three" General Motors, Ford und Chrysler seit Ende der 1920er-Jahre den nordamerikanischen Markt. Zu Beginn der 1970er-Jahre löste der Anstieg der Ölpreise eine erste große Krise aus, in deren Folge ausländische Hersteller auf den nordamerikanischen Markt drängten. Weitere Krisen hat die US-amerikanische Automobilindustrie oft nur mit großen Mühen überstanden. Als Folge der Hypotheken- und Wirtschaftskrise der Jahre 2006 bis 2008 brach der Verkauf von Fahrzeugen in einem zuvor nie gekannten Maße ein. [...] In der Folge konnten General Motors und Chrysler nur durch große staatliche finanzielle Unterstützung vor dem Konkurs gerettet werden. [...] Neben den drei großen amerikanischen Herstellern bauen zehn ausländische Produzenten Fahrzeuge in den USA. Als erster Ausländer hat Honda 1982 ein Werk in Nordamerika eröffnet. Es folgten Toyota, Nissan, Hyundai-Kia, BMW, Mercedes-Benz, Mazda, Mitsubishi und Subaru mit eigenen Werken. Zuletzt eröffnete VW im März 2011 eine Produktionsstätte bei Chattanooga in Tennessee [Volvo 2018 in South Carolina]. Bei der Standortwahl waren günstige Produktionskosten wie niedrige Löhne und preiswerte Grundstücke, ein guter Anschluss an das überörtliche Straßennetz, aber auch Subventionen entscheidend.

Quelle: Ulrike Gerhard, Werner Gamerith: Die US-amerikanische Wirtschaft im Wandel. In Gamerith, W., Gerhard, U. (Hrsg.): Kulturgeographie der USA, S. 201

M4 Quellentext zur US-amerikanischen Automobilindustrie

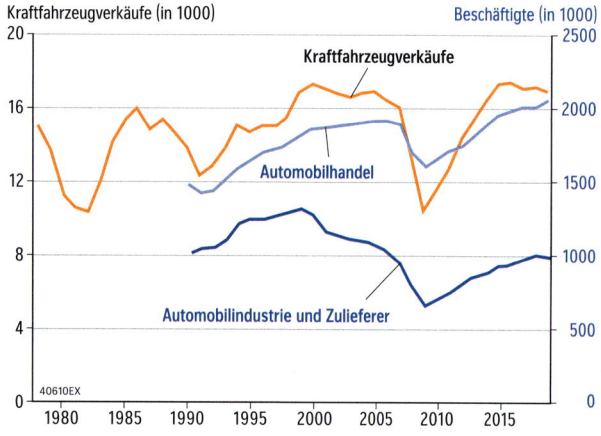

M1 Verkauf von Kraftfahrzeugen (1978–2018) und Beschäftigung in der Automobilindustrie und im -handel (1990–2018)

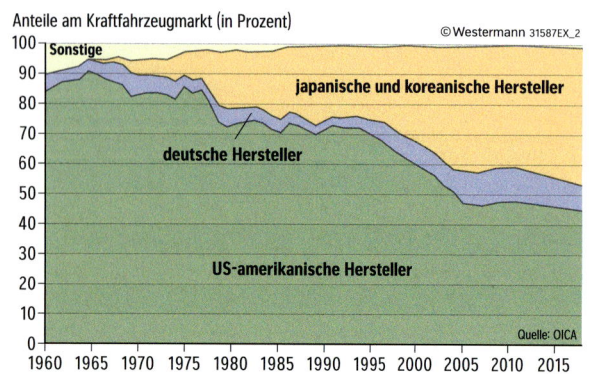

M2 Anteile am Markt für Kraftfahrzeuge in den USA (1960–2018)

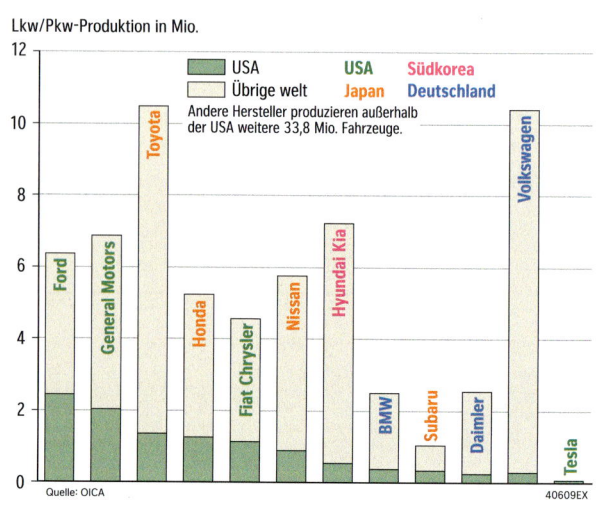

M5 Produktion von Kraftfahrzeugen in den USA und der in den USA produzierenden Hersteller weltweit (2017)

Automobilindustrie im Wandel

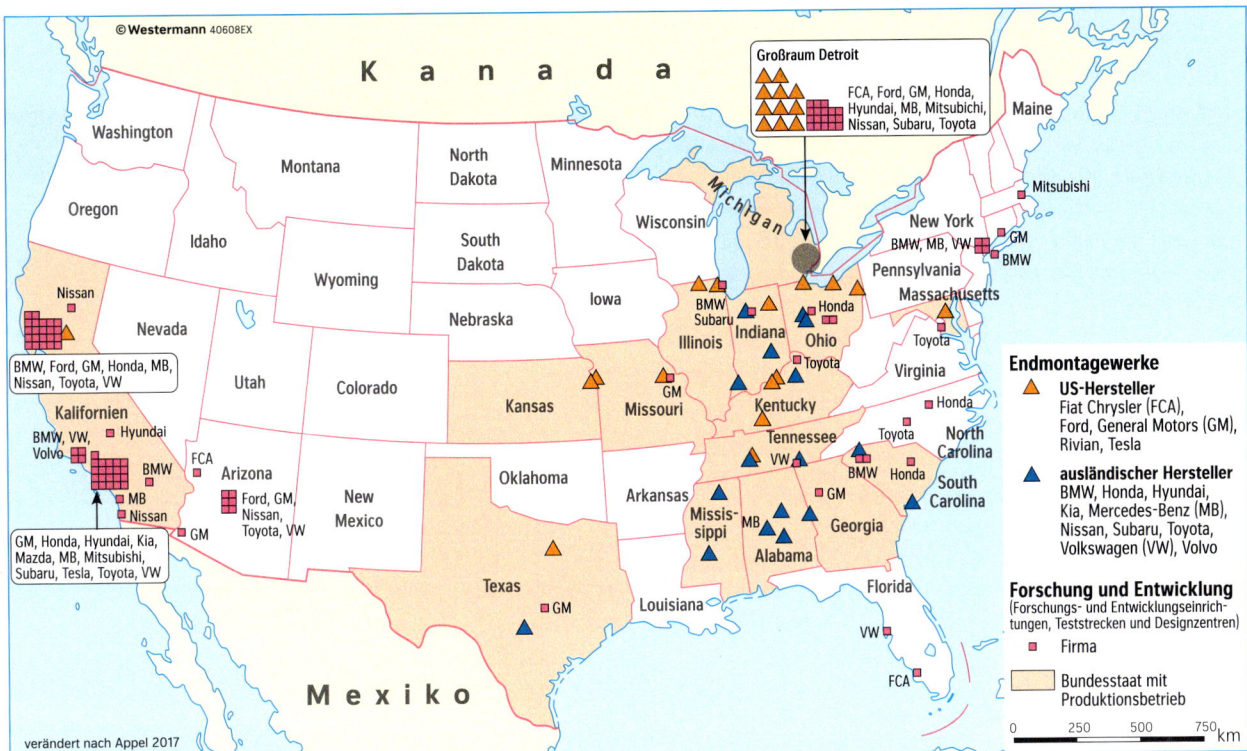

M 6 Produktions-, Forschungs- und Entwicklungsstandorte der Automobilindustrie in den USA

Durch die Investitionen japanischer, deutscher und südkoreanischer Automobilhersteller kam es zur Herausbildung des heute ersichtlichen räumlichen Musters, nämlich einer Nord-Süd Ausdehnung von Endmontagewerken entlang der Interstate Highways I-65 und I-75, der sogenannten Auto Alley, und den für die Industrie charakteristischen Clusterstrukturen. [...] Neben den Investitionen in Endmontagewerke haben aber auch zahlreiche ausländische Akteure in Forschungs- und Entwicklungseinrichtungen investiert. Signifikant sind die Muster räumlicher Verteilung der ausländischen Investitionen in Forschung und Entwicklung im Vergleich zu denen in Endmontagewerke. [...]
Diese signifikanten Unterschiede erklären sich einerseits aus den grundlegend unterschiedlichen Standortanforderungen an Forschungs- und Entwicklungsstandorte im Vergleich zu Produktionsstandorten. Während die Anforderungen an Standorte für Forschungs- und Entwicklungseinrichtungen weitestgehend geprägt sind von weichen Standortfaktoren wie Wirtschaftsklima und Image eines Standorts, Branchenkontakte und Kooperationsmöglichkeiten, Nähe zu Hochschulen und Universitäten, kreatives Milieu, aber auch Lebensqualität und Freizeitwert, sind die Anforderungen an Produktionsstandorte geprägt von harten Standortfaktoren wie Verkehrsanbindung, Flächenangebot (auch hinsichtlich einer eventuellen Expansion des Werks), Energie- und Umweltkosten, lokale Steuern und Abgaben sowie Subventionen und Förderangebote. Zur Erklärung der räumlichen Muster der getätigten ausländischen Direktinvestitionen sowohl in Produktions- als auch in Forschungs- und Entwicklungsstandorte ist aber insbesondere die Verfügbarkeit von geeigneten Arbeitskräften und Ausbildungseinrichtungen heranzuziehen. Während an Technologiestandorten wie Silicon Valley (Kalifornien) oder Oakland Park (Michigan) eine Vielzahl an Arbeitskräften in Ingenieurberufen und Wissenschaft tätig sind, sind in den Südstaaten zahlreiche Arbeitskräfte im produzierenden Bereich geschult und spätestens seit der zunehmenden Mechanisierung und Abwanderung der Textilindustrie verfügbar.

Quelle: Alexandra Appel: Ausländische Direktinvestitionen und die Restrukturierung der Automobilindustrie in den USA. Geographische Rundschau 11/2017, S. 33–34

In South Carolina herrscht nach wie vor so etwas wie Goldgräberstimmung. 1200 ausländische Firmen haben hier einen US-Sitz. Der wichtigste Handelspartner nach China ist Deutschland. Die Stadt Greer liegt im County Spartanburg. Es ist auch die Heimat des weltweit größten Fertigungswerks des BMW-Konzerns. Dutzende Zulieferer haben sich hier ebenfalls niedergelassen. Diesen Firmen verdankt die 30 000-Einwohner-Stadt Greer hohe Gewerbesteuereinnahmen, gute Wachstumsaussichten und eine Arbeitslosenquote von knapp über 3 Prozent, die zu den niedrigsten im Bundesstaat gehört. [...]
Seit Mitte der Siebzigerjahre wählt South Carolina durchgehend republikanisch. Zuletzt holte Donald Trump für die Republikaner knapp 55 Prozent der Stimmen.[...] Der Kern von Trumps „America First"-Politik setzt allerdings auf einen Protektionismus, der so gar nicht zu dem Südstaat passt. Trump will Jobs in die USA zurückholen, indem er aus Handelsabkommen aussteigt und Strafzölle verhängt. In South Carolina lockt man dagegen seit Jahrzehnten chinesische, französische oder auch deutsche Firmen mit Niedrig-Steuern an und schafft so Arbeitsplätze. [...]
1992 suchte BMW einen amerikanischen Standort. „Wir haben für BMW ein Anreiz-Paket zusammengestellt, das heute grob 200 Millionen Dollar wert sein dürfte, damals waren es rund 120 Millionen. Aber viel davon, wahrscheinlich die Hälfte, macht die Grundsteuer aus. BMW zahlt also nicht den Höchstsatz, den man hätte in Rechnung stellen können, sondern eine Art Ersatzgebühr. Aber der Staat bekommt nach wie vor sehr viel."
Für South Carolina zahlte sich das aus, sagt der Handelsexperte [Doug Woodward]. Alleine durch BMW und seine Zulieferer seien mehr als 30 000 Jobs entstanden. Über die Jahre habe der Staat Milliarden an Steuergeldern von Firmen und Mitarbeitern eingenommen.
BMW ist heute der größte Auto-Exporteur in den USA. [...] Seit 1992 hat der Konzern nach eigenen Angaben acht Milliarden Dollar in den Standort investiert und rund vier Millionen Fahrzeuge gefertigt. 70 Prozent werden exportiert.

Quelle: Vanessa Lünenschloß: Bad Germans, Good Germans. Deutschlandfunk 8.11.2017

M 7 Quellentext zu räumlichen Mustern der Automobilindustrie

M 8 Quellentext zu BMW in South Carolina

3.5 Silicon Valley – vom Acker zum Innovationszentrum

Das Silicon Valley hat sich seit den 1950er-Jahren zu einem der bedeutendsten IT- und Hightech-Standorte* der Welt entwickelt. Auf der relativen kleinen Fläche von knapp 200 km² ist das Tal 80 km südlich von San Francisco vom Obst- und Gemüseanbaugebiet zum globalen Zentrum der IT-Branche geworden, mit Spitzenplätzen bei den US-amerikanischen Haushaltseinkommen, aber auch sehr hohen Lebenshaltungskosten.

1. Charakterisieren Sie den Hightech-Standort Silicon Valley (M1, M2, M4, M5, Atlas).
2. Analysieren Sie die Wachstumsfaktoren des Hightech-Standortes Silicon Valley (M6, M10).
3. a) Ordnen Sie die Standortfaktoren* des Silicon Valleys nach weichen und harten Standortfaktoren (M1, M2, M6, M7, Atlas).
   b) Entwickeln Sie aus den Standortfaktoren ein Wirkungsgeflecht für die Hightech-Branche im Silicon Valley (M6, M7).
4. Vergleichen Sie die Agglomerationsvor- bzw. -nachteile des Silicon Valleys mit denen anderer Hightech-Standorte in Deutschland (z.B. Dresden, München).
5. „Aufgrund der hohen Mieten pendeln sogar manche Professoren in Stanford anderthalb Stunden zur Arbeit." Nehmen Sie Stellung zu der Aussage (M8, M9, M11).

M3 Apple-Park in Cupertino

Die Westküste der USA kurz nach der Flower-Power-Zeit: Die Haare sind lang, die Musik laut. Zen-Buddhismus, Drogen, Weltverbesserungstheorien und Folkgitarren waren die Begleitmusik für eine Revolution im Verborgenen. Denn Anfang der 70er-Jahre wurde die Zukunft geboren, die Welt der Personal Computer und des Internets. Nicht die etablierten Großkonzerne, sondern junge Männer mit einer Vision hoben den amerikanischen Traum auf eine neue Stufe. Musik, Mode und Politik wurden in dieser Zeit durcheinandergewirbelt. Doch eine Horde von Nerds von der Westküste veränderte die Gesellschaft wenig später auf eine Weise, die nachhaltiger war als jede andere politische Bewegung. Die Ära von heute, die Epoche der Smartphones, der sozialen Netzwerke und der Bildschirmarbeitsplätze, wäre undenkbar ohne ein paar langhaarige Brillenträger mit eigenartigen sozialen Umgangsformen. Zumindest das ist ihnen gelungen: Die Welt von heute ist auf eine Weise vernetzt, die vor 40 Jahren unvorstellbar war. Die Kultur der Kommunikation und mit ihr das soziale, politische, ökonomische Miteinander hat sich von Grund auf gewandelt. Aber ist es wirklich die Welt, die sich die Revolutionäre von damals erträumt haben? Heute stehen im Silicon Valley IT-Großkonzerne. Allein Google hat einen Börsenwert von mehreren Hundert Milliarden Euro. Die Marktmacht von Apple, Microsoft, Google und Facebook hat Konkurrenten verdrängt und Diskussionen um die Zugänge zu Technologie und Daten ausgelöst. Ist Big Brother 2.0 das Ergebnis der Westküsten-Revolution? [Diese Geschichte war geprägt] von Leidenschaft, Wissensdurst und dem Wunsch, die Welt zu verbessern.
Quelle: Die Silicon Valley-Revolution. Arte 2017

M4 Quellentext zur Silicon Valley-Revolution

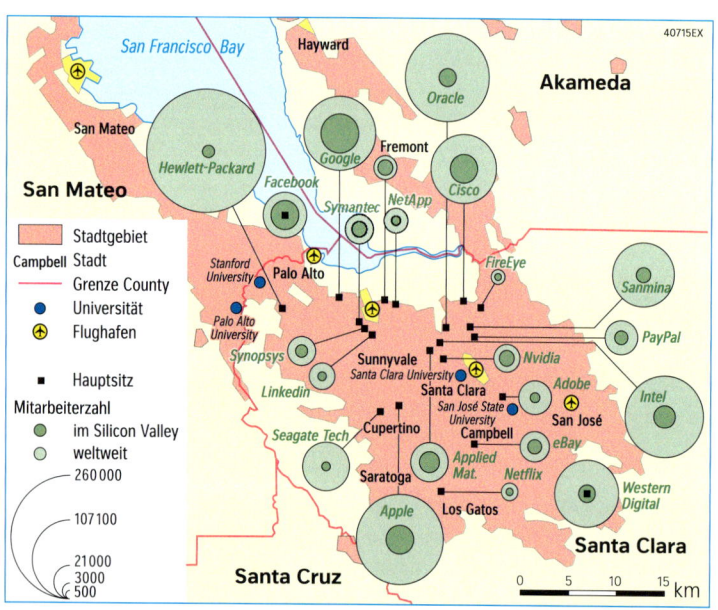

M1 Hauptsitze der wichtigsten Unternehmen im Silicon Valley (2019)

Unternehmen	Geschäftsfeld	Umsatz (in Mrd. US-$)
Apple	U-Elektronik, PC, Software	261,6
Alphabet	Web-Recherche, Werbung	136,8
Intel	Halbleiter	70,8
HP Inc.	PC, Drucker	58,7
Facebook	Soziales Netzwerk	55,8
Cisco	Telekommunikation	50,8
Oracle	Soft-, Hardware	39,8
HP Enterprises	Soft-, Hardware	30,7
Gilead Sciences	Pharmazie, Biotech	22,1
Tesla	Elektrofahrzeuge	21,5

Quelle: Lonergan Partners

M2 Hightech-Unternehmen im Silicon Valley (2018)

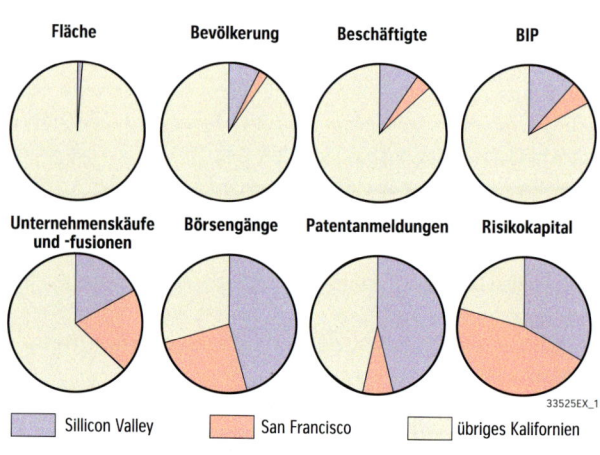

M5 Sillicon Valley/San Fransisco in Kalifornien

Silicon Valley – vom Acker zum Innovationszentrum

Das Silicon Valley ist seit etlichen Jahrzehnten der bedeutendste Standort der IT- und Hightech-Industrie weltweit und Musterbeispiel einer wissens- und innovationsbasierten regionalen Wirtschaftsentwicklung. Das Cluster* ist gekennzeichnet durch eine einzigartige Standortkonzentration der Informationstechnologie, zu der die Entwicklung von Hardware, Software und Internetdienstleistungen zählt; hinzu kommen Unternehmen der Bio- und Umwelt-, der Rüstungs-, Luft-, Raumfahrt- und Fahrzeugindustrie. Prägend für das Cluster sind aber vor allem die Global Player der Informationstechnologie, um die sich mehrere Tausend weitere Firmen unterschiedlichster Größen gruppieren, mittelständische Unternehmen und eine Vielzahl hoch spezialisierter Kleinunternehmen mit häufig nur kurzer Lebensdauer. Als Keimzelle des Clusters gilt der Stanford Industrial Park, in dem in untermittelbarer Nachbarschaft zur Universität zahlreiche Spin-Offs* gegründet wurden. Hier entstanden enge informelle Netzwerke, die Unternehmensgründer und Investoren zusammenführen, und eine spezifische Unternehmenskultur, die Konkurrenz, Risikobereitschaft und Experimentierfreude (inklusive Akzeptanz des Scheiterns) vereint.

M 6 Silicon Valley

Vor 1900	Goldrausch, Obst- und Gemüseanbau
Beginn des 20. Jh.	Gründung der Stanford University (1891), Forschung, Unternehmensgründungen in der Elektro- und Radiotechnik
1950er-Jahre	Forschungsförderung des US-Verteidigungsministeriums: Mikroelektronik, Kommunikationsgeräte, Radar- oder Mikrowellentechnik, Gründung des Stanford Industrial Parks (Schnittstelle: Forschung und Produktion), Hewlett/Packard
1960er-Jahre	Integrierte Schaltkreise, Prozessoren, Speicherchips (z.B. Intel), Aufträge der US-Verteidigung
1970er-Jahre	Herstellung der ersten PCs (z.B. Apple)
1980er-Jahre	Ausweitung der PC-Industrie, neue Spin-Offs*
1990er-Jahre	Internet (z.B. AOL, Yahoo, eBay, Google, Cisco)
2000er-Jahre	Social-Media (z.B. LinkedIn, Facebook, Instagram, YouTube)
2010er-Jahre	Cleantech (Ressourcenschonung z.B. Tesla), künstliche Intelligenz (Automatisierung intelligenten Verhaltens, maschinelles Lernen), Genom-Editierung (z.B. Veränderung von DNA)

M 10 Entwicklungsphasen des Silicon Valleys

- Ausbildungs-, Forschungs-, Entwicklungseinrichtungen
- Standort der Luft-/Raumfahrtindustrie
- Standortprestige (Erfolgsgeschichte der Vergangenheit, Werbewirksamkeit des Standortes)
- Netzwerke, enge Verflechtung von FuE-Einrichtungen, Wirtschaft
- geringe bürokratische Hürden
- Verkehrsverbindungen: Flughäfen, überregionale Straßen, Pazifik
- Wohn- und Freizeitwert: mediterranes Klima, Landschaft, Kulturangebot San Franciscos
- hohes Kapitalaufkommen (Risikokapital)
- Ideen, Pläne, Konzepte für innovative Produkte
- Flexibilität (von Menschen, Firmen)
- vorhandenes Know-how
- Risikobereitschaft der Entwickler, Geldgeber
- Ansammlung von Firmen ähnlicher/benachbarter Branchen
- Wissensaustausch über formelle/informelle Kontakte
- Erfahrung vieler Talente
- Aufträge der Regierung
- qualifizierte Arbeitskräfte
- Personentransfer zwischen FuE-Einrichtungen/Betrieben
- Anziehungskraft für Arbeitskräfte aus der ganzen Welt (Wohn-, Freizeitwert, Arbeitsplätze, Verdienst)

M 7 Standortfaktoren des Silicon Valleys

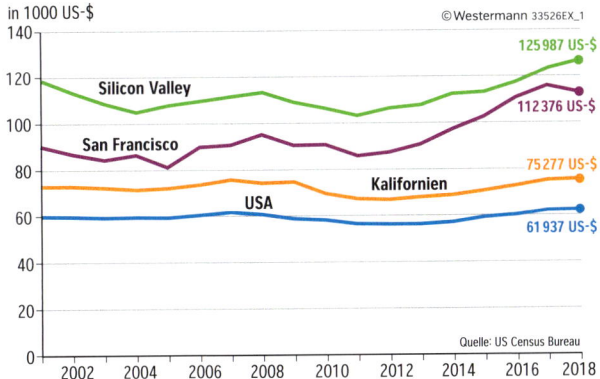

M 8 Mittleres Haushaltseinkommen pro Jahr (2000–2018)

„[Im Silicon Valley] *kann man sogar mit einem Zelt im Garten ein gutes Geschäft machen. John Potter ist [...] freiberuflicher Web-Entwickler in Mountain View [...]. Wie ein Magnet zieht die Gegend [...] Leute aus aller Welt an: Arbeitskräfte für Apple, Facebook & Co. ‚Ich sagte neulich zu jemandem, vermutlich könnte man auch einfach ein Zelt in den Garten stellen und Leute würden dafür zahlen. Und es hat funktioniert.' Gesagt, getan. Potter stellte sein Angebot auf die Online-Plattform airbnb. Für eine Nacht in seinem drei mal zwei Meter großem Zelt [...] verlangt er umgerechnet 41 Euro. Dazu bietet er Schlafsack und Kissen sowie eine Dusche im Haus an. Und tatsächlich, es funktioniert: Einige Interessenten wollen gern sogar einen Monat oder länger in seinem Zelt wohnen. Knapp 900 Euro pro Monat für ein Zelt?"*
Quelle: Nicole Markwald: Wohnst du noch oder zeltest du schon? DLF 29.7.2015

M 11 Quellentext zur Wohnungsnot im Silicon Valley

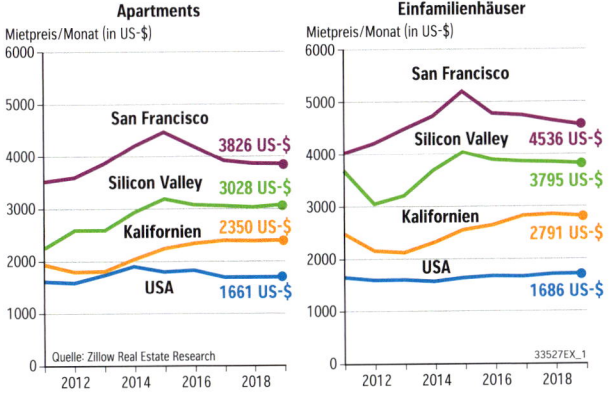

M 9 Durchschnittliche Mieten pro Monat (2000–2018)

M 12 Wohnungsnot: Wohnmobile in Mountain View

3.6 USA zwischen Globalisierung und Protektionismus

Die USA profitieren als zweitgrößte Handelsnation von der globalisierten Weltwirtschaft. Aufgrund des eigenen hohen Konsums haben sie aber das Problem, dass sie weitaus mehr importieren als exportieren. Ihre negative Handelsbilanz* (auch Handelsbilanzdefizit genannt) ist nicht erst der Trump-Regierung ein Dorn im Auge. Diese ist der Meinung, dass daraus etliche Schwierigkeiten für die US-amerikanische Wirtschaft entstehen und will vor allem die Importe ausländischer Waren beschränken. „Gegner" dabei sind vor allem China und Deutschland bzw. die EU, die gegenüber der USA, aber auch gegenüber der restlichen Welt einen Handelsbilanzüberschuss haben, also weitaus mehr exportieren als importieren. Strafzölle und andere Schutzmaßnahmen sind in ihrer Wirksamkeit aber umstritten.

1. Beschreiben Sie die Entwicklung der Handelsbilanz der USA (M1) und die Handelsbilanz gegenüber der in M6 aufgeführten Staaten (auch M2, M9).
2. Erläutern Sie die Ursachen des Handelsbilanzdefizits der USA und der sich daraus ergebenden Folgen (M4).
3. Erklären Sie den Begriff Protektionismus in Abgrenzung zum Begriff Freihandel (M5).
4. Analysieren Sie die Wirksamkeit und Folgen der Strafzölle der USA und Chinas aus dem Jahr 2018 für die beiden Länder und die restliche Welt (M7, M8).

M3 Container im Hafen von Long Beach (Kalifornien)

Ursachen des US-amerikanischen Handelsbilanzdefizits
- Hoher Binnenkonsum und hohe Investitionen durch vergleichsweise hohes Wirtschaftswachstum über einen langen Zeitraum,
- hohe Nachfrage nach ausländischen Gütern in den USA (bei gleichzeitiger geringerer Nachfrage nach US-Gütern),
- fehlende Möglichkeiten die eigene Währung abzuwerten* (aufgrund der besonderen Rolle des US-$ in der Weltwirtschaft).

Folgen des US-amerikanischen Handelsbilanzdefizits
- Einbußen bei der Gesamtbeschäftigung,
- hohe Auslandsverschuldung,
- Verschlechterung der Wettbewerbsfähigkeit der US-amerikanischen Exportprodukte,
- Verstärkung der Deindustrialisierung,
- Verstärkung der Disparitäten zwischen altindustriellen und modernen Hightech-Regionen.

M4 Ursachen und Folgen des US-amerikanischen Handelsbilanzdefizits

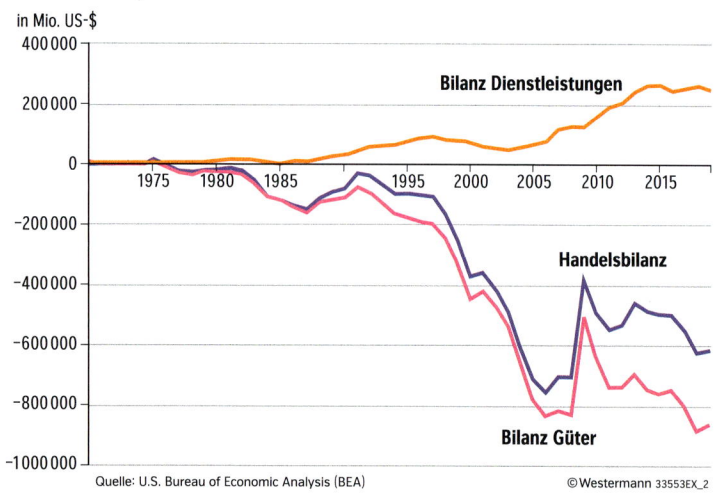

M1 Handelsbilanz der USA (1970–2019)

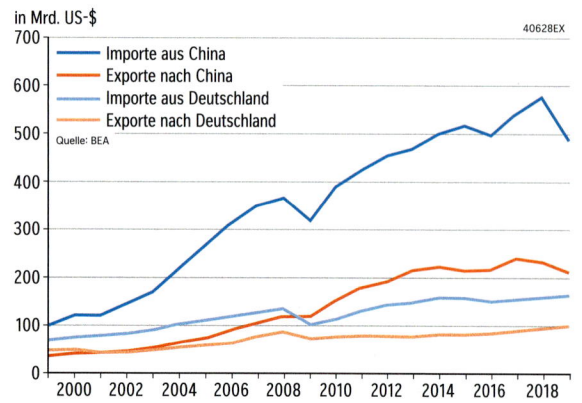

M2 USA: Importe und Exporte aus/nach China und Deutschland (1999–2019)

Freihandel, also der ungehinderte Austausch von Gütern und Dienstleistungen* zwischen Staaten, ist ein wirtschaftspolitisches Ideal der Globalisierung*. In seiner reinen Form wird er jedoch durch keinen Staat der Welt garantiert. Überall beschränken Einfuhr- und Ausfuhrzölle, -verbote und -beschränkungen, aber auch Normen und Standards den Handel. Mit Freihandelsabkommen zwischen einzelnen Staaten bis hin zu Zollunionen und dem Gemeinsamen Markt (der EU) wird versucht, mehr Freihandel zuzulassen und die Grenzen durchlässiger zu machen. Diese Kooperationen zielen nicht nur auf die Zölle ab, sondern beinhalten oft auch die Anerkennung von Zulassungs- und Herstellungsverfahren, von Standards und Normen, was Handel immens vereinfacht und Kosten senkt.

Von solchen freihandelsfördernden Maßnahmen profitieren die Regionen in den meisten Fällen. Zugleich versuchen solche Wirtschaftsräume aber auch, bestimmte Wirtschaftsbereiche oder -branchen durch Zölle und Standards bzw. Normen zu schützen. Die USA und Kanada oder auch die EU erheben Zölle auf Agrargüter, um ihre Landwirtschaft vor den Weltmärkten zu schützen. Die EU schützt die europäische Automobilindustrie durch erhöhte Zölle, zum Beispiel gegenüber den USA und Südkorea.

In übersteigerter Form nennt man eine staatliche auf Handelshemmnissen beruhende Diskriminierung ausländischer Handelspartner zum Schutz der heimischen Wirtschaft oder einzelner Wirtschaftszweige Protektionismus.

M5 Freihandel und Protektionismus

USA zwischen Globalisierung und Protektionismus

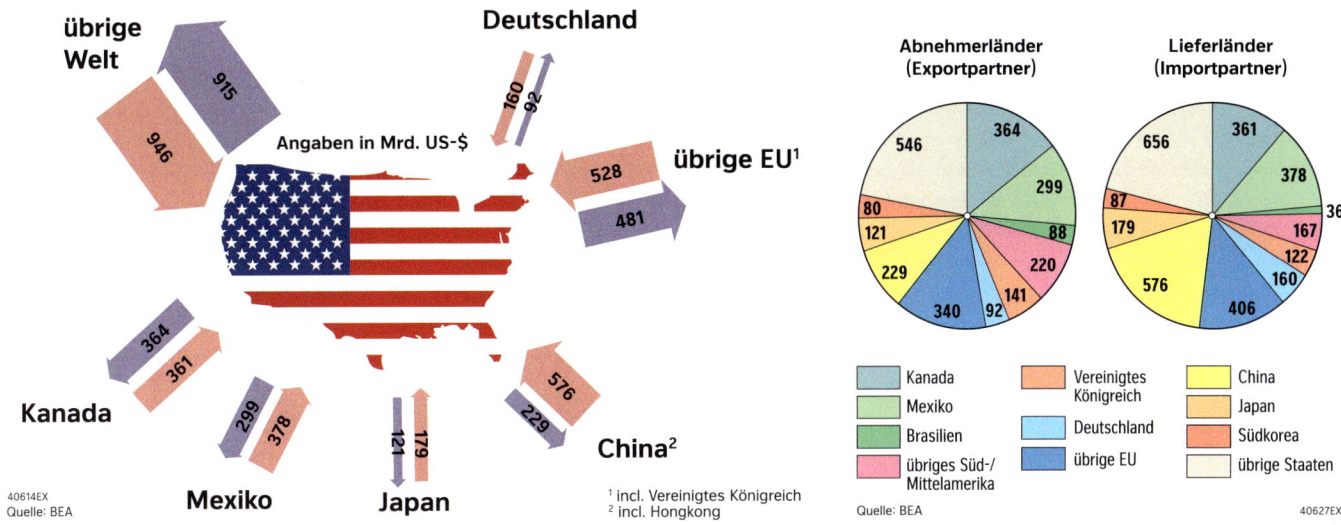

M 6 Handelsbeziehungen der USA (2018)

M 9 Handelspartner der USA (2018)

Nachdem US-Präsident Donald Trump Anfang 2018 die ersten Strafzölle gegen chinesische Waren ankündigte, ist der Handelsstreit eskaliert. Zwar ist jetzt zumindest ein Teilabkommen in Sicht, doch der Warenhandel zwischen den beiden größten Volkswirtschaften der Welt ist bereits stark zurückgegangen und drückt das weltweite Wachstum spürbar. [...] Ein freier Handel nutzt allen, denn offene Länder sind reicher, wachsen schneller und haben weniger Arme als geschlossene Volkswirtschaften – so lautet seit rund 60 Jahren das Credo der Globalisierung. Tatsächlich sind die Vorteile des Freihandels beeindruckend: Seit 1960 ist das weltweite Bruttoinlandsprodukt um den Faktor 60 gestiegen, pro Weltenbürger, gerechnet hat es sich von knapp 450 Dollar auf fast 11000 Dollar erhöht. Doch es gilt auch das Gegenteil: Protektionismus schadet, wie die jüngste Warnung des Internationalen Währungsfonds (IWF) zeigt: Heben die USA und China ihre gegenseitigen Strafzölle nicht auf, wird die weltweite Wirtschaftsleistung 2020 um rund 700 Milliarden Dollar oder 0,8 Prozent sinken.
Quelle: Handelskrieg: Am Ende verlieren alle. iwd 12/2019, S. 2

Für den Wirtschaftsexperten Jacob Kirkegaard sind Donald Trumps Zölle auf Stahl und Aluminium [seit Juni 2018] ein Musterbeispiel dafür, wie kontraproduktiv Zölle sind, die eigentlich die heimische Produktion schützen sollen. [...] Eindeutige Gewinner sind einige wenige Stahlkonzerne und Aluminiumhersteller in den USA, sagt Kirkegaard: „Sie konnten höhere Preise verlangen, weil ausländische Wettbewerber jetzt Importzölle zahlen müssen. Deshalb haben sie höhere Gewinne gemacht und einige Hochöfen wiedereröffnet." Tatsächlich stiegen die Preise für Stahl in den USA zeitweise um 30 Prozent an. Auch die Stahlarbeiter konnten sich über höhere Löhne freuen. Allerdings schufen die Stahlkonzerne im vergangenen Jahr nur 200 neue Jobs.

Zu den Verlierern von Trumps Zöllen gehörten dagegen zahlreiche metallverarbeitende Unternehmen, darunter viele kleine und mittlere Betriebe mit insgesamt 1,4 Millionen Beschäftigten. Sie litten unter den höheren Stahl- und Aluminiumpreisen. Am heftigsten betroffen waren ausgerechnet die großen Autohersteller in den USA, betont Kirkegaard: „Sowohl Ford als auch General Motors haben gesagt, dass sie aufgrund der Schutzzölle jeweils Mehrkosten in Höhe von einer Milliarde Dollar hatten." Die Folge: Ford und GM wollen wegen der gestiegenen Herstellungskosten Werke schließen. [...] Unter dem Strich, meint Wirtschaftsexperte Kirkegaard, überwiegen die Nachteile von Trumps Zöllen bei weitem die Vorteile [...].

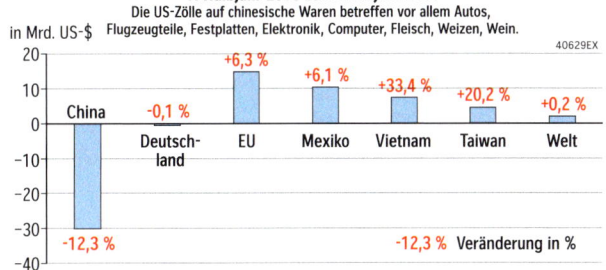

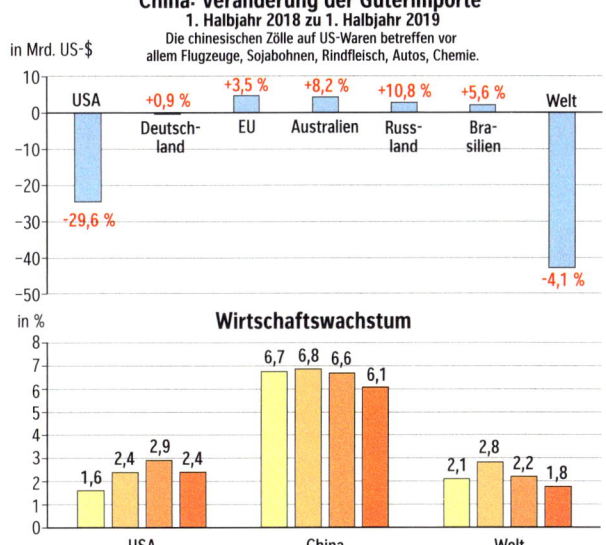

M 8 Folgen der Strafzölle der USA und China seit Beginn 2018

Zu den Verlierern gehören auch jene US-Unternehmen, die von Vergeltungszöllen der EU, Kanadas oder Chinas betroffen sind: Die Farmer konnten deutlich weniger Soja, Mais und Schweine ins Ausland verkaufen. Die Exporte der Whiskey-Hersteller brachen in der zweiten Jahreshälfte 2018 um elf Prozent ein. [...] Motorrad-Hersteller Harley-Davidson verlagert wegen der höheren Stahlpreise in den USA und wegen der Vergeltungszölle Teile seiner Produktion nach Europa und Asien.
Quelle: Martin Ganslmeier: Eine ernüchternde Bilanz. Tagesschau.de 22.3.2019

M 7 Quellentexte zu den Strafzöllen der USA und ihren Folgen

3.7 USA – Energieverbraucher und Energieproduzent

Die US-Amerikaner haben den Ruf, selbst kleinste Strecken mit ihren spritfressenden Großautos zu bewältigen, um dann in ihre Klimaanlagen-gekühlten Holzhäuser zurückzukehren. Zwar wird eine Debatte um Energiesparen auch in den USA seit vielen Jahren geführt. Der Energieverbrauch pro Person ist jedoch weltweit spitze, übertroffen nur von Kuwait, Katar, Brunei, Island und ... Kanada. Abgesehen von den ökologischen Folgen haben die Angloamerikaner – etwa gegenüber Ländern wie Deutschland – den Vorteil, beträchtliche Mengen an Energierohstoffen zu besitzen.

1. Beschreiben Sie den Pro-Kopf-Energieverbrauch, die Entwicklung des Energieverbrauchs und den Energie-Mix in den in M1, M4 und M7 dargestellten Regionen und Ländern.
2. Erläutern Sie M2 und entwickeln Sie andere Möglichkeiten der Darstellung des US-amerikanischen Energieverbrauchs.
3. Erklären Sie den unterschiedlichen Energieverbrauch von Haushalten in Texas und Maine (M5).
4. Beschreiben Sie die Erdölförderung in den USA (M10).
5. Charakterisieren Sie die Position der USA und Kanada auf dem Erdölmarkt im internationalen Vergleich (M6, M9).
6. Berechnen Sie auf der Basis der aktuellen Förderung die statische Reichweite* bei konventionellen und nicht-konventionellen Erdölreserven und -ressourcen (M9).
7. Erörtern Sie die Perspektiven der USA bei der Energieversorgung (M6, M8, M9).

M3 Weihnachtsbeleuchtung in McAdenville, North Carolina
US-Amerikaner sind bekannt für ihre spektakuläre Weihnachtsdekoration am und im Haus sowie im Garten. Diese verbrauchte nach Angaben einer US-amerikanischen Umweltschutzorganisation im Jahr 2015 allerdings etwa 6,6 Milliarden Kilowattstunden Strom. Dies entspräche mehr als dem gesamten jährlichen privaten Stromverbrauch von Entwicklungsländern wie El Salvador oder Äthiopien. Allerdings könnte sich der US-Wert in der Zwischenzeit verringert haben, da heute mehr energiesparende LEDs bei der Festtagsbeleuchtung eingesetzt werden.

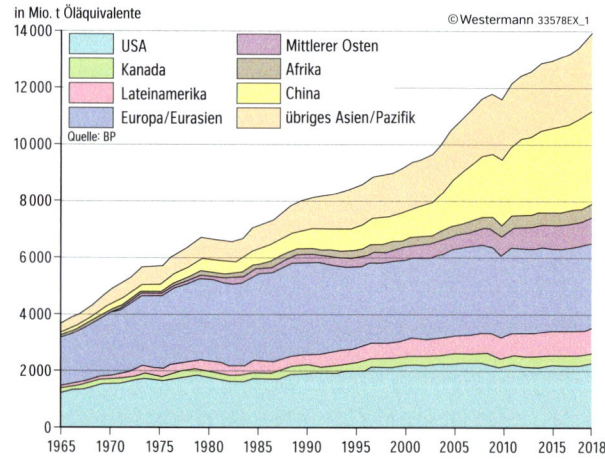

M4 Primärenergieverbrauch der Welt (1965 – 2018)

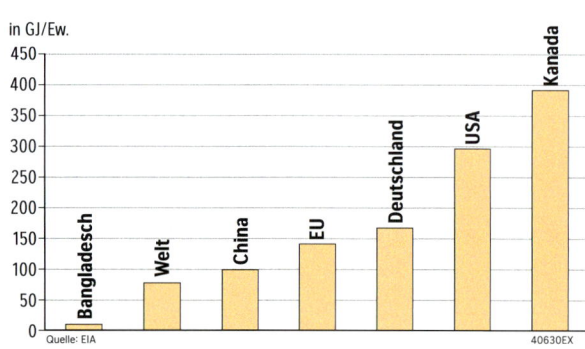

M1 Energieverbrauch pro Einwohner (2018)

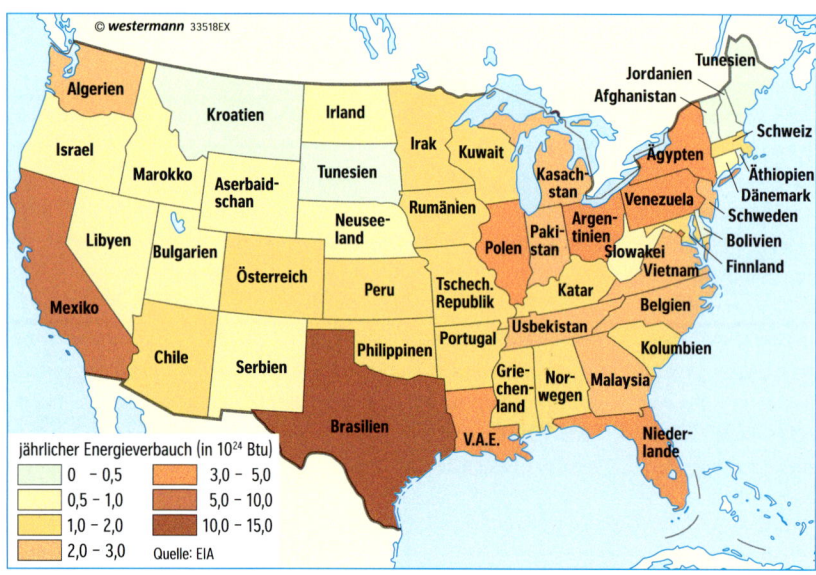

M2 Energieverbauch (2014, Staaten mit entsprechendem Verbrauch der Bundesstaaten)

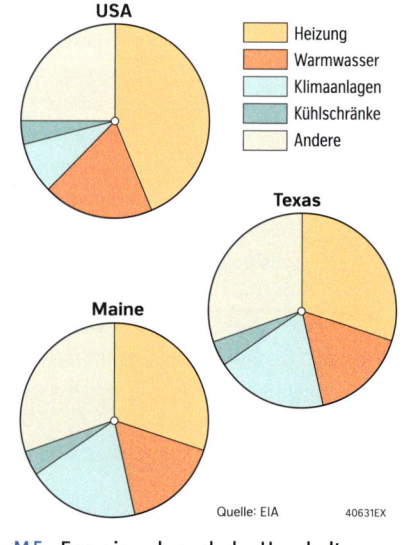

M5 Energieverbrauch der Haushalte: USA, Maine, Texas (2015)

USA – Energieverbraucher und Energieproduzent

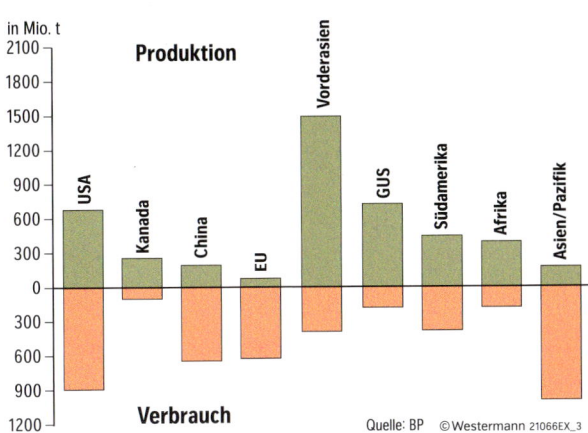

M 6 Erdölproduktion und -verbrauch ausgewählter Länder/Regionen (2018)

M 11 Tiefpumpen an einer texanischen Ölquelle. In dem Bundesstaat existieren 290 000 Bohrlöcher.

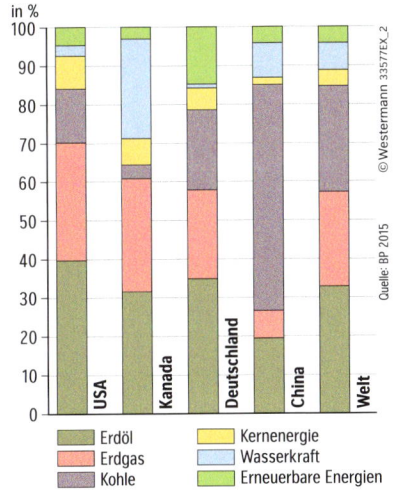

M 7 Anteil der Energieträger am Primärenergieverbrauch (2018)

Nordamerika ist ein Kontinent mit sehr reichhaltigen Lagerstätten der fossilen Energieträger Erdöl, Erdgas und Kohle. Allerdings ist trotz Maßnahmen, die die Fördereffizienz von Erdöl steigern (tertiäre Ölgewinnung*), das Fördermaximum der konventionellen Erdöllagerstätten in Kanada, aber auch in den USA überschritten. Es bleiben aber immense nicht-konventionelle Erdölreserven und -ressourcen. Darunter fallen die nach aktuellem Stand wirtschaftlich und technologisch förderbaren Erdöllagerstätten in dichten Gesteinen (Tight Oil*, Schieferöl) in den USA (v. a. in den Bundesstaaten North Dakota, Texas, Colorado, Wyoming, Oklahoma, West Virginia, Pennsylvania, Kap. 3.8) und die Ölsande in der kanadischen Provinz Alberta (Kap. 3.9). Der technologische und finanzielle Aufwand der Förderung ist allerdings deutlich höher im Vergleich zur Förderung der konventionellen Öl-Vorkommen, wie sie zum Beispiel im Nahen Osten lagern. Geopolitisch interessant ist, dass die Erdöl-, aber auch die Erdgaslagerstätten Nordamerikas insgesamt (Reserven und Ressourcen zusammengerechnet) größer sind als die des Nahen Ostens.

M 8 Bedeutung Nordamerikas als Produzent von Energierohstoffen

	Förderung	Reserven		Ressourcen	
		konventionell	nicht-konventionell	konventionell	nicht-konventionell
Nordamerika	0,93	6,6	28,0	25,9	157,3
Naher Osten	1,47	112,0		30,5	6,1
GUS	0,69	19,7		27,6	29,8
Lateinamerika	0,36	9,2	41,9	24,7	51,6
Asien/Pazifik	0,37	6,6		25,3	19,5
Afrika	0,38	17,2		29,0	10,6
Europa	0,18	2,2		5,2	5,0

M 9 Erdöl: Förderung, Reserven und Ressourcen (2017, in Mrd. t, Quelle: BGR)

Nicht-konventionelles Erdöl

Erdöl, das nicht mit „klassischen" Methoden gefördert werden kann, sondern aufwändigerer Technik bedarf, um es zu gewinnen. In der Lagerstätte ist es nur bedingt oder nicht fließfähig, was auf die hohe Viskosität bzw. Dichte (Schwerstöl, Bitumen*) oder auf die sehr geringe Permeabilität (Durchlässigkeit) des Speichergesteins zurückzuführen ist (Tight Oil).

Reserven

Nachgewiesene, zu heutigen Preisen und mit heutiger Technik wirtschaftlich gewinnbare Rohstoffe.

Ressourcen

Nachgewiesene, aber derzeit technisch-wirtschaftlich und/oder wirtschaftlich nicht gewinnbare sowie nicht nachgewiesene, aber geologisch mögliche, künftig gewinnbare Rohstoffe.

Primärenergieverbrauch

Gesamte für die Versorgung einer Volkswirtschaft benötigte Energiemenge.

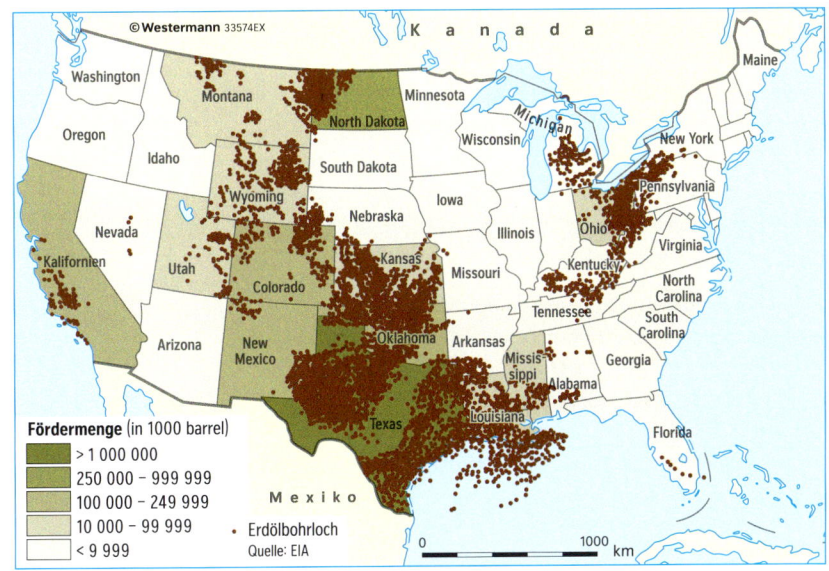

M 10 Erdölförderung nach US-Bundesstaaten (2015) und Erdölbohrlöcher

3.8 Fracking in North Dakota

Seit der kulturraumbildenden Phase um 1870 gehörte North Dakota zu den peripheren, kaum Beachtung findenden ländlichen Hinterland-Regionen Angloamerikas. Rückgrat der Wirtschaft war der Trockenfeldbau von Weizen und das Ranching* auf scheinbar endlosen, ehemals von der Prärie eingenommenen Ebenen. Die wirtschaftliche Perspektivlosigkeit veranlasste die junge Bevölkerung abzuwandern. Der Fracking-Boom veränderte die Sicht auf North Dakota und die Raumstrukturen in nicht einmal fünfzehn Jahren.

1. Beschreiben Sie die Wirtschaftsstruktur North Dakotas (Atlas).
2. Charakterisieren Sie die wirtschaftliche Bedeutung North Dakotas im Gefüge der Bundesstaaten der USA (M2, M3, M6).
3. Erläutern Sie das Öl-Fracking in North Dakota (M4, M5, M8, Atlas)
4. Erklären Sie die Beschäftigtenentwicklung in North Dakota und den Teilräumen (M7, M12).
5. Analysieren Sie sozioökonomische Kenndaten zu North Dakota (M2, M9, M10, M12).
6. Beurteilen Sie die aktuellen Raumstrukturen in North Dakota im Kontext der Hinterland-Heartland-Kennzeichen (M11).
7. Erörtern Sie die ökologischen Folgen des Frackings in North Dakota und New York (M14).

Als hydraulische Frakturierung – oder kurz Fracking – wird eine Technik zur Förderung von Rohöl- und Erdgasvorkommen aus tiefen Untergrundgesteinen bezeichnet. Hierbei wird eine überwiegend aus Wasser (95 – 98 % Volumenanteile) bestehende Frackflüssigkeit unter hohem Druck in das Untergrundgestein gepresst mit dem Ziel, es aufzubrechen, um eine höhere Porosität und Permeabilität für Öl zu erzeugen. Die nach dem Fracking entstandenen Gesteinsrisse werden durch Stützmittel (sogenannte Proppants) offengehalten, die dem Wasser beigemischt sind. Für ein Bohrloch mit circa 40 Frackingabschnitten benötigt man circa 8000 t Proppants (100 US-$/t) und circa 25 000 bis 40 000 m³ Frischwasser. Seit 1951 sind Ölvorkommen (sog. **Tight Oil***) in den Gesteinsformationen „Bakken" und „Three Forks" bekannt (M 8). Aufgrund der sehr niedrigen Fließfähigkeit dieser Öle müssen Fracking-Techniken angewandt werden. Nur circa ein Prozent der Ölvorkommen der Bakken- und Three Forks-Gesteinsformationen gelten zurzeit als förderbar und werden als Öl-Reserven ausgewiesen.

M 4 Fracking in North Dakota

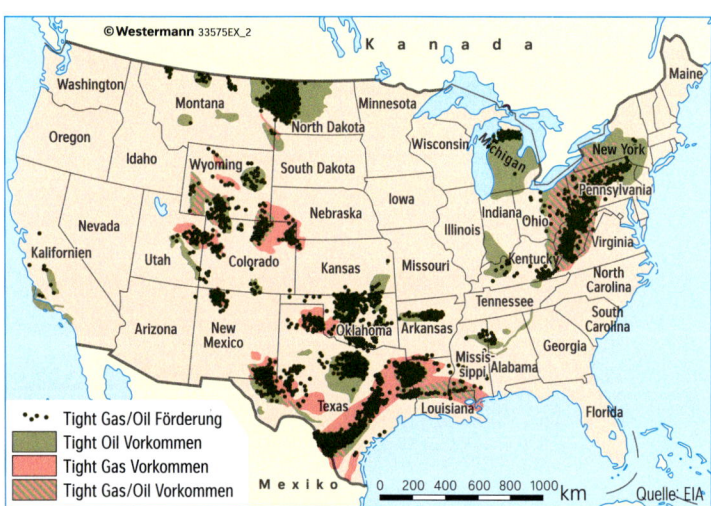

M 1 Tight Oil- und Gas-vorkommen und -förderung in den USA

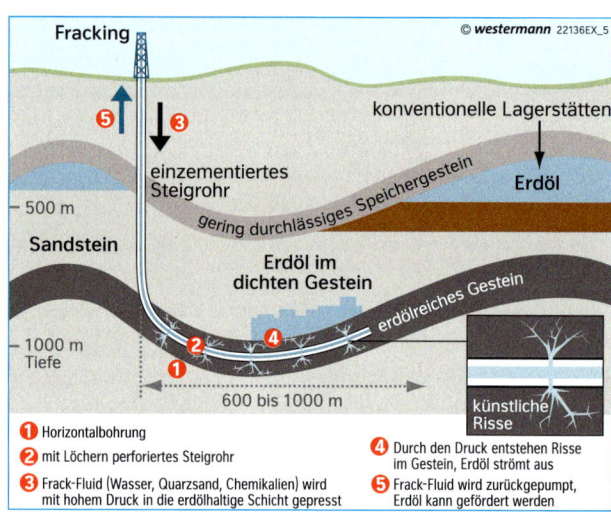

M 5 Erdölförderung im Fracking-Verfahren

Einwohner (2019)	762 062 (Rang 47)
Bevölkerungsdichte	4,1 Ew./km² (Rang 47)
Bruttoinlandsprodukt (BIP, 2018)	56,1 Mrd. US-$ (Rang 46)
BIP je Einwohner (2018)	62 837 US-$ (Rang 6)
mittleres Haushaltseinkommen (2019)	61 843 US-$ (Rang 19)
Arbeitslosenrate Dez. 2019	2,4 % (Rang 4)

M 2 Ausgewählte Strukturdaten zu North Dakota
(Angaben zum Rangplatz bezogen auf 50 US-Bundesstaaten)

„North Dakota had the strongest economy in the country. The state's economy has seen a major boon from the rise of oil fracking in the last few years, and despite chaos in oil prices recently, North Dakota's economy remains robust."
Quelle: Andy Kiersz: How are the 50 US state economies and DC performing? www.weforum.org 5.8.2015

M 3 Zitat aus einem Wirtschaftsrating der US-Bundesstaaten

	Förderung (2019)		Reserven	
	in 1000 Barrel/Tag	Anteil USA in %	in Mio. Barrel	Anteil USA in %
Texas	60 782	41,4	18 043	41,2
North Dakota	16 834	11,5	5895	13,5
New Mexico	11 150	7,6	3240	7,4
Oklahoma	6979	4,8	2120	4,8
Colorado	6164	4,2	1582	3,6

M 6 Top 5 der ölproduzierenden US-Bundesstaaten (Quelle: EIA)

	1930	1990	2000	2010	2018
North Dakota	681 000	638 000	642 000	673 000	760 077
County McKenzie	9709	6383	5737	6360	12 536
County Mountrail	13 544	7021	6631	7673	10 152
County Williams	19 550	21 130	19 760	22 400	34 061
City Williston	5106	13 131	12 512	14 716	26 102

M 7 Bevölkerungsentwicklung in North Dakota und ausgewählten Counties* und Städten in North Dakota

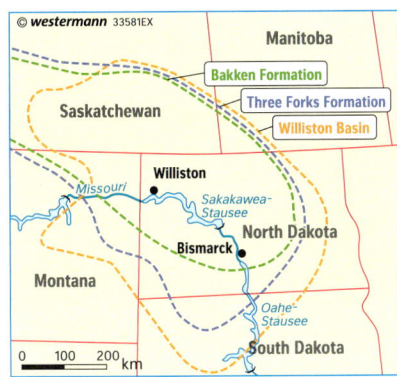

M 8 Gesteinsformation Bakken und Three Forks

	2000	2017
North Dakota	60 581	99 878
County McKenzie	66 629	112 247
County Mountrail	65 566	102 561
County Williams	50 189	114 935
County Rolette	47 536	52 918
County Sioux	48 502	58 284
City Williston	66 048	129 173
USA	55 370	81 283

Quelle: US Census

M 9 Jährliches Durchschnittseinkommen von Haushalten in den USA, North Dakota und ausgewählten Counties und Städten in North Dakota (2000, 2017)

	Anteil Armer (in %)	Arbeitslosigkeit (in %)
North Dakota	11,0	2,7
County McKenzie	11,7	3,9
County Mountrail	11,2	4,7
County Williams	9,0	2,0
County Rolette	32,4	7,4
County Sioux	37,1	19,1
City Williston	9,8	2,1
USA	14,6	6,6

Quelle: US Census

M 10 Arbeitslosigkeit und Anteil Armer an der Gesamtbevölkerung in den USA, North Dakota und ausgewählten Counties und Städten in North Dakota (2017)

Hinterland	Heartland
dünn besiedelt	verstädtert
Lieferant von Rohstoffen	Weiterverarbeitung von Rohstoffen
Abwanderung	Zuwanderung
„brain drain"*	hohes Innovationspotenzial
monostrukturiert	Tertiärisierung und Quartärisierung der Wirtschaft

M 11 Kennzeichen des „Hinterlands" im Vergleich zum „Heartland"

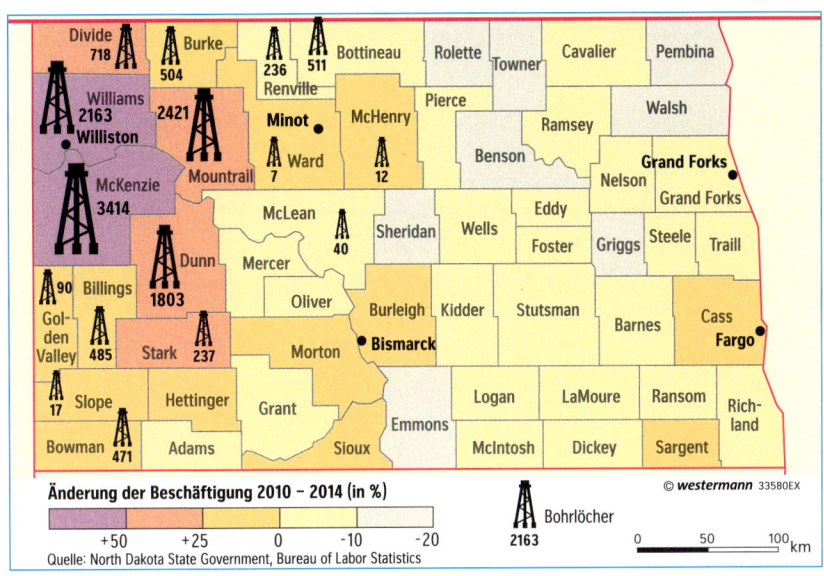

M 12 North Dakota: Änderung der Beschäftigten 2010 – 2014 und aktive Bohrlöcher 2016

M 13 Bohrung in der Nähe von Williston

Noch in den frühen 2000er-Jahren wurde im Oberen Mittleren Westen häufig mit sarkastischem Humor darauf verwiesen, dass das wichtigste Exportgut North Dakotas die eigene Bevölkerung sei. [...] Da der Staat für seine harten Winter, eiskalten Polarwinde, heißen Sommer, regelmäßigen Dürren und endlosen unbewohnten Weiten berüchtigt war, gelang es den Bürgern North Dakotas kaum, andere zur Investition in dieses innere Hinterland Amerikas zu bewegen. [...] Nach 2008 verhalf die Ölindustrie dem Bundesstaat aufgrund eines einzigartigen Wirtschaftswachstums, einer Arbeitslosenquote auf Rekordtief und jährlichen Steuereinnahmen von über 1 Mrd. US-$ zu nationaler Berühmtheit. Während andere Bundesstaaten dramatischen Haushaltsdefiziten, Arbeitsplatzverlusten, Zwangsvollstreckungen von Eigenheimen und dem Beinahezusammenbruch führender Geldinstitute trotzen mussten, baute North Dakota in den Jahren der großen Wirtschaftskrise eine Ölökonomie auf, die, bezogen auf Fördermengen, nur noch von Texas übertroffen wurde. North Dakota entwickelte sich zum Ziel Tausender von Arbeitskräften, die den desolaten Berufsaussichten in anderen Teilen des Landes zu entkommen suchten. [...] Die meisten Zuwanderer zieht es in die Region des Williston Basin-Ölfeldes. [...]
In North Dakota und Texas hat es [...] Beschwerden über Wasser-, Boden- und Luftverunreinigungen durch Fracking gegeben, aber der organisierte Widerstand ist in diesen Staaten weniger erfolgreich gewesen [als in den dichter besiedelten New York und in Pennsylvania], weil die Mineralölindustrie hier auf eine breite Unterstützung in der Öffentlichkeit trifft und die Ölproduktion hohe öffentliche und private Einnahmen generiert. Speziell im Williston Basin gibt es zwei kontrovers diskutierte Aspekte: das überaus schnelle Voranschreiten der Erbohrung neuer Ölquellen und das daraus folgende unkontrollierte Abfackeln von Erdgas an den Quellen. [...] Ein weiteres Problemfeld der unkonventionellen Fördertechnik betrifft die Wassernutzung, [riesige Wassermengen werden benötigt.]
Quelle: Cynthia Miller: Die Fracking-Kontroverse im Williston Basin. Geographische Rundschau 3/2015, S. 36ff

M 14 Quellentext über den Fracking-Boom in North Dakota

3.9 Ölsandförderung in Alberta (Kanada)

Weltweit ist deutlich mehr Öl in Ölsanden* gebunden, als bislang überhaupt Öl gefördert wurde. Die Förderung und Aufbereitung sind jedoch teuer. Kommerziell werden Ölsande derzeit nur in der kanadischen Provinz Alberta abgebaut und zu sogenanntem synthetischen Rohöl weiterverarbeitet. Der Abbau erfolgt in zwei Verfahren: dem Tageabbau von Ölsanden bei Ft. McMurray und der sogenannten In-Situ-Förderung in Nord-Alberta.

1. Lokalisieren Sie die Förderstätten für Ölsande (M1, Atlas).
2. Beschreiben Sie das Tagebau- und das In-Situ-Verfahren zur Förderung von Ölsanden (M2, M4).
3. Vergleichen Sie die beiden Verfahren mit Blick auf die Landschaftszerstörung, die Wirtschaftlichkeit und den Emissionsausstoß (M6, M9).
4. Erläutern Sie die hohen CO_2-Emissionen bei der Ölsandförderung (M2, M7).
5. Analysieren Sie die Bedeutung des kanadischen Erdöls für die USA (M8).
6. Skizzieren Sie die Argumentationslogiken von Greenpeace und der Ethical-Oil-Kampagne zum Ölsandabbau (M9–M11, Internetrecherche).
7. Nehmen Sie Stellung zur Bezeichnung der Ölsande Albertas als „ethisches Öl" und der konventionalen Ölvorkommen im Nahen Osten als „Konfliktöl".

M3 Ölsandtagebau im Athabasca-Tagebau bei Ft. McMurray
Die Athabasca-Ölsandlagerstätte ist die größte der Lagerstätten in Alberta. Seit 1967 wird hier Ölsand abgebaut. Die förderbaren Ölsandvorkommen in Alberta befinden sich auf einer Fläche von etwa 140 000 km². 20 Prozent können im Tagebau gefördert werden.

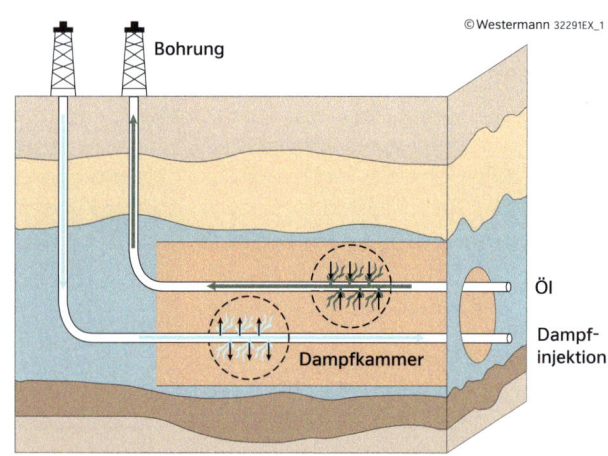

Heißer Dampf wird in die Lagerstätte gepresst. Der Dampf erwärmt das Öl. Das Gemisch aus erwärmtem Öl und kondensiertem Wasser wird an die Oberfläche gepumpt.

M4 In-Situ-Förderung von Ölsanden

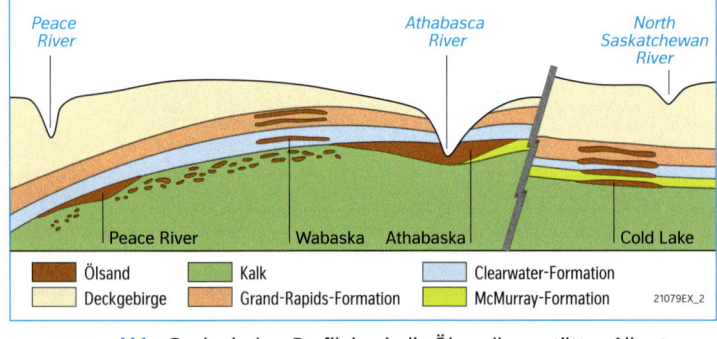

M1 Geologisches Profil durch die Ölsandlagerstätten Albertas

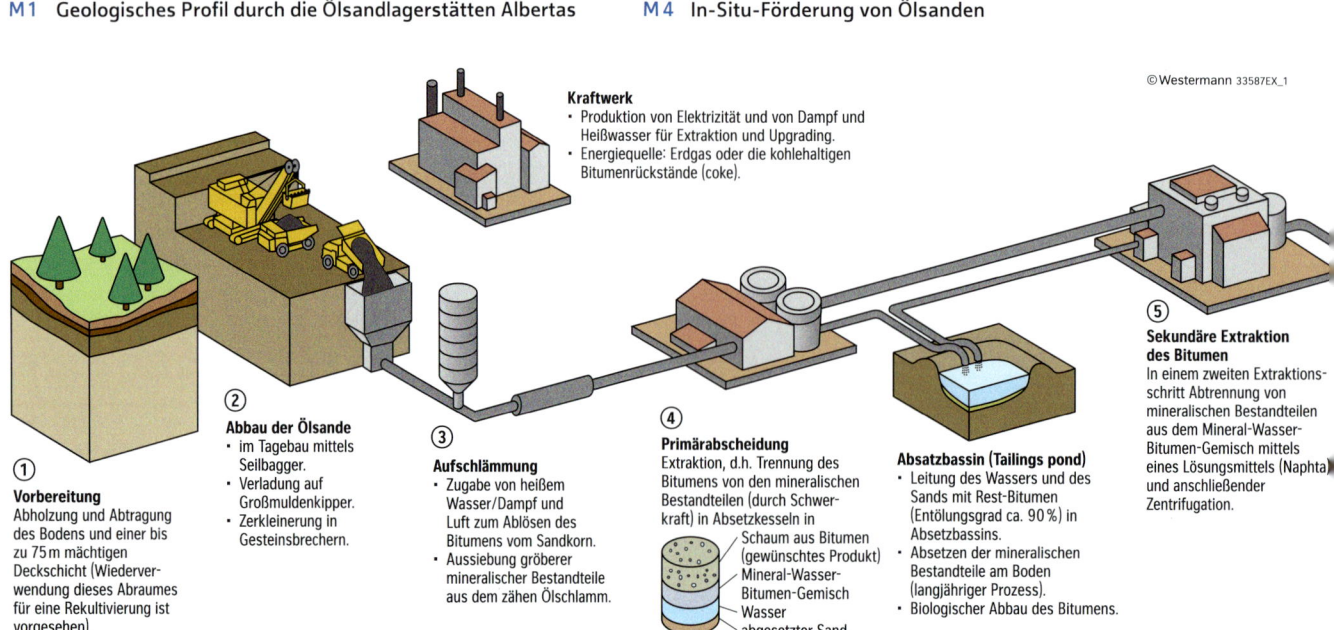

M2 Tagebau-Verfahren zur Gewinnung von Ölsanden

Ölsandförderung in Alberta (Kanada)

M 5 Aufbereitungsanlage für Ölsande

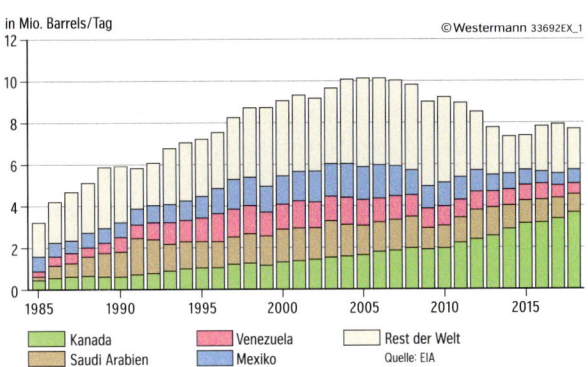

M 8 Rohölimporte der USA (1985–2018)

	Tagebau	In-Situ-Förderung
Ölsand-Förderung am Tag 2019 (2005)[1]	265 200 m³ (99 600 m³)	279 300 m³ (69 700 m³)
Ölsand-Reserven (Gesamt) 2019[1]	26 284 Mio. m³ (165 Mrd. Barrel)	
Anteil Ölsandreserven bis dato gefördert	ca. 20 % 10 %	ca. 80 % 1 %
Entölungsgrad (Anteil des Erdöls, das aus einer Lagerstätte entnommen werden kann)	91 %	25–50 %
Energieverbrauch für die Förderung und Aufbereitung von 1 Barrel synth. Rohöl	20,5 l Erdöl	41,4 l Erdöl
Bereitstellungskosten (inkl. Erschließung)[1]	75–80 US-$/ Barrel	45–60 US-$/ Barrel

Quelle: [1]Alberta Energy, andere Daten verschiedene Quellen

M 6 Vergleich von Tagebau und In-Situ-Förderung

Wirtschaftliche Effekte	Ökologische Risiken
Albertas Energiesektor erbringt ein Viertel der Wirtschaftsleistung und ein Drittel der Einnahmen der Provinz. Alberta hat innerhalb Kanadas • das höchste Wirtschaftswachstum und das höchste Pro-Kopf-Einkommen, • die höchste Investitionsquote/Ew., • die niedrigste Arbeitslosenrate, • den größten Bevölkerungsgewinn aus der innerkanadischen Migration*.	• hoher Landschaftsverbrauch (Waldrodungen, Renaturierung der Tagebauflächen schwierig), • hoher Wasserverbrauch (20 % dauerhaft verunreinigt, verbleiben in Absatztanks), • Vergiftung des Grundwassers u. a. mit Schwermetallen, • hohe CO_2-Emissionen aufgrund energieintensiver Aufbereitung, • (Verdrängung indigener Bevölkerung).

M 9 Ölsandförderung: wirtschaftliche Effekte und ökologische Risiken

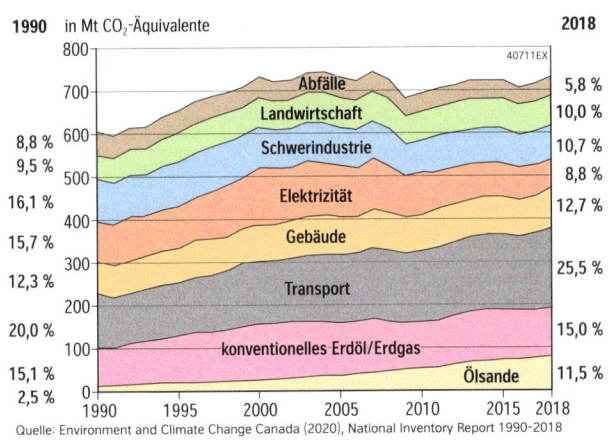

M 7 Treibhausgasemissionen* Kanadas nach Verursachern

M 10 Greenpeace-Aktion gegen die Teck Frontier Mine (2020)
„The science is clear: to prevent catastrophic climate change 99 % of oil sands deposits must remain in the ground."

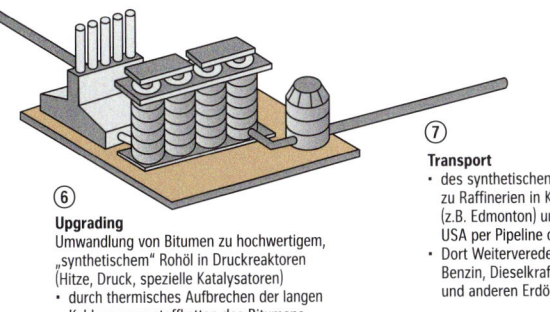

⑥ Upgrading
Umwandlung von Bitumen zu hochwertigem, „synthetischem" Rohöl in Druckreaktoren (Hitze, Druck, spezielle Katalysatoren)
• durch thermisches Aufbrechen der langen Kohlenwasserstoffketten des Bitumens und
• durch Abtrennung unerwünschter Begleitstoffe (z.B. Entschwefelung).

⑦ Transport
• des synthetischen Rohöls zu Raffinerien in Kanada (z.B. Edmonton) und den USA per Pipeline oder Eisenbahn.
• Dort Weiterveredelung zu Benzin, Dieselkraftstoff und anderen Erdölprodukten.

M 11 „Ethisches Öl" – Anzeigenkampagne des kanadischen, konservativen politischen Aktivisten und Publizisten Ezra Levant

3.10 Ölfördermaximum in Sicht?

Vor über 60 Jahren veröffentlichte der US-amerikanische Geologe King Hubbert eine erste Prognose, wann das US- und später, wann das globale Ölfördermaximum (engl. peak oil) erreicht sein würde. Damit ist gemeint, zu welchem Zeitpunkt die Förderung aus allen Lagerstätten beginnt, unumkehrbar abzunehmen. Hubbard errechnete das Jahr 1995. Er irrte und auch viele spätere Vorhersagen trafen nicht zu. Momentan ist lediglich klar, dass irgendwann die Erdölreserven erschöpft sein werden. Über den Zeitpunkt herrscht weiterhin eine Kontroverse.

1. Nennen Sie Faktoren, die die statische Reichweite* für Erdöl bzw. das Ölfördermaximum beeinflussen.
2. Beschreiben Sie Entwicklung der Erdölförderung, der -reserven und der statischen Reichweite* (M1).
3. Erklären Sie den Zusammenhang zwischen Ölpreis, rentablen Förderverfahren und Reserven (M1, M2, M3).
4. Beurteilen Sie die Bedeutung des US-amerikanischen Tight Oil und der kanadischen Ölsande, deren Produktion sich nur bei einem hohen Ölpreis lohnt, für die zukünftige globale Erdölversorgung (Kap. 3.8, 3.9, M2, M4, M5).
5. Vergleichen Sie die beiden Prognosen M4 und M5.
6. Geben Sie die Argumentationsgänge und Hauptaussagen der Texte wieder (M6).
7. Nehmen Sie Stellung zur Frage: „Ist ein Gipfel der Ölförderung bereits erreicht bzw. absehbar?"

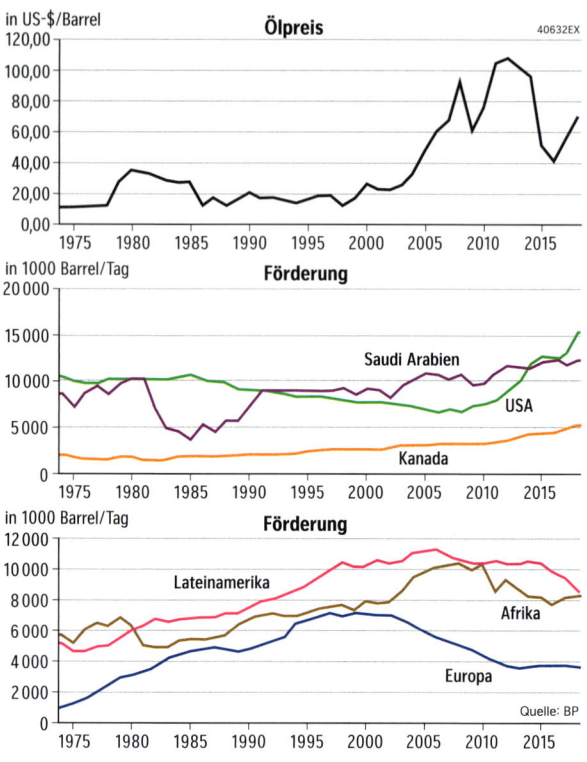

M3 Ölpreis und Förderung von Erdöl in verschiedenen Ländern und Weltregionen (1974–2018)

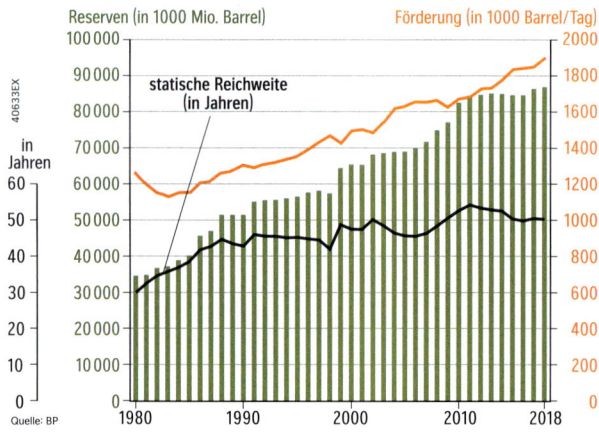

M1 Förderung und Reserven von Erdöl sowie statische Reichweite* weltweit (1980–2018)

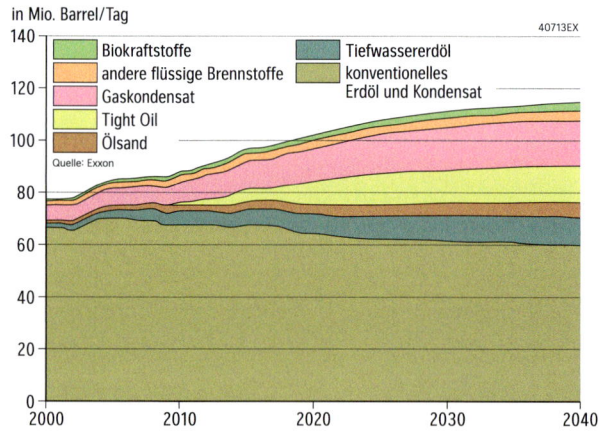

M4 Prognose von Exxon zur Erdölproduktion (2019)

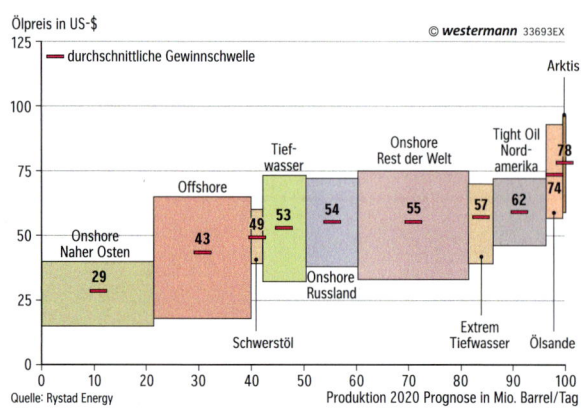

M2 Prognose für die Gewinnschwelle verschiedener Erdöl-Fördermethoden/-gebiete für das Jahr 2020

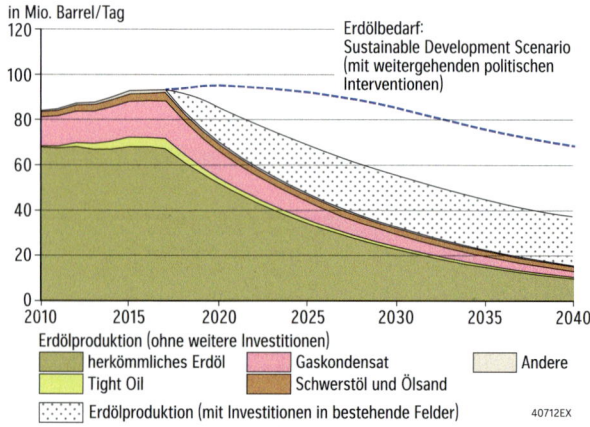

M5 Prognose der Internationalen Energieagentur zur Erdölproduktion und zum Erdölbedarf (2019)

Diskursanalyse

Wir sind heute insbesondere in den Medien ständig unterschiedlichen, nicht selten kontroversen Wahrnehmungen, Meinungen und Beurteilungen verschiedener Akteure (aus Politik, Wirtschaft, Wissenschaft, NGOs uvm.) ausgesetzt. Eine Diskursanalyse betrachtet diese Erörterungen (Diskurse), indem sie offenlegt: Was wird von wem über welches Thema wie und weshalb gesprochen?
Eine von mehreren diskursanalytischen Teilmethoden ist die Aussagen- und Argumentationsanalyse meist kürzerer Textpassagen. Hinterfragt und gegebenenfalls problematisiert werden hier z. B.
a) die getätigten Vorannahmen,
b) die in einem Zusammenhang vorgebrachten Argumente und Behauptungen und
c) die aus der vorgebrachten Logik heraus als „plausibel bzw. wahr" anzusehende Hauptaussage bzw. das Ergebnis.
Unabdingbar bei einer Diskursanalyse von Textpassagen sind die Berücksichtigung der Herkunft der Quelle (Autor, Institution) und ein Hinterfragen der Interessen und Befindlichkeiten des Autors oder der Institution und somit auch der Ziele, die der Autor oder die Institution mit dem Text verfolgen mögen. Diskursanalysen sind weiterhin angewiesen auf möglichst objektive weitere Quellen (z. B. Statistiken erstellt von unabhängigen/übergreifenden Organisationen/Gutachten von unabhängigen Wissenschaftlern) zur Überprüfung der Vorannahmen, Behauptungen und Argumente („Faktencheck"). In der Analyse der Diskurse wird dann die Logik der Argumentation problematisiert.
Eine Diskursanalyse schließt mit einer bewertenden eigenen Stellungnahme zur vorgebrachten Hauptaussage beziehungsweise des „als logisch oder wahr" abgeleiteten Ergebnisses ab.

Quellen
BGR Bundesanstalt für Geowissenschaften und Rohstoffe
Bundesoberbehörde zur Beratung der Bundesregierung
EIA Energy Information Administration
Amt für Energiestatistik im Energieministerium der USA
IEA International Energy Agency (Internationale Energieagentur)
Beratung der 29 Mitgliedstaaten in energiepolitischen Fragen

Es wird prognostiziert, dass Liquids* [Erdöl und andere flüssige Brennstoffe] auch im Jahr 2040 die weltweit wichtigste Energiequelle bleiben werden, selbst wenn sich das Wachstum der Nachfrage nach 2030 verlangsamt. Das kommerzielle Transportwesen und die Chemieindustrie – Wirtschaftsbereiche, in denen Liquids aufgrund ihrer hohen Energiedichte und ihrer besonderen chemischen Eigenschaften bevorzugt werden – treiben die Nachfrage an. Insgesamt dürfte die Nachfrage nach Liquids bis 2040 um etwa 16 Millionen Barrel pro Tag steigen, wobei fast das gesamte Wachstum in den aufstrebenden Märkten Asiens, Afrikas, des Nahen Ostens und Lateinamerikas zu verzeichnen sein wird.
Neue Investitionen in die Erdölförderung – und in Technologien zur Verbesserung der Förderbarkeit, Steigerung der Effizienz und Senkung der Kosten – sind erforderlich, um den natürlichen Förderrückgang auszugleichen und die steigende Nachfrage zu befriedigen. Es wird erwartet, dass ein Großteil des Produktionswachstums aus Quellen stammt, die durch die technologischen Fortschritte der letzten zwei Jahrzehnte erschlossen wurden: zum Beispiel nordamerikanisches Tight Oil und das mit der unkonventionellen Öl- und Gasförderung verbundene Gaskondensat* (natural gas liquids, NGL), aber auch Tiefwasserprojekte vor der Küste Brasiliens und Guyanas sowie kanadische Ölsande. [...]
Das Angebot der bestehenden Ölförderung sinkt ohne weitere Investitionen um schätzungsweise sieben Prozent pro Jahr. Um diesen natürlichen Rückgang auszugleichen und das prognostizierte Nachfragewachstum zu befriedigen, sind beträchtliche Investitionen erforderlich. Im Jahr 2017 entfielen auf konventionelles Rohöl und Kondensat etwa zwei Drittel der Förderung. Bis 2040 wird erwartet, dass neue Investitionen die Ölversorgung so diversifiziert haben werden, dass nur noch etwa die Hälfte der Liquids aus diesen konventionellen Quellen stammen wird. [...]
In Nordamerika wird sich die Produktion von Tight Oil und den damit verbundenen NGLs zwischen 2017 und 2025 fast verdoppeln. Dieses signifikante Wachstum macht Nordamerika zu einem Nettoexporteur von Flüssigbrennstoffen. Nach 2025 wird die Tiefwasserförderung in Lateinamerika und konventionelles Öl aus dem Nahen Osten wachsen, um die weltweite Nachfrage zu befriedigen. Der Nahe Osten und Russland werden weiterhin in die konventionelle Ölförderung investieren, um ihre Rolle als führende Exporteure beizubehalten, die 2040 etwa zwei Drittel der weltweiten Produktion ausmachen werden.

Quelle: The Outlook for Energy: A View to 2040. ExxonMobil 2019, S. 30 – 31 (Übersetzung: Thilo Girndt)

„Peak Oil" bedeutet so viel wie „Der Gipfel der Ölförderung". Die Förderung aus einem Ölfeld schwankt: sie beginnt langsam, wird durch Technikeinsatz gesteigert und erreicht irgendwann einen Höhepunkt – den „Peak". Zu diesem Zeitpunkt liefert ein Ölfeld die größte Ölmenge pro Tag, danach schrumpft die Fördermenge. Die globale Ölförderung ist die Summe aus den Förderkurven tausender einzelner Ölfelder.
Die Ölförderung ist nicht unendlich steigerbar. 101 Millionen Fass Erdöl wurden 2018 pro Tag gefördert, das sind über 16 Milliarden Liter täglich. Europa überschritt sein Ölfördermaximum 1999, seitdem hat sich die europäische Ölförderung mehr als halbiert. Auch Afrika hat seit 2010 bereits 20 Prozent Tagesförderung verloren. Obwohl der Ölpreis von 2012 auf über 100 US-$ stieg, konnte nur eine Weltregion ihre Ölförderung nennenswert steigern: Nordamerika. Ohne die Ölsandförderung in Kanada und den Einsatz der Fracking-Technologie in den USA würde die Weltölförderung schon seit 2005 nahezu stagnieren und sich auf einem Plateau einpendeln: Der Ölpreiseinbruch ab 2014 sorgte dafür, dass innerhalb von zwei Jahren aus 1600 aktiven Ölbohranlagen nur noch 300 wurden. Auch der Ölpreiseinbruch durch die Corona-Pandemie wird ähnliche Effekte haben und die Ölförderung schrumpfen.
Ist Öl zu billig, lohnt es nicht, es zu fördern. Ist Öl zu teuer, belastet es die Wirtschaft. Öl ist ein sehr nützlicher Energielieferant, aber auch ein risikoreiches Investment. Auch aus Sicht des Klimawandels ist es sinnvoll, vom Öl wegzukommen, denn es wird wie alle anderen fossilen Energieträger zu Kohlendioxid verbrannt, was zum Treibhauseffekt beiträgt. „Klimaneutrales Leben" geht nur ohne Öl. Es ist besser, bereits heute auf andere Energiequellen umzustellen, als darauf zu warten, dass der endliche Rohstoff unbezahlbar wird. Wir stehen global vor der Frage: Wie sieht eine zivilisierte Welt ohne Erdöl aus?

Norbert Rost (März 2020, www.peak-oil.com)
Norbert Rost leitet als Wirtschaftsinformatiker das Dresdner „Büro für postfossile Regionalentwicklung", das Kommunen und Unternehmen berät.

M 6 Positionen zur zukünftigen Erdölförderung und zum Ölfördermaximum

Zusammenfassung

Weltwirtschaftsmacht USA
Auch wenn Prognosen in Zukunft China an der Spitze sehen, noch sind die USA die führende Wirtschaftsmacht der Welt, die rund ein Fünftel des jährlichen Welteinkommens erwirtschaften. Basis ihrer industriellen und technologischen Entwicklung, die Ende des 19. Jahrhunderts einsetzte, waren die reichen Rohstoffvorkommen, die günstigen politischen Rahmenbedingungen für Wirtschaft und Unternehmen, die hohe Produktivität, das hohe Arbeitskräftepotenzial, das durch Einwanderer immer wieder aufgefüllt wurde, sowie eine Reihe weiterer positiver Standortfaktoren. Den Rang als führende Exportnation haben sie allerdings schon an China verloren. Besonderheiten der USA sind der hohe Binnenkonsum und das ausgeprägte Handelsbilanzdefizit. Dass die US-Importe die Exporte übersteigen ist kein neues Phänomen, doch in letzter Zeit versucht die US-Regierung durch Strafzölle – etwa gegen China und die EU – die eigene Wirtschaft zu stärken. Abgesehen von dem zweifelhaften Erfolg dieser Maßnahmen, stellen die dadurch provozierten „Handelskriege" eine ernste Gefahr für die globalisierte Weltwirtschaft dar. Inwieweit der Corona-Krise tiefgreifende Veränderungen der US-Wirtschaft folgen, ist noch nicht absehbar.

Wirtschaftsregionen
Die bedeutendste und älteste Industrieregion der USA ist der Manufacturing Belt im Nordosten des Landes. Gründe für die Ballung der Industrie waren ursprünglich die hervorragende Verkehrslage sowie die Kohle-, Eisenerz- und Holzvorkommen. Zu den industriellen Schwerpunkten zählen traditionell die Eisen- und Stahlerzeugung sowie der Fahrzeug- und Maschinenbau. Daneben entstanden auch im Süden, Westen und Nordwesten der USA Industrieregionen, zum Beispiel an der Pazifikküste im Nordwesten („Cascadia") mit Holz-, Aluminium- sowie Luft- und Raumfahrtindustrie oder an der Golfküste mit der erdölverarbeitenden Industrie.
Das berühmte Hightech-Cluster Silicon Valley liegt südlich von San Francisco. Hier entstanden in den letzten Jahrzehnten immer wieder neue, global erfolgreiche Unternehmen der Kommunikationstechnologie-, Software- und Internetdienstleistungsbranche. Hochqualifizierte Arbeitskräfte in kooperationsfreudigen Unternehmen in enger Verzahnung mit Universitäten und risikofreudigen Kapitalgebern produzieren noch immer technologische Innovationen. Als Folge des Booms ist die Region allerdings zu einer der teuersten in den USA geworden.

Wandel der Wirtschaft
Im Laufe der wirtschaftlichen Entwicklung setzte – wie in anderen Industrienationen – ein enormer Strukturwandel ein, bei dem sich die Beschäftigung und die Wirtschaftsleistung immer mehr in den Dienstleistungssektor verlagerten. Hierbei verloren alte industrielle Kernräume wie der Manufacturing Belt an Bedeutung und die wirtschaftlichen Aktivitäten verlagerten sich verstärkt in neue, vorwiegend ehemals landwirtschaftlich geprägte Räume (z. B. den Sunbelt), die heute von der Hightech-Industrie geprägt sind. Dennoch versuchen die altindustriellen Standorte ihr vorhandenes Infrastrukturpotenzial und ihr nicht unerhebliches Wissen über Produktionsprozesse und Dienstleistungsverflechtungen zu nutzen, um zu den neuen modernen Wirtschaftsräumen wieder aufzuschließen.

Energierohstoffe
Die USA und Kanada stehen weltweit an der Spitze des Energie-Pro-Kopf-Verbrauchs, der zu einem großen Anteil aus Erdgas und Erdöl gedeckt wird. Zwar müssen die USA noch immer Erdöl importieren (neuerdings vor allem aus Kanada). Doch der Fracking-Boom mit der Förderung „nicht-konventionellen" Erdöls und Erdgas (Tight Oil und Gas) hat das Land nicht nur unabhängiger von Erdöl aus dem Nahen Osten werden lassen, sondern hat auch zu einem wirtschaftlichen Aufschwung peripher gelegener, vorwiegend landwirtschaftlich strukturierter Regionen (z.B. North Dakota) geführt. Sowohl die Tight-Oil-Förderung als auch der Ölsandabbau in Kanada sind kostspieliger als die Förderung aus konventionellen Erdölquellen, was sie grundsätzlich erst bei höheren Ölpreisen rentabel macht. Zudem sind beide mit zum Teil erheblichen Umweltproblemen verbunden. Zusammen mit dem hohen Energieverbrauch machen die CO_2-Emissionen des Ölsandabbaus Kanada zu einem der höchsten Pro-Kopf-Verursacher des globalen Klimawandels.

Weiterführende Literatur und Internetlinks

Geographische Rundschau
- Der Osten der USA 11/2017
- Westen der USA 12/2016
- Mittlerer Westen in den USA 3/2015
- Südstaaten der USA 10/2011
- Globale Energieressourcen 1/2008

Wirtschaftsstatistik Kanada
Statistics Canada
- www.statcan.gc.ca

Wirtschaftsstatistik USA
U.S. Bureau of Economic Analysis (BEA)
- www.bea.gov
U.S. Bureau of Labor Statistics (BLS)
- www.bls.gov
U.S. Department of Commerce
- www.commerce.gov/economicindicators

Statistikportal der Weltbank mit vielen Wirtschaftsdaten
- http://data.worldbank.org

Statistikportal der UN Conference of Trade and Development
- www.unctad.org

Statistikportal der Welthandelsorganisation
- http://stat.wto.org

Silicon Valley
- https://siliconvalleyindicators.org

Daten zu mineralischen Rohstoffen
Deutsche Rohstoffagentur
- www.bgr.bund.de/DERA/DE
United States Geological Survey (USGS)
- http://minerals.usgs.gov/minerals

Daten zu Erdöl und Erdgas
U.S. Energy Information Administration (EIA)
- www.eia.gov
International Energy Agency
- www.iea.org
Natural Resources Canada (Kanadisches Ministerium für natürliche Ressourcen)
- www.nrcan.gc.ca/home

Energieministerium Alberta (Kanada)
- www.alberta.ca/energy.aspx
Organisation of the Petroleum Exporting Countries (OPEC)
- www.opec.org

BP Statistical Review of Energy
- www.bp.com/en/global/corporate/about-bp/energy-economics.html

Greenpeace Kanada
- www.greenpeace.org/canada

Los Angeles

STADT UND GESELLSCHAFT

4.1 Höher und weiter – die nordamerikanische Stadt

Während europäische Städte oft ein Abbild der geschichtlichen Ereignisse sind, unter deren Einfluss sie teilweise über viele Jahrhunderte standen, fehlt den meisten Städten Angloamerikas dieser historische Hintergrund. Eine Ausnahme bilden die an der Ostküste gelegenen (Hafen-)Städte. Sie entstanden bereits in der vorindustriellen Zeit, wurden nach dem Vorbild europäischer Städte errichtet und spiegeln in typischen Vierteln die Herkunft der großen Einwanderergruppen wider (M 2).

Als die Eisenbahn ab Mitte des 19. Jahrhunderts zur schnellen Raumerschließung gen Westen ihren Siegeszug antrat, entwickelten sich an den Linien und besonders an den Knotenpunkten im Mittleren Westen Städte, die aufgrund der Industrialisierung rasch zu Großstädten heranwuchsen.

Viele Städte des Südens und Westens sind hingegen Neugründungen, die teils erst im 20. Jahrhundert entstanden und ebenfalls rasant größer wurden. Heute gehören die USA und Kanada zu den höchst-verstädterten Ländern der Erde (Verstädterungsgrad* USA: 82,7 %, Kanada: 81,6 %).

Trotz individueller Eigenheiten der Städte spricht man von der „nordamerikanischen Stadt". Solch eine modellhafte Verallgemeinerung funktioniert zumindest für die USA besser als in anderen Weltregionen, da bestimmte Gestaltungsmerkmale tatsächlich in vielen US-Städten wiederzufinden sind.

Was sind diese typischen Merkmale der nordamerikanischen Stadt? Wie leben die Menschen in den Städten und mit welchen Problemen haben sie zu kämpfen? Und wie verändern sich die Städte noch heute?

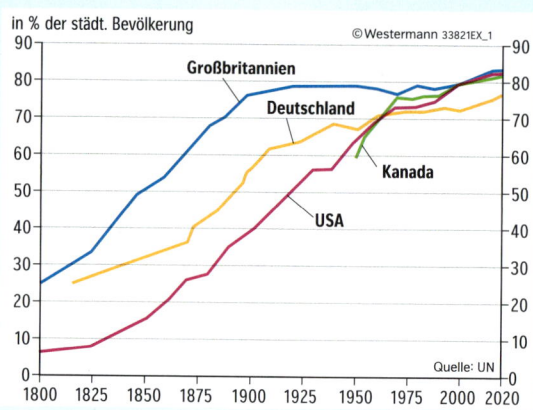

M 3 Entwicklung des Verstädterungsgrads* von Großbritannien, Deutschland, Kanada und den USA

M 2 North End, ältester Stadtteil von Boston (Little Italy)

M 4 Empire State Building in New York

	50	1140	1650	1700	1800	1850	1900	1950	2000	2018[1]
New York (1)	-	-	1000	5000	87685	706323	3437202	7891957	8008288	8398748 / 19979477
Los Angeles (2)	-	-	-	-	-	1610	102479	1970358	3694820	3990456 / 13291486
Chicago (3)	-	-	-	-	-	29963	1698575	3620962	2896016	2705994 / 9498716
Philadelphia (6)	-	-	-	-	41220	121376	1293697	2071605	1517550	1584138 / 6096372
San Antonio (7)	-	-	-	-	-	3488	53321	408442	1144646	1532233 / 2518036
Dallas (9)	-	-	-	-	-	430	42638	434462	1188580	1345047 / 7539711
Detroit (23)	-	-	-	-	-	21019	285704	1849568	951270	672662 / 4326422
Toronto (1)	-	-	-	-	-	65085	238080	1117470	2481494	2731571 / 5928040[2]
Montreal (2)	-	-	50	2969	k.A.	90232	325653	1021520	1039534	1704694 / 4098927[2]
Vancouver (8)	-	-	-	-	-	k.A.	26133	344833	545671	631468 / 2463431[2]
Köln (4)	30000	20000	40000	42015	42024	94789	372229	603283	962884	1089984 / 8633158

[1] zweite Zahl: Metropolitan Area [2] 2016 Quelle: US Census, Statistics Canada, Stadt Köln

M 1 Bevölkerungsentwicklung in US-amerikanischen und kanadischen Städten (zum Vergleich Köln, in Klammern nationaler Rang)

Die nordamerikanische Stadt gilt als Prototyp moderner und postmoderner städtischer Entwicklungen. Als Synonym für Blüte und Niedergang stehen einerseits die Wolkenkratzer in den Cities, wo sich das Geschäftsleben vertikal bündelt, andererseits Ghettos des Verfalls und die suburbane Peripherie von Eigenheimen, in denen sich die sozialen Kontraste der Stadt manifestieren. Allein die schiere Fläche des Landes hat dabei zu räumlichen Entwicklungen geführt, die als Urban Sprawl, d.h. das bauliche Auseinanderfließen der Stadt in die Fläche, charakterisiert worden sind. Die Wohnadresse wird zum Spiegelbild sozialen und wirtschaftlichen Erfolgs.
Quelle: Jürgen Bähr, Ulrich Jürgens: Stadtgeographie II. Braunschweig: Westermann 2009, S. 166

M 5 Quellentext zur nordamerikanischen Stadt

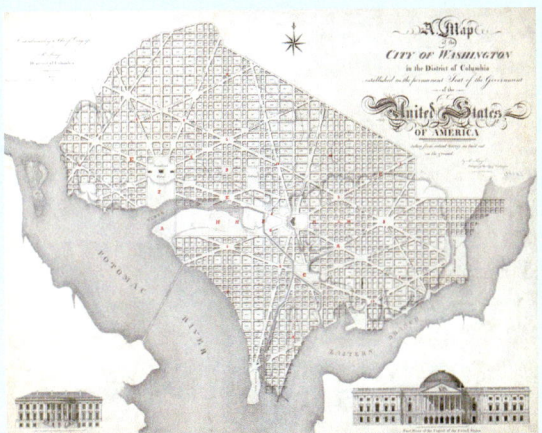

M 8 Karte von Washington D.C. von 1818. Washington D.C. ist eine Planhauptstadt (gegründet 1791).

M 6 Typisches suburbanes Haus in den USA

Die Überhöhung von Gebäuden in die Vertikale [...] sollte der nordamerikanischen Stadt eine völlig neue und für andere Stadttypen bislang unbekannte Silhouette schaffen. Voraussetzung hierfür waren technologische Neuerungen wie Stahlskelett-Bauweise, die „Erfindung" des elektrischen Stroms, der Fahrstuhl sowie Lüftungstechniken, weil ein Öffnen der Fenster in großer Höhe nicht ohne Gefahren war. [...]
Eingepasst sind die Gebäude in eine für US-amerikanische Städte typische, nach den Himmelsrichtungen orientierte Straßenführung in Form eines Schachbrettmusters (Gridiron Pattern). [...] In den Städten existieren typischerweise Straßenblöcke von 100 m x 100 m, die ihnen einerseits eine gewisse Monotonie, andererseits große verkehrliche Übersichtlichkeit verleihen.
Quelle: Jürgen Bähr, Ulrich Jürgens: Stadtgeographie II, S. 171–172

M 9 Quellentext zur nordamerikanischen Stadt

Die ursprüngliche angloamerikanische Stadt war in ihrer Entwicklung durch die antiurban eingestellte Agrargesellschaft behindert. So erhielten die Städte keine vollständige Ausstattung, die eine wurde Hauptstadt, die andere erhielt das Gericht, eine dritte die Universität. Bis heute sind mehr als die Hälfte der Hauptstädte der amerikanischen Bundesstaaten nicht zugleich auch die größten Zentren ihres Landes, im Gegenteil, viele zählen auch heute nur um die 100 000 Einwohner oder gar weniger. Im Zuge der stürmischen staatlichen und ökonomischen Entwicklung sind diese Anfänge längst überprägt. Dennoch stellt man bis heute eine erstaunliche Persistenz von Elementen der ländlichen Lebensweise fest. Der Bungalow, eigentlich ein Landhaus, findet sich selbst in kleineren Großstädten noch in unmittelbarer Zentrumsnähe, ihre Hausgärten nehmen die Natur in die Stadt, ihre Briefkästen sind vom selben Typ wie die der Farmen auf dem flachen Land. [...] Mit wenigen Ausnahmen (San Francisco, New Orleans, also Gründungsstädten anderer Kulturen und manchen alten Städten an der Ostküste) fehlt nordamerikanischen Städten die Urbanität.
Quelle: Axel Borsdorf, Oliver Bender: Allgemeine Siedlungsgeographie. Wien: Böhlau 2010, S. 336–337

M 7 Quellentext zur nordamerikanischen Stadt

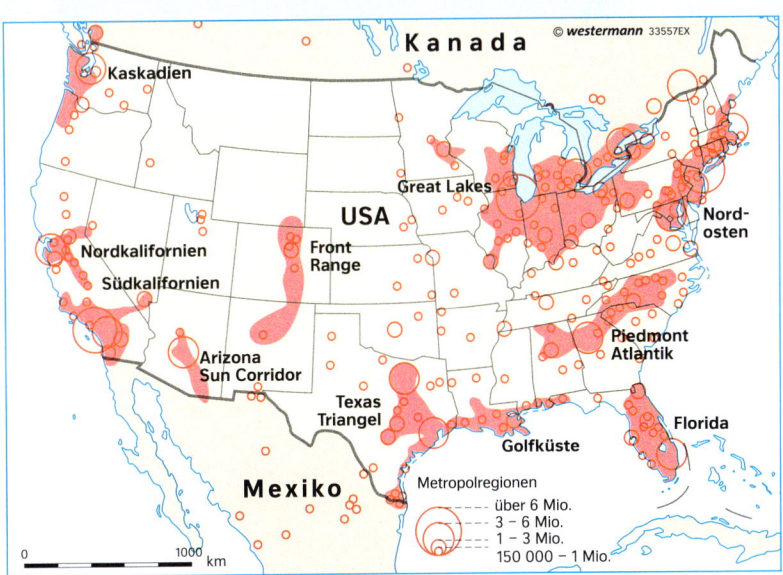

M 10 Städtische Agglomerationen* in Nordamerika

---

1. Gliedern Sie die US-amerikanischen Stadtgründungen in Phasen und ordnen Sie den Phasen typische Städte zu (M1).
2. Charakterisieren Sie die räumliche Verteilung der Agglomerationen (M10).
3. Fassen Sie die charakteristischen städtebaulichen Merkmale der US-amerikanischen Stadt zusammen (M5, M7, M9).
4. Vergleichen Sie die Verstädterung in Großbritannien, Deutschland, den USA und Kanada (M3).
5. Erörtern Sie die Aussage aus M7, US-amerikanischen Städten fehle die Urbanität.

4.2 Funktionale Gliederung der nordamerikanischen Stadt

Um die räumliche Stadtgestalt zu beschreiben, haben Geographen verschiedene Modelle entwickelt, mit denen sie Städte in bestimmte Teilräume gliedern. Die funktionsräumliche Gliederung stellt die Daseinsgrundfunktionen Wohnen, Arbeiten, Versorgen, Bilden und Erholen in den Mittelpunkt. Wo sind die Wohnviertel, wo wird gearbeitet und wo befinden sich die Einkaufsmöglichkeiten? Solche Stadtstrukturmodelle bieten zugleich die Möglichkeit, soziale Ungleichheit und ethnische Konzentrationen darzustellen.

1. Beschreiben Sie die äußeren Erscheinungsmerkmale der Stadt Chicago (M3).
2. Vergleichen Sie die funktionale Gliederung der Stadt bei den verschiedenen Stadtmodellen (M1, M2, Atlas).
3. Analysieren Sie das Modell der nordamerikanischen Stadt von Roland Hahn (M4), indem Sie
   a) die darin dargestellten Prozesse erklären (M5, M6).
   b) es mit den historischen Stadtmodellen der Chicagoer Schule* vergleichen (M1, M2).
4. „Die Wohngebiete der unterschiedlichen sozialen Schichten und Ethnien bilden in der nordamerikanischen Stadt ein clusterartiges Muster einer fragmentierten Gesellschaft." Erklären Sie den Begriff Fragmentierung in diesem Zusammenhang.

City, Town, Village, Metropolitan Area

Für städtische Siedlungen gibt es in den USA verschiedene Bezeichnungen. Bei der Unterscheidung von City, Town und Village (keinesfalls ein Dorf) ist nicht etwa die Größe das Unterscheidungskriterium, sondern die Art der Verwaltung oder des rechtlichen Status, die beide wiederum in den einzelnen Bundesstaaten ganz unterschiedlich geregelt sind. Größere Siedlungskomplexe werden Metropolitan Statistical Area (MSA) genannt (mind. 50 000 Ew. im Zentrum und mind. 50 000 im verstädterten Umland). Sie haben keine administrative Funktion, sondern dienen lediglich zur sozio-demografischen Charakterisierung der in ihr lebenden Bevölkerung.

Central Business District

Innenstädte heißen in den USA Downtown. Innerhalb der Downtown gibt es noch einmal ein Hauptgeschäftszentrum, den Central Business District (CBD), in dem sich Einrichtungen des Dienstleistungssektors* (Banken, Versicherungen, Büros) ballen. Typisch für den CBD ist eine Hochbaubauweise (Wolkenkratzer).

Ghetto/Getto

Wohnviertel ethnischer oder sozioökonomischer Minderheiten, die sich freiwillig oder gezwungen von der übrigen Bevölkerung abkapseln und häufig von dieser diskriminiert werden.

Das Ringmodell

Das 1925 erstmals von dem kanadischen Soziologen Ernest Burgess publizierte Ringmodell ist aufgrund von empirischen Untersuchungen in Chicago entwickelt worden und bildet die Verhältnisse der US-amerikanischen Städte der Zwischenkriegszeit idealtypisch ab. Als Annahmen gelten, dass Städte sich unter dem Einfluss der Konkurrenz um Standortvorteile ständig verändern. Die Stadt dehnt sich in konzentrischen Ringen aus, bleibt aber strukturell gleich. [...] Als Regelhaftigkeit beschreibt das Modell eine Gliederung der Stadt in homogene Ringe um den CBD.

Das Sektorenmodell

Das 1939 publizierte Sektorenmodell von Homer Hoyt, einem Schüler von Burgess, basiert auf empirischen Untersuchungen zur Höhe der Mietpreise in dreißig US-amerikanischen Städten. Es geht von der Annahme aus, dass die Stadtentwicklung von den Effekten der großen Verkehrsachsen [...] sowie vom Wohnstandortverhalten der statushöheren Bevölkerung bestimmt wird. Die Stadt ist in homogene Bänder/Sektoren entlang der Verkehrsachsen und Transportwege gegliedert. [...]

Das Mehrkernmodell

Das 1945 von Chauncy D. Harris und Edward L. Ullman publizierte Mehrkernmodell geht von der Annahme aus, dass die Strukturierung der

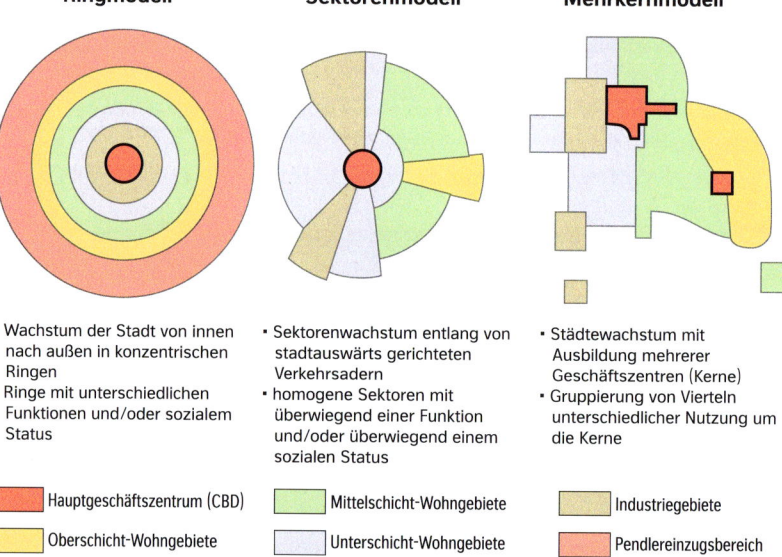

M2 Modelle der funktionellen Gliederung der Stadt

Stadt durch die Anordnung der Arbeitsplätze ausgelöst wird. Die Wohngebiete der Arbeiter hängen mit den industriellen Zentren einer Stadt zusammen, ebenso wie die Wohngebiete der mittleren und höheren Angestellten mit der Verteilung der Dienstleistungsarbeitsplätze. Damit wird das Prinzip der funktionalen Arbeitsteilung als neues Kriterium neben dem bisherigen Prinzip der sozialen Differenzierung der Wohngebiete beachtet. Die Stadt ist damit durch eine Reihe von sich ständig verändernden und wachsenden Kernen gekennzeichnet. Das traditionelle Stadtzentrum kann den gewerblichen Bedarf nicht mehr decken. Es entstehen Nebenzentren mit Büros und Geschäften am Stadtrand sowie funktionale Cluster* unterschiedlicher, miteinander in Beziehung stehender Nutzungen.

Quelle: Elisabeth de Lange, Silke Weiss: Die Stadtmodelle der Chicagoer Schule. Praxis Geographie extra, Modelle in der Geographie, 2014, S.18ff

M1 Quellentext zu den Stadtmodellen der Chicagoer Schule*

Funktionale Gliederung der nordamerikanischen Stadt

M 3 Chicago

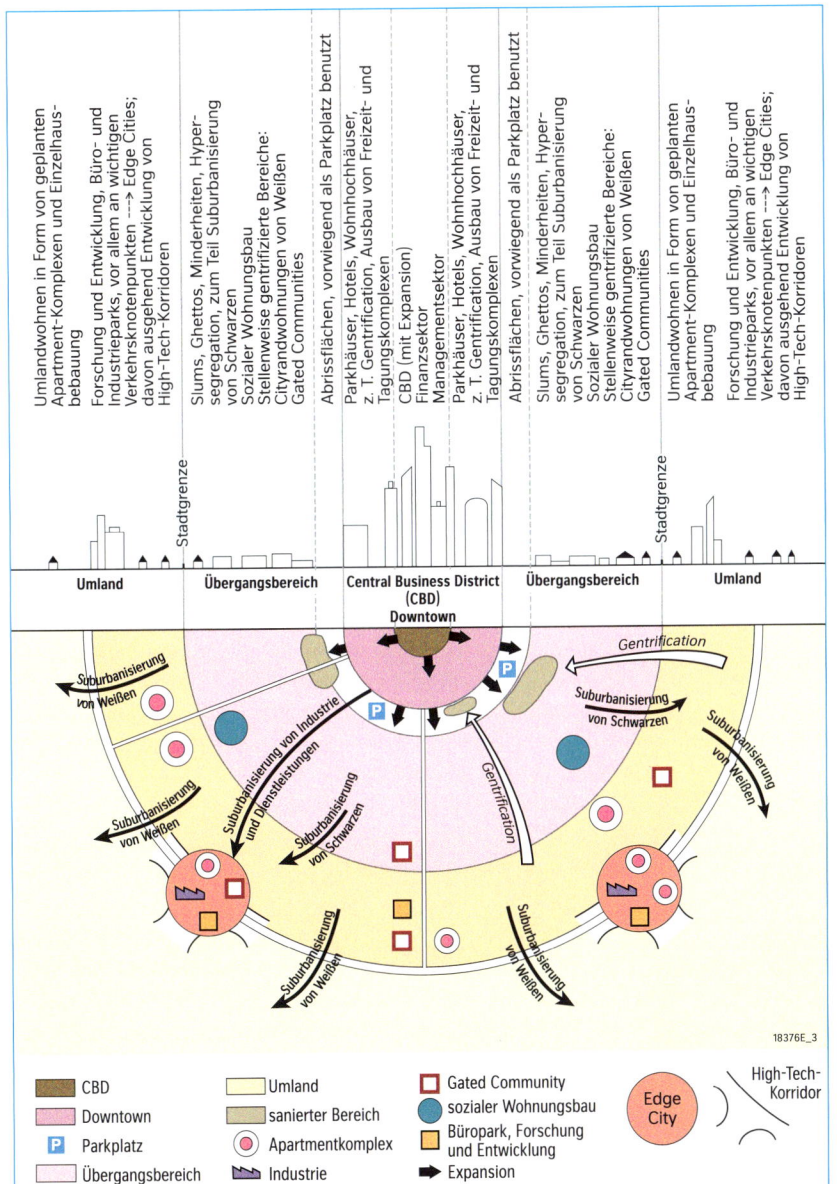

M 4 Modell der nordamerikanischen Stadt (nach Hahn)

M 5 Bevölkerungsentwicklung in der Metropolregion Chicago (1900 – 2010)

Mit der Entwicklung des Autos, der damit verbundenen individuellen Mobilität und dem Bau von Highways breiteten sich die Städte dann entlang der Verkehrsachsen in die Horizontale aus (Urban Sprawl, in das Umland „zerfließende" Stadt). Die steigende private Motorisierung ermöglichte auch die schnelle Überbrückung von Distanzen. So zogen Besserverdienende in die Vororte und ermöglichten sich dort den Traum vom Einfamilienhaus als beliebteste Wohnart in den USA. Die kompakte Stadt zerfloss in einem Suburbanisierungsprozess in die städtische Peripherie und dann ins Umland, ohne anfangs die privaten und öffentlichen Infrastruktureinrichtungen und Arbeitsplätze mit zu ziehen. Durch diese Stadtflucht wurde gleichzeitig auch der städtische Lebensstil ins Umland getragen. Die im suburbanen Raum anfangs noch fehlenden Dienstleistungen zogen jedoch der abgewanderten Bevölkerung hinterher und siedelten sich in den so genannten Commercial Strips (Supermärkte, Gartencenter, Restaurants, Tankstellen, Reparaturwerkstätten, Autozubehör, Rechtsanwälte, Ärzte) entlang der Ausfallstraßen an. Später entwickelten sich an verkehrsgünstig gelegenen Highways und deren Knotenpunkten Shopping Malls (Einzelhandelsagglomerationen mit Freizeiteinrichtungen). Diese neuen Kundenmagneten schwächten den Einzelhandel in der Innenstadt. Da keine gezielte Stadtplanung und Bauaufsicht vorhanden war und die neuen Einfamilienhaussiedlungen von privaten Unternehmen geplant wurden, entwickelte sich um die Städte ein inselartig zerstreutes Siedlungsmuster, in dem heute vorwiegend die Mittel- und Oberschicht wohnt. Die in den Kern- und Innenstädten frei gewordenen Wohnungen wurden von sozialen und ethnischen Minderheiten bezogen. Erste Ghettostandorte bildeten sich.

Quelle: Klaus Claaßen: Siedlungsräume. Braunschweig: Westermann 2011, S. 86 – 88

M 6 Quellentext zur Stadtentwicklung*

4.3 Los Angeles – die Stadt der „tausend Vororte"

Betrachtet man Los Angeles und die umgebenden Counties und Städte aus der Vogelperspektive, sieht man etwas sehr Gleichförmiges. Der etwa 100 km lange Streifen entlang der Pazifikküste besteht größtenteils aus eingeschossiger, aufgelockerter Wohnbebauung, unterbrochen von einigen städtischen Verdichtungen und durchzogen von einem Netz aus Straßen. Hier ist eine Landschaft aus Stadt, eine Stadtlandschaft, entstanden.

1. Beschreiben Sie die topografische Lage von Los Angeles, ihre natürlichen Barrieren und die Entwicklung der Stadtlandschaft seit 1900 (Atlas, M3, M5, M7, Google Earth).
2. Fassen Sie die Ursachen der Ausweitung in den suburbanen Raum am Beispiel Los Angeles zusammen (M6, M9).
3. Erklären Sie Bedeutung von Shopping Centern/Malls für den Suburbanisierungsprozess (M9, M12).
4. a) Überprüfen Sie, ob die Suburbanisierungsdefinition (M4) das Phänomen vollständig beschreibt.
   b) Beurteilen Sie, inwieweit die Karikatur M1 das Phänomen richtig widerspiegelt.
   c) Entwickeln Sie Kriterien, die eine Suburbanisierungs-Definition beinhalten müsste.
5. Überprüfen Sie anhand der Merkmale (M10), ob Pasadena eine Edge City* ist (M7–M9, Internetrecherche).
6. Vergleichen Sie das Konzept der Edge City und der Edgeless City (M9, M10, M11).
7. „Der Knotenpunkt des urbanen Lebens in den USA ist nicht der Markt-, sondern der Parkplatz." Erörtern Sie dieses Zitat.

M3 Los Angeles (3-D-Satellitenbild)

„Suburbanisierung ist die Abwanderung städtischer Bevölkerung und Funktionen (Versorgen, Arbeiten) aus der Kernstadt in das städtische Umland."

M4 Eine Suburbanisierungs-Definition

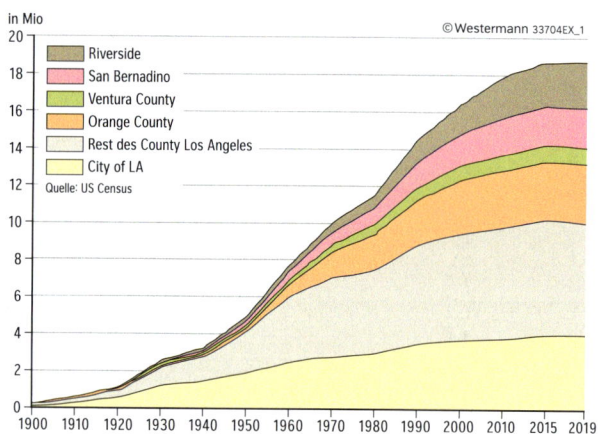

M5 Bevölkerungsentwicklung im Metropolregion Los Angeles (bestehend aus den Counties Los Angeles, Orange, Riverside, San Bernadino und Ventura, 1900–2019)

M1 Karikatur

M2 Suburb in Los Angeles

Mit dem Wohnen in kleinen Vorstädten kam man sowohl dem ländlichen Ideal nahe und wahrte gleichzeitig die ungewollte aber auch unvermeidliche Nähe zu Städten, in denen man arbeiten musste. [...] Warum war der suburbane Lebensstil in Los Angeles aber wesentlich dominanter und stärker ausgeprägt als in anderen Metropolen der USA? In keiner der großen Städte der USA waren 1930 die Siedlungsdichte so niedrig und die Zahl der Einfamilienhäuser so hoch wie in Los Angeles. Zwei Faktoren spielen eine entscheidende Rolle: Zum einen kam im Gegensatz zu den Städten des Nordostens und der Ostküste, die vor allem Einwanderer aus Europa zu verzeichnen hatten, in der ersten Hälfte des [20. Jh.] der übergroße Teil der Neuankömmlinge L.A. aus ländlichen Gebieten des mittleren Westens der USA. [...] Zum anderen bot Los Angeles aber auch viel bessere Möglichkeiten, die Präferenz für horizontales Wohnen zu realisieren. [...] Das größte Netz von Straßen- und Regionalbahnen der Welt ermöglichte schon sehr früh die räumliche Ausdehnung der Bevölkerung [...]. Die schon angelegte zersiedelte Struktur bot für das Auto eine gute Startbedingung und verbreitete sich in Los Angeles ungleich schneller als anderswo in den USA.

Quelle: Stefan Bratzel: Extreme der Mobilität. Basel: Birkhäuser 1995, S. 118

M6 Quellentext zur Geschichte der Suburbanisierung in Los Angeles

Los Angeles – die Stadt der „tausend Vororte" 81

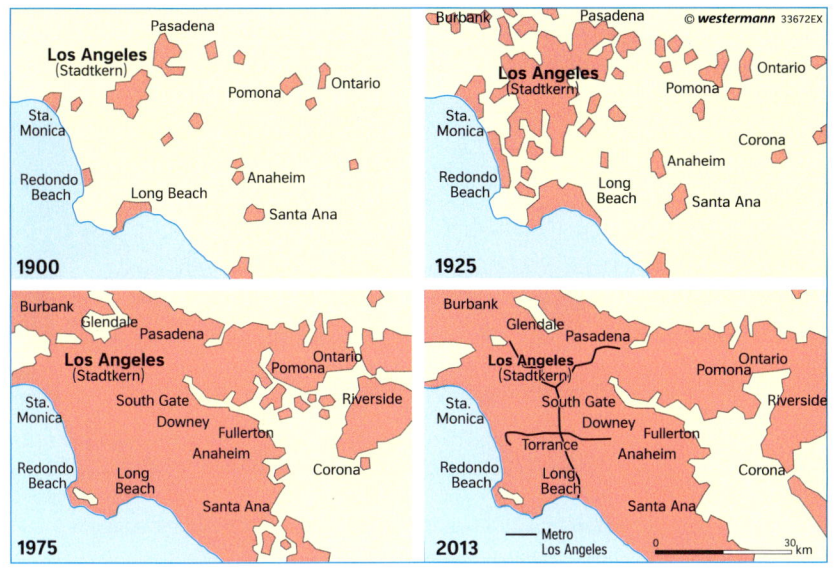

Merkmale
mehr als 460 000 m² Bürofläche
mehr als 56 000 m² Einzelhandelsfläche (entspricht der Größe einer Mall, drei Shopping Centern oder 80 bis 100 kleineren Geschäften)
Pendlerüberschuss (mehr Arbeitsplätze als Wohnbevölkerung)
„Stadt" wird als Einheit durch die Bevölkerung wahrgenommen
vor 30 Jahren noch keine Stadt
bevorzugt an Kreuzungspunkten von Autobahnen oder auch Flughäfen
meist keine eigene Verwaltung, sondern verwaltet durch das County*, in dem die Edge City liegt

M 10 Merkmale einer Edge City* (nach Garreau 1991)

M 7 Räumliche Entwicklung der Stadtlandschaft Los Angeles 1900–2013

M 8 Pasadena

Diese exzessive Suburbanisierung wird nicht selten mit den „typisch amerikanischen" Werten und Idealen der grenzenlosen Freiheit, des Individualismus und der verschwenderischen Mobilität erklärt. Es ist jedoch kaum zu übersehen, dass dieser Prozess gefördert wurde durch die staatliche Wohnungspolitik, die Neubauten gegenüber der Erhaltung des Wohnungsbestandes Priorität einräumte, und durch eine Steuerpolitik, die es ermöglichte, Hypothekenzinsen von der Einkommenssteuer abzusetzen. Weitere Voraussetzungen waren die umfassende private Motorisierung und die Bereitschaft der Steuerzahler, das kostspielige Autobahnnetz in den Verdichtungsräumen zu finanzieren.

Waren die suburbanen Räume lange durch niedrige Bebauungsdichte, Dominanz der Wohnfunktion und weitgehende Abwesenheit von Industrie und Gewerbe charakterisiert, so hat sich dies in der Gegenwart grundlegend geändert. Selbst wenn die Downtown von Los Angeles nach wie vor ein bedeutendes ökonomisches Zentrum ist, lässt sich konstatieren, dass nur weniger als zehn Prozent aller Arbeitsplätze des Ballungsraums in einem Drei-Meilen-Radius um die Downtown zu finden sind […]. Stattdessen hat ein Prozess eingesetzt, der als „Urbanization of the Suburbs" charakterisiert werden könnte. Sein herausragendes Merkmal ist die Entstehung städtischer Zentren außerhalb der Downtown, zum Beispiel Pasadena, Inglewood, Torrance und Irvine. Diese sogenannten Edge Cities, von denen es im Verdichtungsraum Los Angeles schon heute mehr als 20 gibt, verfügen über ein umfassendes Angebot von Arbeitsplätzen, Einkaufsmöglichkeiten und kulturellen Einrichtungen bis hin zu Konzerthallen.
Quelle: Los Angeles – Stadtlandschaft. In Diercke Handbuch. Braunschweig: Westermann 2015, S. 355–356

M 9 Quellentext zur Suburbanisierung in Los Angeles

Während Stadttheoretiker viele Jahre lang die sogenannten edge cities diskutierten, die im Umland der Städte entstanden und eigenständige, von der Kernstadt hinsichtlich Beschäftigung und Infrastruktur nahezu unabhängige Siedlungen im suburbanen Raum bildeten, muss heute bereits von edgeless cities gesprochen werden. Deutsche Umschreibungen wären etwa Stadt-Land-Kontinuum, Zwischenstadt oder auch Exurbia bzw. Exopolis. Allerdings ist das entscheidende Merkmal dieser Gebilde, dass es sich funktional zwar noch um Städte handelt, der Form nach aber nur noch wenig mit ihnen zu tun hat. Denn edgeless cities sind nicht mehr als Städte oder Agglomerationen auf der Karte zu lokalisieren, sie besitzen keine eindeutigen Grenzen oder Namen, obwohl sich hier ein großer Teil der Bevölkerungs- und Gewerbeentwicklung abspielt. Zwar befinden sie sich fast überall im Umland der großen Metropolen, sie sind jedoch statistisch kaum zu fassen. Es sind quasi „Nichtorte", in denen weder Gentrifizierungsprozesse noch spektakuläre Entwicklungstrends oder urbane Milieus auszumachen sind.
Quelle: Ulrike Gerhard: Stadt und Wirtschaft der USA im Wandel. Praxis Geographie 3/2006, S. 7

M 11 Quellentext zu Edgeless Cities

M 12 Shopping Mall mit Golfplatz im Großraum Los Angeles

Shopping Center/Mall

Ein Shopping Center ist eine als Einheit geplante, errichtete und verwaltete Agglomeration von Einzelhandels- und Dienstleistungsbetrieben unter einem Dach. Eine Shopping Mall bietet zusätzlich auch noch Unterhaltungsangebote (Konzerte, Kino etc.).

4.4 Vom Trailer Park zur Gated Community

Zwei Drittel der US-Amerikaner wohnen in ihren eigenen vier Wänden (Deutschland: 43%). Die Spanne, wie das Eigenheim und sein Umfeld aussehen können, ist allerdings gewaltig. Sie reicht von einer luxuriösen Villa in einer bewachten Wohnanlage über das typische suburbane Mittelschichts-Einfamilienhaus mit Garage, Basketballkorb und Briefkasten an der Straße bis zum aufgebockten Wohnwagen im Trailer Park. Doch vielleicht haben diese Wohnformen mehr gemeinsam, als man zunächst denkt.

1. Beschreiben Sie die Fotos M2, M8 und M10.
2. a) Charakterisieren Sie das Konzept eines Trailer Parks (M1 – M4).
   b) Analysieren Sie die Sozialstruktur der Bewohner (M5).
3. Interpretieren Sie den Song „Little boxes" von Malvina Reynolds (M6) und finden Sie eine deutsche Übersetzung für den (erfundenen) Ausdruck „ticky tacky".
4. Erklären Sie die Motive für das Wohnen in einer (Gated) Community* (M7).
5. Erörtern Sie die beiden Thesen in M9.
6. Vergleichen Sie die drei Wohnformen.
7. „In Deutschland sind Wohnformen wie Trailer Parks, uniforme Einfamilienhaussiedlungen und abgeschlossene Wohnanlagen nicht denkbar." Nehmen Sie Stellung zu dieser Aussage.

M2   Mobile Home in einem Trailer Park

M3   Transport eines Manufactured Homes

Francisco Guzman wohnt mit seiner Frau in einem Mobile-Home-Park am Stadtrand von Aurora, Colorado. Hier herrschen strenge Vorschriften: Der winzige Garten muss stets aufgeräumt sein, und die Mülltonne darf erst an dem Tag vor der Tür stehen, wenn die Müllabfuhr kommt; Musik ist verboten; Haustiere sind zwar erlaubt, aber sie dürfen nicht zu groß sein, und wenn Übernachtungsgäste kommen, muss Francisco den Verwalter vorher um Erlaubnis bitten. Den Guzmans gehört zwar ihr kleines Fertighaus, aber das Grundstück, auf dem es steht, ist gepachtet. Für ihren Stellplatz mit fließend Wasser, Kanalisation, Müllabfuhr und Schwimmbadnutzung zahlen sie pro Monat 500 Dollar (circa 460 Euro). „Natürlich hätte ich lieber ein richtiges Haus und einen richtigen Garten und keine Nachbarn direkt neben uns", sagt Francisco. „Aber für den Preis bekommst du in Aurora nichts Besseres." Das junge Paar hat für das Dreizimmerhaus, 75 Quadratmeter typische 1970er-Jahre-Wohnwagenarchitektur (Flachdach, Außenwände aus Aluminium, eine vormals weiße, nun vergilbte Fassade), ein Darlehen von 24000 Dollar aufgenommen, das es innerhalb von acht Jahren zurückzahlen muss. Die beiden verdienen zusammen etwa 2000 Dollar; er arbeitet in einer Tankstelle, sie in einer Reinigungsfirma. [...]

In Aurora gibt es neun Mobile-Home-Parks mit insgesamt 2500 Stellplätzen für Fertighäuser. Fast alle liegen [...] in einer hässlichen Gegend am Stadtrand. [...] „Green Acres" heißt ein Mobile-Home-Park, in dem ausschließlich Rentner wohnen, andere heißen „Foxridge Farm", „Cedar Village" oder „Meadows". Doch so sehr man sich auch bemüht, die Trailerparks mit klingenden Namen, US-Flaggen, Blumen oder Jungfrau-Maria-Statuen zu schmücken – die Monotonie ist unübersehbar. Wie die Sozialbauviertel, so sind auch die Mobile-Home-Parks durch ein eigenes Straßennetz vom Rest der Stadt abgekoppelt. Kleine, mehr oder weniger asphaltierte Wege führen zu rechteckigen Parzellen, die durch eine Hecke, eine Metallkette oder eine einfache Markierung am Boden definiert sind.

Quelle: Benoît Bréville: Endstation Trailer-Park. Le Monde diplomatique. 8.9.2016

M1   Quellentext zu Mobile Homes und Trailer Parks

Mobile Homes bezeichnen in den USA nicht nur Wohnwagen oder dauerhaft umgenutzte Wohnwagen, sondern auch einfache Fertighäuser (von der Industrie Manufactured und Modular Homes genannt), die ganz oder in wenigen Teilen zum meist gepachteten Stellplatz transportiert werden (M3). Einmal aufgebaut, verbleiben diese „Mobile" Homes allerdings meist an Ort und Stelle, weil ein Umsetzen mit relativ hohen Kosten verbunden ist. Laut Zensus kostete 2018 ein neues Manufactured Home durchschnittlich 52400 US-$, im Gegensatz zu den 385000 US-$ eines Einfamilienhauses. Knapp 100000 Mobile Homes werden jedes Jahr verkauft.

Etwa 22 Mio. Amerikaner beziehungsweise 6,3 Prozent aller Haushalte leben in Mobile Homes (38000 Parks in den USA). Insbesondere im Süden ist dieser Anteil bedeutend höher (South Carolina: 16,9 %, New Mexico: 16,5 %, West Virginia: 15,3%).

M4   Mobile/Manfactured Homes

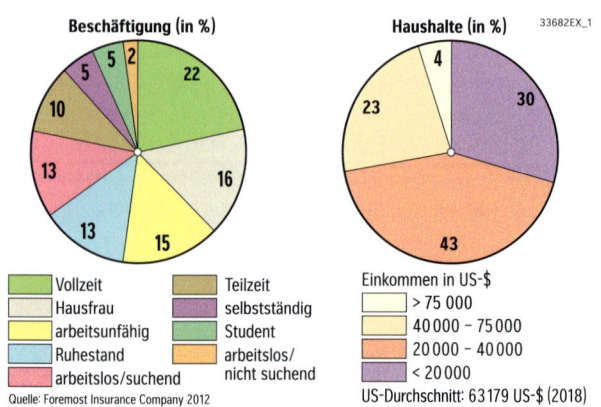

M5   Beschäftigung und Einkommen* der Mobile-Home-Bewohner

Little boxes on the hillside,
Little boxes made of ticky tacky,
Little boxes on the hillside,
Little boxes all the same.
There's a green one and a pink one
And a blue one and a yellow one,
And they're all made out of ticky tacky
And they all look just the same.

And the people in the houses
All went to the university,
Where they were put in boxes
And they came out all the same,
And there's doctors and lawyers,
And business executives,
And they're all made out of ticky tacky
And they all look just the same.

And they all play on the golf course
And drink their martinis dry,
And they all have pretty children
And the children go to school,
And the children go to summer camp
And then to the university,
Where they are put in boxes
And they come out all the same.

And the boys go into business
And marry and raise a family
In boxes made of ticky tacky
And they all look just the same.
There's a green one and a pink one
And a blue one and a yellow one,
And they're all made out of ticky tacky
And they all look just the same.

M 6 „Little boxes", Song der Liedermacherin Malvina Reynolds von 1962

M 8 Suburbane Wohnanlage in Houston (Texas)

Große Städte wie Los Angeles haben Suburbs von riesigen Ausmaßen und oft trostloser Gleichförmigkeit. Trotzdem streben die meisten Amerikaner, die aus beruflichen Gründen auf die Nähe zur Stadt angewiesen sind, nach Suburbia, um im eigenen Haus mit Garage und möglichst auch mit Swimmingpool wohnen zu können. Aus welchen Quellen dieser Drang gespeist wird, bringt Kenneth T. Jacksons vielzitiertes Buch „Crabgrass Frontier: The Suburbanization of the United States" (1985) bereits im Titel auf eine treffende Formel. Crabgrass (Fingergras) ist ein Rasenunkraut, gegen das Amerikaner den gleichen Kampf führen wie deutsche Zierrasenkosmetiker gegen Gänseblümchen und kriechenden Hahnenfuß. Es ist der letzte Ausläufer jener Frontier, an der ihre Vorfahren einst das Präriegras unterpflügten, um das Land urbar zu machen.

Insofern ist der amerikanische Lebensstil weder urban noch ländlich-provinziell.[...] Man lebt entweder unabhängig und frei auf dem Lande oder vollständig integriert in die Nachbarschaft einer Suburb, während für Europa umgekehrt die soziale Integration des Dorfes und das isolierte Nebeneinanderherleben in den Mietshäusern einer Stadt charakteristisch sind.

Quelle: Hans-Dieter Gelfert: Typisch amerikanisch. München: Beck 2012

M 9 Quellentext zum Leben in Suburbia

Die Bezeichnung sichtbar abgegrenzter und in vielen Fällen bewachter Wohnanlagen als gated community hat ihren Ursprung in den USA. Die Immobilienwirtschaft in Nordamerika vermarktet seit Anfang des 20. Jahrhunderts die privatwirtschaftlich von developern geplanten und entwickelten suburbanen (meist Einfamilienhaus-)Siedlungen als communities. Die Wahl dieses Begriffs war kein Zufall, denn community steht im Englischen nicht nur für Gemeinde oder Nachbarschaft, sondern transportiert auch die Konnotation von „Gemeinschaft". Die neu errichteten Siedlungen wurden damit aus Marketingerwägungen in einen Gegensatz zum vermeintlich anonymen Leben in den Zentren gestellt. [...] Mit dem Zusatz gated versah die Immobilienwerbung jenen Teil dieser Siedlungen, die als verkaufsförderndes Argument mit einem Schlagbaum und Zugangskontrollen versehen wurden und zusätzlich noch Sicherheit verheißen sollten.[...]

In den USA stieg die Zahl privat organisierter Siedlungen seit Anfang des 20. Jahrhunderts rasch an. Für 2002 geht die Community Association of America davon aus, dass etwa 47 Millionen, das heißt ein Sechstel der US-Bevölkerung, in einer der mehr als 230 000 privatwirtschaftlich organisierten Nachbarschaften wohnt, wobei ungefähr jede Fünfte dieser Siedlungen gated ist. [...] Viele [...] Fallstudien kamen [...] zu dem Ergebnis, dass Kriminalitätsangst und der vermeintliche Schutz durch Tore und Zäune keine große Rolle als Zuzugsmotive gespielt haben, wohl aber die

M 10 Eingang zu einer Gated Community in Kalifornien

Suche nach einem Wohnumfeld, das gewisse Erwartungssicherheiten bietet. [...] Zusätzlich zu dem Eigenheim erwerben die Käufer in einer solchen Siedlung relativ verlässlich auch eine ökonomisch homogene Nachbarschaft, zu einem bestimmten Lebensstil passende Sport- und Freizeitmöglichkeiten sowie das entsprechend gestaltete Wohnumfeld. [...] Gated communities funktionieren in dieser Perspektive vor allem durch eine soziale Grenzziehung, das heißt durch die Herstellung eines bestimmten, klar identifizierbaren und abgegrenzten Wohnumfelds, und nur sekundär durch die physische Unüberwindbarkeit der Umzäunung.

Quelle: Henning Füller, Georg Glasze: Gated communities und andere Formen abgegrenzten Wohnens. Aus Politik und Zeitgeschichte 4-5/2014

M 7 Quellentext zu (Gated) Communities*

4.5 Soziale und ethnische Segregation in Los Angeles

Unser Bild von der multikulturellen 18-Millionen-Agglomeration* Los Angeles, in der von den Schulkindern der Stadt etwa 100 verschiedene Sprachen gesprochen werden, ist klar umrissen. Dank Hollywood wissen wir, da sind die Schönen und Reichen auf der einen Seite und da die Armen und Eingewanderten auf der anderen Seite. Wir sehen weiße Rollschuhläuferinnen und schwarze Bodybuilder friedlich vereint am Strand von Venice Beach. Wir kennen gelangweilte weiße Hausfrauen, mexikanische Drogendealer und schwarze Street Gangs strikt voneinander getrennt in ihren Vierteln. Doch sieht die Realität in der Stadt der Engel tatsächlich so aus?

1. Beschreiben Sie die beiden Fotos (M3, M6).
2. Charakterisieren Sie die sozialen Disparitäten* in Los Angeles (M1, M5, M8).
3. Erläutern Sie die demografische Entwicklung und die ethnische Differenzierung in Los Angeles (M9).
4. Analysieren Sie die ethnische Segregation im Großraum Los Angeles (M4, M7).
5. Vergleichen Sie die sozioökonomische Lage in Inglewood, Malibu, South Gate und Pasadena (M8).
6. „In Los Angeles fallen soziale und ethnische Segregation zusammen." Beurteilen Sie diese Aussage.
7. Erstellen Sie je eine Lorenzkurve für Los Angeles, Deutschland, Slowenien und Südafrika mithilfe der Daten aus M1. Vergleichen Sie die Ergebnisse.
8. Erörtern Sie sozioökonomische Herausforderungen für die Stadt Los Angeles vor dem Hintergrund der Segregation.

M3 Villen in Beverly Hills

Trotz ihres multiethnischen Charakters lebt die Bevölkerung in Los Angeles wohnräumlich weitestgehend voneinander segregiert. Viele der Ethnien haben sich ihre eigenen Wohngebiete geschaffen [...]. Ethnisch-soziale Spannungen haben sich in der Vergangenheit bereits häufiger gewalttätig entladen. Diejenigen, die es sich leisten können, entziehen sich der sozialen Probleme durch räumliche und bauliche Abkapselung. [Der Stadtsoziologe] M. Davis spricht vom „Fortress L.A.", in der sich vornehmlich die weiße Bevölkerung in Gated Communities, Shopping Malls und videoüberwachten Einrichtungen aufhält.

Quelle: Jürgen Bähr, Ulrich Jürgens: Stadtgeographie II. 2009, S. 196

M4 Quellentext zum „Fortress L.A."

	1. Quintile[1]	2. Quintile	3. Quintile	4. Quintile	5. Quintile[2]
Los Angeles[3] (2013)	3,0	8,0	13,9	22,5	52,8
USA (2016)	5,1	10,3	15,3	22,6	46,8
Kanada (2013)	6,7	12,4	17,0	23,3	40,6
Deutschland (2016)	7,6	12,8	17,1	22,8	39,6
Slowenien (2017)	10,0	14,8	18,3	22,5	34,4
Südafrika (2014)	2,4	4,8	8,2	16,5	68,2

[1] Ärmste 20 %, [2] Reichste 20%, [3] Los Angeles Area, Quelle: Weltbank, US-Census (Los Angeles)

M1 Einkommensverteilung (in %, jeweils letzte Erhebungen)

	Millionäre	Milliardäre
Los Angeles	318 200	34
New York	377 800	65
Frankfurt	120 000	k.A.
USA	4 896 000	715
Kanada	350 300	41
Deutschland	740 000	75

Quelle: New World Wealth

M5 US-$-Vermögensmillionäre und -milliardäre (2018)

Lorenzkurve

Die Ungleichverteilung des Einkommens kann mit der Lorenzkurve veranschaulicht werden. So erwirtschaftet das reichste Fünftel (Quintil) der Bevölkerung der USA 46,8 % des Einkommens, das ärmste Fünftel (Quintil) dagegen nur 5,1 %. Dadurch wird die soziale Polarisierung deutlich. Stehen statistische Angaben nach Zehnteln (Dezile) der Bevölkerung zur Verfügung, so kann die Lorenzkurve genauer und somit realistischer konstruiert werden. Je weiter die Lorenzkurve von der Geraden der Gleichverteilung entfernt ist, desto ungleicher/ungerechter ist die Einkommens- oder auch die Vermögensverteilung in einem Staat.

Gini-Koeffizient

Der Gini-Koeffizient ist eine Kennziffer für die ungleiche Verteilung (z.B. von Einkommen, Vermögen, Bevölkerung). Er wird ermittelt durch folgende Formel: F_1 geteilt durch F_{gesamt}. Die Fläche F_1 ist die Fläche zwischen der Geraden der Gleichverteilung (Hypotenuse) und der Lorenzkurve. F_{gesamt} ist die Dreiecksfläche zwischen den Achsen und der Hypotenuse. Bei absoluter Gleichverteilung beträgt der Gini-Koeffizient 0, bei völliger Ungleichheit 1.

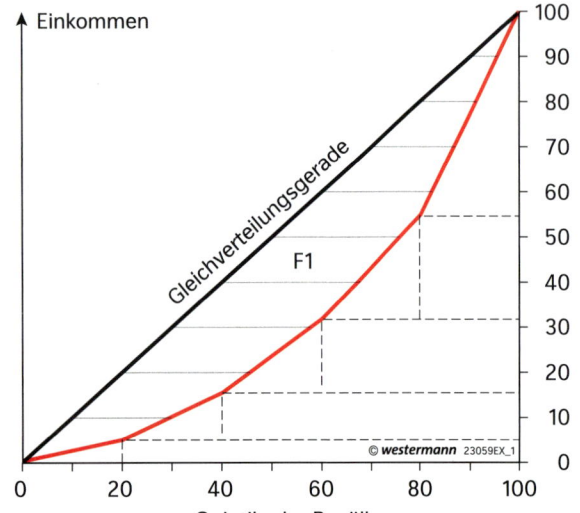

M2 Lorenzkurve der Einkommensverteilung in den USA (2016)

Soziale und ethnische Segregation in Los Angeles

M 6 Downtown Los Angeles: Skid Row

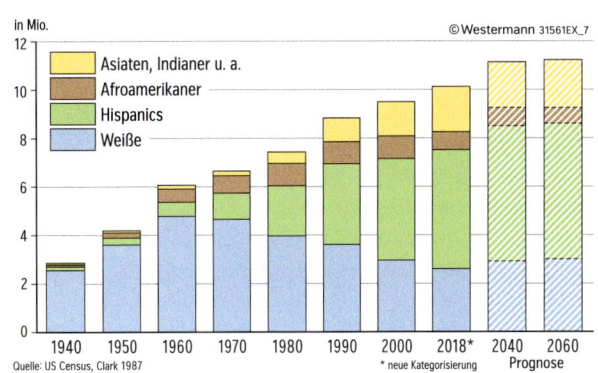

M 9 Los Angeles County*: demografische Entwicklung und ethnische Differenzierung (1940 – 2040)

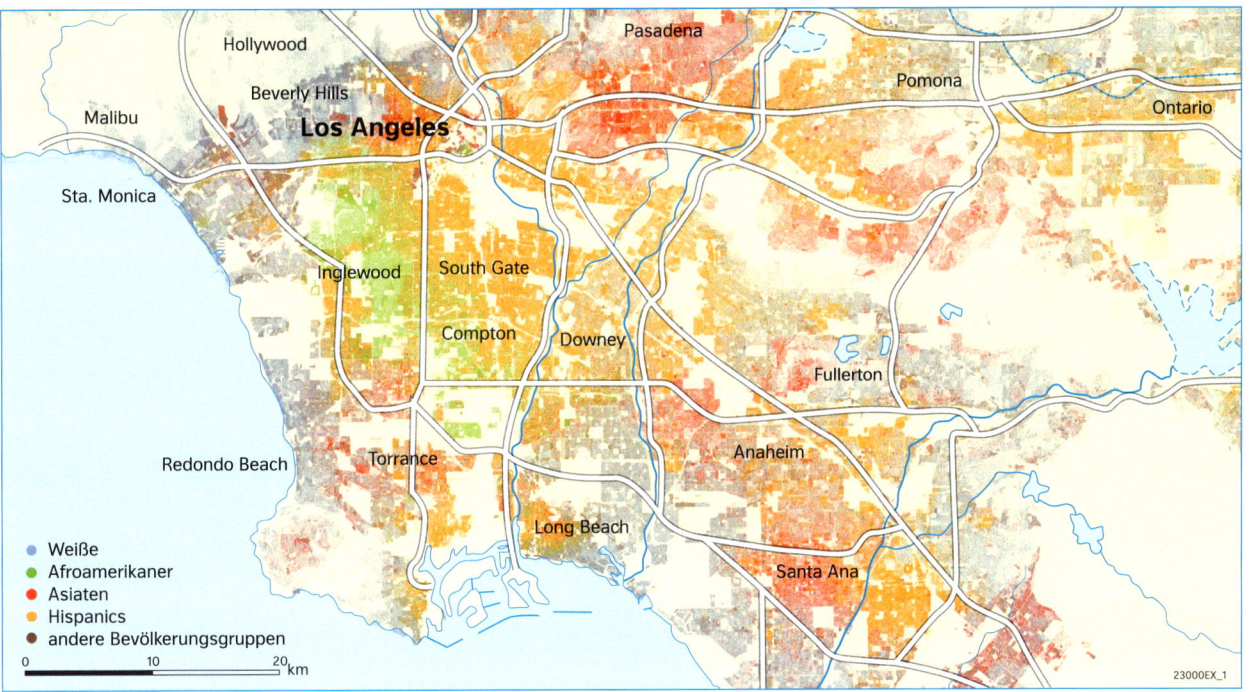

M 7 Ethnische Verteilung der Bevölkerung im Großraum Los Angeles

	Durchschnittseinkommen (in US-$)	Gini-Koeffizient	Anteil Armer	Haushaltssprache: Nicht Englisch	mit High-school-Abschluss[1]
Anaheim (O.C.)	27501	44,5	15,2 %	60,8 %	77,1 %
Beverly Hills	84147	59,0	9,5 %	45,7 %	95,9 %
Compton	16348	41,6	21,9 %	63,9 %	61,7 %
Downey	27370	40,7	9,9 %	68,7 %	78,0 %
Inglewood	23419	45,0	18,5 %	50,6 %	75,7 %
Longbeach	31114	47,3	18,1 %	46,1 %	80,2 %
Los Angeles	33420	53,2	19,1 %	59,3 %	77,0 %
Malibu	125219	58,0	7,9 %	13,5 %	97,6 %
Pasadena	45306	51,0	15,7 %	45,2 %	88,1 %
Redondo Beach	58514	43,7	4,5 %	24,0 %	96,4 %
Santa Ana (O.C.)	19517	41,1	17,7 %	80,6 %	58,1 %
South Gate	17174	39,9	18,8 %	87,7 %	55,9 %
Torrance	43272	44,0	7,0 %	39,8 %	94,2 %
Los Angeles County	32469	50,3	14,2 %	56,6 %	78,7 %
Kalifornien	35021	48,9	12,8 %	44,1 %	82,9 %
USA	32621	48,2	11,8 %	21,5 %	87,7 %

[1] Personen über 25 Jahre, Quelle: US-Census

M 8 Sozioökonomische Indikatoren ausgewählter Städte im County Los Angeles, in Kalifornien und der USA (2018)

Segregation

Räumliche Trennung und Abgrenzung von sozialen Gruppen in einer Siedlungseinheit/Stadt aufgrund von gemeinsamen Merkmalen (z. B. Alter, Sprache, Einkommen), in denen sich diese segregierte Gruppe von der übrigen Bevölkerung unterscheidet. Sie kann der Gruppe aufgezwungen (durch Diskriminierung, Abdrängung in ein Ghetto) oder aber auch selbst gewünscht sein. In den USA sind Viertel bestimmter Einwanderergruppen (Chinesen, Griechen, Russen, Iren usw.) typisch.

Demografische Segregation
Räumliche Differenzierung der Bevölkerung nach Alter, Haushaltstyp, Lebensphase.

Ethnische Segregation
Räumliche Differenzierung nach Nationalitäten, ethnischer Zugehörigkeit.

Soziale Segregation
Räumliche Differenzierung nach Einkommen, Bildungsstatus, beruflicher Stellung.

4.6 Global City: New York City

„The Big Apple" oder „Die Stadt, die niemals schläft!" – die Spitznamen für New York City stehen für Größe und Geschäftigkeit. Die 8,5-Millionenstadt ist mit Abstand die einwohnerstärkste Stadt der USA und nimmt auch wirtschaftlich nicht nur in den Vereinigten Staaten eine Spitzenposition ein, etwa als Sitz der weltgrößten Wertpapierbörse in der Wall Street. So gilt New York als Paradebeispiel einer Global City*, einem Machtzentrum in der globalisierten Weltwirtschaft.

1. Fassen Sie die Merkmale einer Global City zusammen (M4).
2. Analysieren Sie die weltweite Verteilung der Global Cities (M7).
3. Erläutern Sie die Einordnung New Yorks als wichtigste Global City der Welt (M1, M2, M3, M6, M7).
4. Vergleichen Sie die Kriterien der verschiedenen Definitionen von Global Cities (M2, M3, M4, M7).
5. Entwickeln Sie einen eigenen Katalog von Merkmalen für eine Global City.
6. „Heute sind für eine Global City nicht nur wirtschaftliche Faktoren von Bedeutung." Nehmen Sie Stellung zu dieser Aussage.

Global City – Metropole mit einer besonders starken Konzentration von Hauptquartieren international operierender Unternehmen sowie hochrangigen unternehmensorientierten Dienstleistungen.
In einer zunehmend global ausgerichteten Ökonomie sind Global Cities (Beispiele New York, London, Tokio, Hongkong) internationale Steuerungs- und Kontrollzentren, Basispunkte für global agierendes Kapital sowie nationale und internationale Hochburgen der Innovation. Die „Command and Control Functions" der Global City ergeben sich v. a. aus der Konzentration von Dienstleistungen (Banken, Versicherungen) und dem Management der weltführenden Großkonzerne, die durch innerbetriebliche sowie Standortentscheidungen die wirtschaftliche Entwicklung von Regionen weltweit entscheidend prägen können. Im Vergleich zu dem überkommenen Begriff der Weltstadt sollte die Bezeichnung Global City ihre Kontrollfunktion über die Produktion und Märkte in einem weltweiten Netz von Städten und hierarchisch aufgebauten Produktionsprozessen kennzeichnen.
Quelle: Lexikon der Geographie. Heidelberg, Berlin: Spektrum 2002, S. 61

M4 Eine Global City-Definition

Anzahl der Hauptquartiere der 500 umsatzstärksten Unternehmen der Welt 2018[1]	
Peking	56
Tokio	36
Paris	18
New York	15
London	11
Größte Börsen der Welt nach Handelsvolumen 2018 (in Bio. US-$)[2]	
NYSE, New York	22,9
Nasdax OMX, New York	10,9
Japan Exchange Group, Tokio	5,7
London Stock Exchange Group	4,6
Shanghai Stock Exchange	4,0
Meistbesuchte Kunstmuseen der Welt 2018 (Besucher in Mio.)[3]	
Louvre, Paris	10,2
Nationalmuseum, Peking	8,6
Metropolitan Museum of Modern Art, New York	7,0
Vatikan Museum	6,8
Tate Museum, London	5,9
Im Ausland geborene Einwohner (in % der Bevölkerung, keine Rangliste)[4]	
Miami	58,3
Toronto	47,0
Los Angeles	37,7
New York	37,5
London	36,4
Berlin	ca. 30*

Quellen: [1] Forbes, [2] World Federation of Exchanges, [3] The Art Newspaper, [4] verschiedene Quellen, in Deutschland keine statistische Kategorie „foreign born" wie in den USA und Großbritannien

M1 Verschiedene Städteranglisten

Global City Index – 27 Maßzahlen werden in 5 Kategorien gewichtet, sodass sich ein Score von 0 bis 100 (perfekt) ergibt.
- Geschäftsaktivität (30 %): Kapitalflüsse, Marktdynamik, Präsenz großer Unternehmen
- Humankapital (30 %): Bildungsniveau
- Informationsaustausch (15 %): Internet- und Medienzugang
- kulturelle Erfahrung (15 %): Zugang zu Sportereignissen, Museen, Ausstellungen
- politisches Engagement (10 %): politische Ereignisse, Think Tanks, Botschaften

Stadt	Index
New York	62,0
London	60,1
Paris	53,2
Tokio	47,2
Hong Kong	44,9
Los Angeles	38,3
Singapur	37,8
Chicago	36,3
Peking	35,4
Brüssel	34,3
Washington D.C.	34,2
Seoul	33,6
Madrid	33,2
Moskau	32,7
Sydney	32,5

M2 Global Cities Index (2018)

	Gesamt	Wirtschaft	FuE	Kultur	Lebensqualität	Umwelt	Verkehr
London	1669	331 (2)	188 (2)	383 (1)	352 (9)	176 (22)	239 (2)
New York	1543	359 (1)	225 (1)	254 (2)	309 (31)	170 (27)	227 (3)
Tokio	1422	287 (4)	166 (3)	242 (4)	343 (11)	176 (23)	208 (8)
Paris	1388	226 (21)	115 (9)	252 (3)	372 (1)	176 (24)	247 (1)
Singapur	1262	266 (6)	112 (11)	204 (5)	296 (37)	185 (16)	200 (10)
Amsterdam	1236	245 (12)	76 (19)	138 (16)	366 (2)	188 (14)	224 (6)
Seoul	1205	224 (22)	147 (5)	173 (9)	300 (34)	162 (34)	199 (11)
Berlin	1202	204 (29)	94 (15)	178 (7)	362 (5)	195 (13)	167 (21)
Hongkong	1205	263 (9)	113 (10)	153 (13)	280 (42)	148 (35)	213 (7)
Sydney	1163	265 (8)	91 (16)	122 (23)	330 (20)	216 (5)	139 (34)

Wirtschaft: Marktgröße, Marktattraktivität, ökonomische Vitalität, Humankapital, wirtschaftliche Rahmenbedingungen, Regularien und Risiken. FuE (Forschung und Entwicklung): Akademische Ressourcen, Forschungseinrichtungen, Forschungsexzellenz. Kulturelle Interaktion: Trendsetting, kulturelle Einrichtungen, Angebote für Besucher, touristische Attraktivität, Anzahl Touristen/Besucher. Lebensqualität: Arbeitsumfeld, Lebenskosten, Sicherheit, Lebensumfeld, Wohnmöglichkeiten. Umwelt: Ökologie, Umweltverschmutzung, natürliche Umgebung. Verkehrsinfrastruktur: Internationale Verkehrsanbindung, Ausstattung internationale Verkehrseinrichtungen, innerstädtische Verkehrsanbindung, Komfort.

M3 Global Power City Index 2019 Ranking für 40 Global Cities anhand von 70 Indikatoren (Indexwert, in Klammern Rang der Einzelindikatoren)

M5 UN-Hauptquartier

M8 Broadway

M9 Wall Street

Die US-amerikanischen Städte sind in den globalen Wettbewerb eingebunden, wobei New York unzweifelhaft auf der obersten Hierarchieebene angesiedelt ist, gefolgt von Chicago, Los Angeles, San Francisco, Washington oder Miami. Die Entwicklung dieser Städte ist in den vergangenen Jahrzehnten nicht linear verlaufen; Phasen eines relativen Bedeutungsgewinns haben sich mit Phasen eines Bedeutungsrückgangs abgewechselt. Die Zahl der Headquarter transnational agierender Unternehmen stellt einen wichtigen Indikator für die Bedeutung einer global city dar, da hier die wichtigen Entscheidungen getroffen und die weltumspannenden Firmennetze koordiniert werden. Mit 18 Hauptsitzen der 100 umsatzstärksten Unternehmen in den USA steht New York unangefochten an der Spitze. Diese konzentrieren sich alle auf nur wenige Baublöcke südlich des Central Park und an der Südspitze Manhattans. [...]

New York entwickelte sich schon früh zum führenden Presse- und Verlagsstandort des Landes. [...] Die größten amerikanischen Banken, Broker und Versicherungen sowie die wichtigsten Auslandsbanken haben hier ihre Zentrale. Die 47th Street ist neben Amsterdam das führende Handelszentrum für Diamanten. Mit dem am East River gelegenen Sitz der Vereinten Nationen ist New York außerdem Schauplatz weltpolitischer Entscheidungen. [...]

Die New Yorker Museen lassen sich mit denen Londons oder Paris vergleichen, und der private Kunstmarkt zieht Sammler aus aller Welt an. In den Bereichen Schauspiel, Musical und Musik besticht New York durch die Fülle des Angebots. Außerdem ist die Stadt ein globales Einkaufsparadies, in das sogar Europäer für Weihnachtseinkäufe jetten.

Quelle: Barbara Hahn: Die US-amerikanische Stadt im Wandel. Berlin: Springer 2014, S. 59–62

M6 Quellentext zur Global City New York City

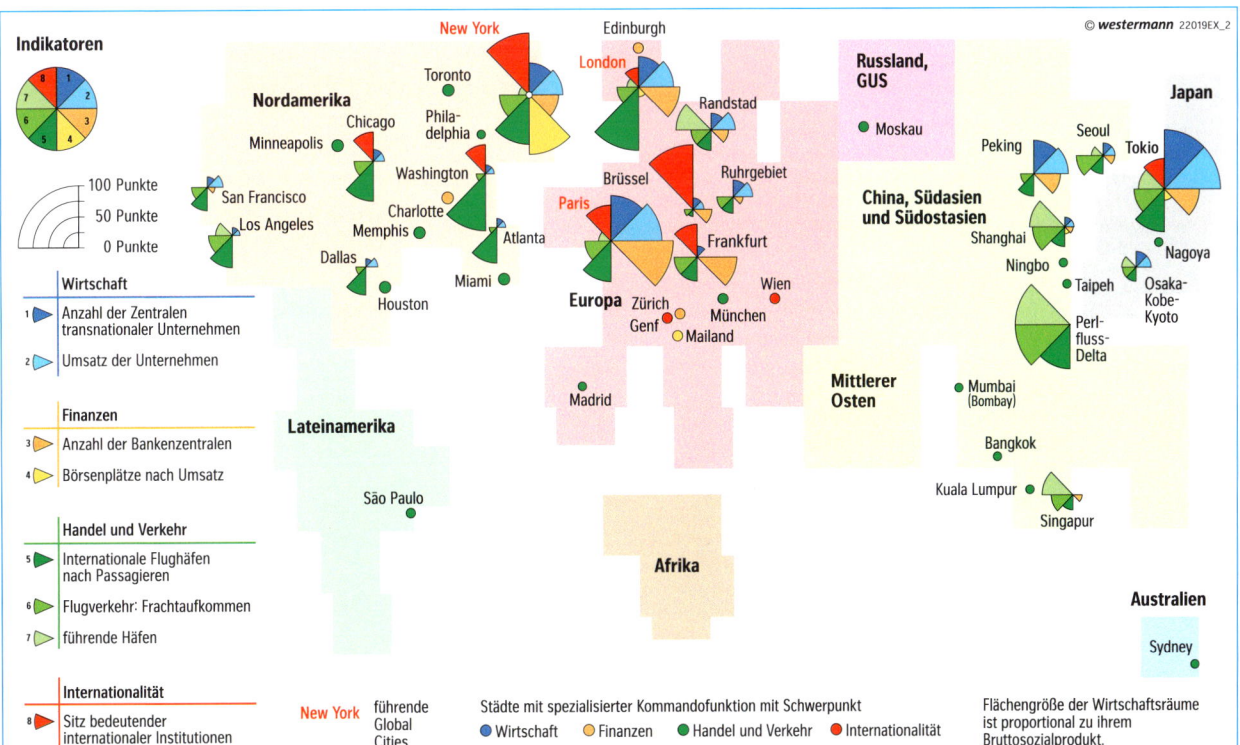
M7 Global Cities (nach Bronger)

4.7 Gentrifizierung in New York Williamsburg

Auch in den USA wurde in den letzten Jahren versucht, unattraktive städtische Räume gezielt zu revitalisieren: durch Sanierungen alter Wohngebäude, Entwicklung von Brach- und Industrieflächen (Waterfront*), Verbesserung der Infrastruktur* und dem Bau neuer Kultur-, Unterhaltungs- und Sporteinrichtungen. Manchmal geschehen solche Aufwertungsprozesse allerdings ganz ohne jegliche Planung von allein. Williamsburg, ein Stadtteil des New Yorker Stadtbezirks Brooklyn, war bis Mitte der 1990er-Jahre ein übles Pflaster. Dem wirtschaftlichen Niedergang der dort ansässigen Industrie folgte der soziale Abstieg: Hohe Arbeitslosigkeit, Drogen und Kriminalität prägten das Bild. Dann entdeckten erste Künstler das heruntergekommene Viertel ...*

1. Beschreiben Sie Williamsburg
   a) vor der Invasion der Pioniere (M1, Atlas),
   b) nach der Invasion der Pioniere (M3, M4),
   c) nach der Invasion der Gentrifier (M5, M9, M9).
2. Erläutern Sie die den mehrstufigen Prozess der Gentrifizierung* (M8).
3. Vergleichen Sie den Gentrifizierungsprozess in Williamsburg mit einem Ihnen bekannten Beispiel in einer deutschen Stadt.
4. Analysieren Sie die Auswirkungen der zweiten Gentrifizierungsphase für Williamsburg (M6, M10).
5. Erörtern Sie die zukünftige Entwicklung in Williamsburg unter besonderer Berücksichtigung der sozioökonomischen Polarisierung der Bevölkerungsgruppen.
6. Beurteilen Sie die städtische Aufwertung durch Gentrifizierung (M4) im Vergleich zu gezielten Stadtentwicklungsprojekten zur Revitalisierung* städtischer Viertel (M5, M8).

M2 Ehemaliges Domino Sugar-Fabrik-Areal in Williamsburg (2012)

Schießereien [...] wurden nach dem Zuzug der mutigen jungen und meistens engagierten Leute in Williamsburg zur absoluten Seltenheit. Es gab weiterhin die No-Go Areas, aber die Stadtteilbereiche außerhalb dieser besonderen Risikozonen wurden immer sicherer. [...] Die leeren Häuser wurden entweder ganz abgerissen oder renoviert und neu bewohnt. Da, wo nur leere Brachen überblieben, wurden Nachbarschaftsgärten angelegt und/oder Selfmade-Autoreparaturen und Ersatzteillager errichtet. [...] Die Kreativen-Community passte in dieses Selbsthilfe-Konzept bestens hinein, denn sie verdrängte zu diesem Zeitpunkt niemanden und war sogar Vorbild für die nun sich immer stärker entwickelnde Eigeninitiative der Bewohner. Den eigentlichen künstlerischen Aktivitäten stand die lokale Mehrheitsgesellschaft jedoch eher skeptisch bis gleichgültig gegenüber. [...]
Im Gegensatz zu den Galerien und Künstlerstudios/Lofts waren die neuen Restaurants auch für die Polen und Latinos interessant. Zumindest für die, die sie bezahlen konnten, was nicht so schwierig war, weil die Preise sich dort auch für sie als erschwinglich herausstellten. Obendrein nahm die Arbeitslosigkeit in Williamsburg langsam aber sicher ab. [...] Der Stadtteil wurde immer sicherer, immer interessanter und vor allem ordentlicher. [...] Die älteren Bewohner saßen wieder, wie früher, bei angenehmem Wetter auf der Treppe vor dem Haus. Die jungen Leute saßen vor ihren immer noch etwas schmuddelig aussehenden ehemaligen Lagerhäusern und Fabriken oder auf deren Dächern und schwätzten bis tief in die Nacht.
Quelle: Arnold Voß: Gentrification in New York City – Die Williamsburg Story. Ruhrbarone 15.9.2010

M3 Quellentext zur ersten Gentrifizierungsphase

1827	Ausweisung einer landwirtschaftlich geprägten Ortschaft am östlichen Ufer des East River als Williamsburg, ca. 1000 Ew.
1830–1860	Gründung von Werften, Zuckerraffinerien und Brauereien vor allem durch deutschstämmige Unternehmer; Ausweisung als „Stadt Williamsburg" im Jahr 1852
1855	ca. 35 000 Ew., Eingemeindung in die damalige selbstständige Stadt Brooklyn
Ende des 19. Jh.	feudaler Wohnsitz vieler Industrieller entlang der Waterfront* des East River; neben der Wall Street Hauptsitz der Banken in New York; Gründung von Öl- (Standard Oil) bzw. pharmazeutischer Industrie (Pfizer)
1898	Brooklyn wird ein Stadtbezirk New Yorks.
1903	Fertigstellung der Williamsbridge als Verbindung zwischen Williamsburg und Manhattan
bis 1910	Umwandlung der meisten Townhouses der Mittelschicht in Arbeiterwohnungen, Zustrom von Afroamerikanern sowie Migranten aus Italien und Osteuropa, Schwerpunkt der Lebensmittel- und Schwerindustrie, 250 000 Ew.
2. Weltkrieg	Zustrom von weiteren Flüchtlingen/Industriearbeitern aus Europa
1960–1970	Zustrom von Puerto-Ricanern; 91 000 Arbeitsplätze in der Industrie
1970–1990	Niedergang der Schwerindustrie; beschleunigtes Filtering Down*, Ghettoisierung des Stadtteils, hohe Arbeitslosigkeit, Armut, Kriminalität, Rassismus und Drogen, 143 000 Ew., 12 000 Arbeitsplätze in der Industrie, Waterfront wird Industriebrache.

M1 Stadt- und Wirtschaftsentwicklung in Williamsburg bis Ende der 1980er-Jahre

M4 Ecke Bedford Avenue – North 7 Street in Williamsburg

Gentrifizierung in New York Williamsburg

M5 Domino Park auf dem ehemaligen Fabrikareal (2019)

M8 Luxus-Apartmenthäuser in Williamsburg

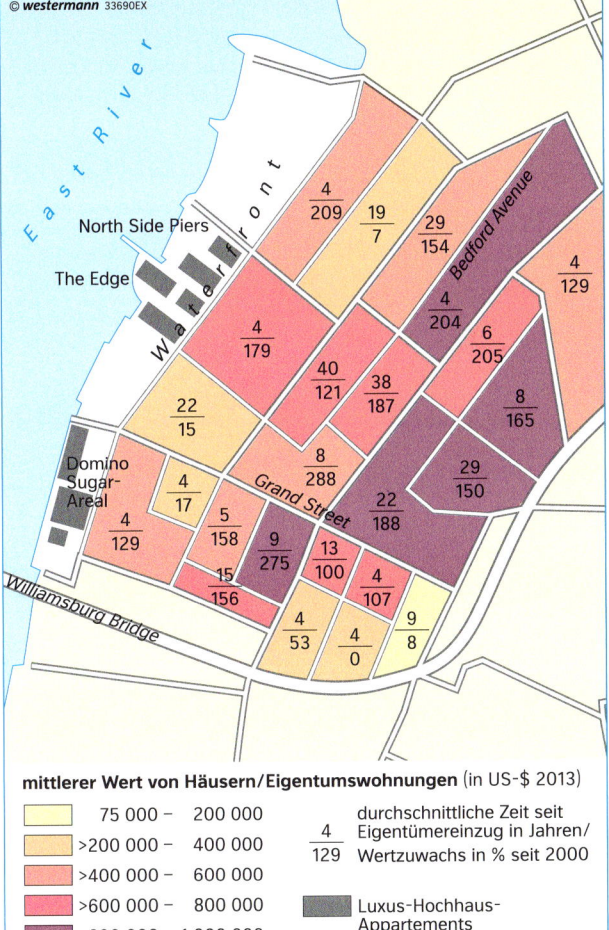

M6 Williamsburg: Wertentwicklung von Immobilien

Schnell wurde Williamsburg auch von Immobilienmaklern entdeckt. Steigende Mieten, die durch einsetzende Gentrifizierungsprozesse veränderte Authentizität des Stadtteils, aber auch der Verlust des Zusammenhalts der Künstler aufgrund ihrer zunehmenden Zahl und eine zunehmende Kommerzialisierung der Kunst lassen in jüngerer Zeit die Künstler weiter Richtung Osten und Norden in die Stadtteile Bushwik bzw. Greenpoint abwandern, die in ihrer Wahrnehmung eher die neuen Pionierräume für kreative Innovationen darstellen.
„The proximity, price and culture were irresistable. The hipsters followed the artists". Auf der Suche nach bezahlbarem Wohnraum entdeckten die Yuppies Manhattans ab etwa den 1990er-Jahren Williamsburg. Der Wohnungsleerstand in den Teilen der South und North Side reduzierte sich schnell von 15% (1980) auf heute unter 2%. [...] Die Einkommensunterschiede zwischen gentrifizierten Bereichen der North Side und noch von überwiegend Hispanics bewohnten Quartieren der South Side sind enorm.
Quelle: Ben Furkmann, Wilfried Hoppe: Williamsburg, New York Story. Praxis Geographie 12/2015, S. 32

M9 Quellentext zur zweiten Gentrifizierungsphase

	Williamsburg/Greenpoint			New York	
	2000	2010	2017	2000	2017
Bevölkerung (in 1000)	142,1	146,3	152,0	8008,3	8622,7
Haushaltseinkommen (in US-$)	41740	47580	78070	59200	62040
Foreign Born[1]	33,5 %	25,8 %	24,9 %	35,9 %	37,15 %
Bevölkerung mit Bachelorabschluss	18,4 %	37,3 %	53,4 %	27,4 %	37,3 %
Mittlere Miete (in US-$)	900	1210	2000	1060	1410

[1] im Ausland Geborene (Ausländer und US-Amerikaner) Quelle: NYU Furman Center

M10 Gentrifizierung in Williamsburg

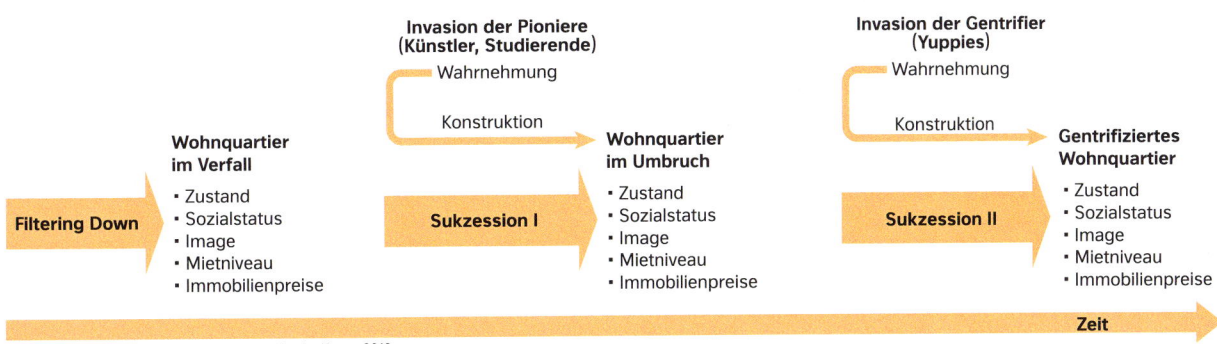

M7 Modell der Gentrifizierung von Wohnquartieren

4.8 Übungsklausur

Vancouver – die lebenswerteste Stadt in Nordamerika

1. Beschreiben Sie
   a) die Bevölkerungsentwicklung und -zusammensetzung in Vancouver City, Richmond und der Vancouver Metro.
   b) die weichen Standortfaktoren* von Vancouver.
2. Erklären Sie Zusammenhänge zwischen Einwanderungspolitik, wirtschaftlicher Entwicklung und sozialräumlicher Differenzierung am Beispiel Vancouver.
3. Nehmen Sie Stellung zu den Aussagen: „Vancouver ist längst eine asiatische Stadt" und „Wenn man es sich leisten kann, ist Vancouver eine großartige Stadt."

M 4 Luxusapartments an der Waterfront*

M 1 Blick auf Vancouver Downtown

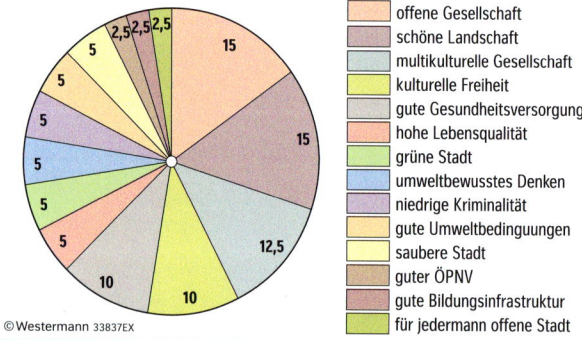

M 2 Umfrage zur Attraktivität Vancouvers unter Einwohnern 2010

„Vancouver ist in einer traumhaften Lage: zu Füßen das Meer, im Rücken die Berge und dazu 600 000 Einwohner, die ihre Heimat regelmäßig zum Weltmeister in Sachen Lebensqualität küren."
Jen Sookfong Lee, Schriftstellerin aus Vancouver

„Vancouver is ... West Coast Life, good food, beauty of the ocean, mountain nature." **Kellner, iranischer Einwanderer**

„Vancouver is ... a place, where people don't have to worry about who they are." **Programmierer, in Kanada geboren**

„Vancouver is ... a great city to live because there are so many cultures, so you can learn so many things from different people."
Hausfrau, Migrantin aus Hongkong

„Vancouver is ... a beautiful, clean city that I enjoy living in."
Rechtsanwaltssekretärin, Kanadierin mit englischen Wurzeln

M 3 Zitate zu Vancouver

Zeitraum	
1970er-Jahre	• Regionales Dienstleistungszentrum in der kanadischen Provinz British-Columbia mit rohstoffverarbeitender Industrie
1980er-Jahre	• Niedergang der Industrie, hohe Arbeitslosigkeit • Aufkauf der Waterfront* durch den Hongkong-Chinesen und Multi-Milliardär Li-Ka Shing: Bau von Luxus Apartment-Komplexen • Einwanderung von reichen Hongkong-Chinesen • Etablierung von IT- und Umwelttechnologie-Wirtschaftsclustern*
seit den 1990er-Jahren	• Einwanderungswellen aus Hongkong, China, Südasien • umfassende Umgestaltung der Innenstadt (Begrenzung der Büroflächen; Recycling von Industriebrachen entlang der Uferbereiche; verdichtetes Wohnen entlang der Wasserflächen), Leitbild „Liveable Region" (Pflege von Parks, hoher Wohn- und Freizeitwert, Kunst/Kultur, Förderung des ÖPNV) • Betonung internationaler Verflechtungen und der kulturellen Diversität, hohe Bedeutsamkeit einer Kulturökonomie (Neue Medien, Design, Kunst, Film) • Austragung der Olympischen Winterspiele 2010 • Umgestaltung des Olympiazentrums in einen nachhaltigen Stadtteil

M 5 Vancouver: Entwicklung zu einer Metropole

Kanada – einst von europäischen Siedlern gegründet und geformt – ist auch heute noch ein Einwanderungsland. Jährlich kommen etwa 250 000 Menschen aus der ganzen Welt. Multikulturalität und Weltoffenheit gehören seit jeher zum gesellschaftlichen Leitbild Kanadas. Mehr als 80 Prozent der Kanadier halten Einwanderung für wichtig.
Weltweite Aufmerksamkeit erhielt die kanadische Einwanderungspolitik jedoch 1967, als ein Punktesystem eingeführt wurde, das Einwanderungswillige nach Ausbildung, Arbeitserfahrung, Sprachkenntnissen und Alter klassifiziert. Zwar werden auch feste Quoten von Flüchtlingen und nachziehenden Familienangehörigen aufgenommen, im Übrigen erfolgt die Einwanderung streng selektiv nach wirtschaftlichen und sozialpolitischen Kriterien. Je besser die Ausbildung, je größer die beruflichen Fähigkeiten und Qualifikationen, je höher das unternehmerische Know-how und das mitgebrachte Kapital, desto größer die Chance, aufgenommen zu werden. Nach einer OECD-Studie haben tatsächlich 52 Prozent der Immigranten heute einen Hochschulabschluss. Und sie kommen nicht mehr vorwiegend aus Europa, sondern aus Asien. Allerdings musste die Regierung die Auswahlkriterien wiederholt umkrempeln, um sie an die sich ändernden Bedürfnisse des Arbeitsmarkts anzupassen. Auch in Kanda ist die Arbeitslosenquote der Immigranten, die seit fünf Jahren im Land sind, doppelt so hoch wie die der Gesamtbevölkerung.

M 6 Einwanderungspolitik Kanadas

Bevor im Jahr 1997 die bis dahin britische Kronkolonie Hongkong an die kommunistische Volksrepublik China zurückgegeben wurde, suchten viele Hongkong-Chinesen nach Möglichkeiten, wie sie ihren Reichtum in Sicherheit bringen und ihren Lebensstil beibehalten konnten. Viele wohlhabende Hongkong-Chinesen wanderten daher nach Kanada aus, wo sie sich vor allem in Vancouver und Toronto niederließen. Sie gründeten Unternehmen und erwarben im großen Stil nicht nur Büro- und Gewerbeimmobilien Wohnimmobilien, sondern investierten auch in den Wohnungsbau. Vancouver, das oft als „Hongcouver" bezeichnet wird, hat sich auch hierdurch zu einer teuren Stadt entwickelt.

Aber auch der Großraum Vancouver (Metropolian Area Vancouver) wurde in einem atemberaubenden Tempo asiatisiert, wie das suburbane Richmond im Süden Vancouvers zeigt. „Vancouver ist längst eine asiatische Stadt", sagt der Zukunftsforscher Frank Ogden. In vielen Stadtteilen und Nachbarstädten wird zu Hause tatsächlich überwiegend kein Englisch gesprochen, sondern Mandarin, Kantonesisch, Philippinisch oder Punjabi. Vielerorts entstanden neue chinesische Einkaufszentren, Geschäfte und Märkte.

M 7 Zuwanderung nach Vancouver

In keiner anderen Stadt Kanadas ist die Einkommenspolarisierung so hoch wie in Vancouver, wo die oberen zehn Prozent der Bevölkerung 34 Prozent des Einkommens verdienen (gegenüber 27 % im kanadischen Durchschnitt). Gleichzeitig wächst der Anteil der untersten Einkommensgruppe: [...] Entsprechend nehmen die mittleren Einkommensgruppen seit Jahren ab. Inzwischen kann die Hälfte der Erwerbsbevölkerung mit ihrem Einkommen keinen Kredit mehr finanzieren, um eine Einzimmerwohnung zu erwerben. [...]
So nimmt auch die räumliche Polarisierung der Stadtgesellschaft stetig zu. Die Armutsbevölkerung konzentriert sich auf bestimmte innenstadtnahe Viertel, während gleichzeitig in umliegenden Straßenzügen die Immobilienpreise in die Höhe schnellen und die traditionellen Arbeiter- und Armenviertel unter Druck geraten. Selbst Downtown Eastside, jahrzehntelang der ärmste Postleitzahlenbezirk Kanadas, erfährt in seinen Randbereichen zum Touristen- und Kulturviertel der historischen Gastown deutliche Gentrifizierungsprozesse."

Ludger Basten, Ulrike, Gerhard: Zwischen Zentrum und Peripherie: Urbane Räume im Wandel. In: Ursula Lehmkuhl (Hrsg.): Länderbericht Kanada. Bonn 2018, S.349

M 12 Quellentext zur Polarisierung in Vancouver

	Vancouver	Richmond	Metro
1971	426 252	60 120	1 028 334
1981	414 281	96 154	1 169 831
1991	471 644	126 624	1 602 590
2001	545 671	164 345	1 986 965
2011	603 502	190 473	2 313 328
2016	631 486	198 309	2 463 431

Quelle: Statistics Canada Census 2016 (auch M 8, M 9)

M 8 Bevölkerungsentwicklung von Vancouver City, Richmond und Metro Vancouver (umfasst Subzentren wie Surrey, Richmond, Burnaby) 1971–2016

	Vancouver	Richmond
Zuwanderer Gesamt	262 765	112 875
2011–2016	14,2 %	12,9 %
2001–2010	22,8 %	27,8 %
1991–2000	24,2 %	33,1 %
1981–1990	14,5 %	11,7 %
vor 1981	24,3 %	14,5 %

M 9 Internationale Zuwanderung nach Vancouver City und Richmond bis 2016

	Vancouver	Richmond
Kanadier bei Geburt	52,3 %	32,7 %
China[1]	10,5 %	22,0 %
Hongkong[1]	3,9 %	11,7 %
Philippinen[1]	4,5 %	6,5 %
weitere asiatische Länder[1]	10,5 %	11,4 %
Europa[1]	7,0 %	2,1 %
weitere Länder[1]	5,4 %	6,0 %
Ausländer	5,9 %	7,6 %

M 10 Bevölkerungszusammensetzung nach Kanadiern bei Geburt und zugewanderten Kanadiern ([1] Herkunftsland der Zuwanderer) 2016

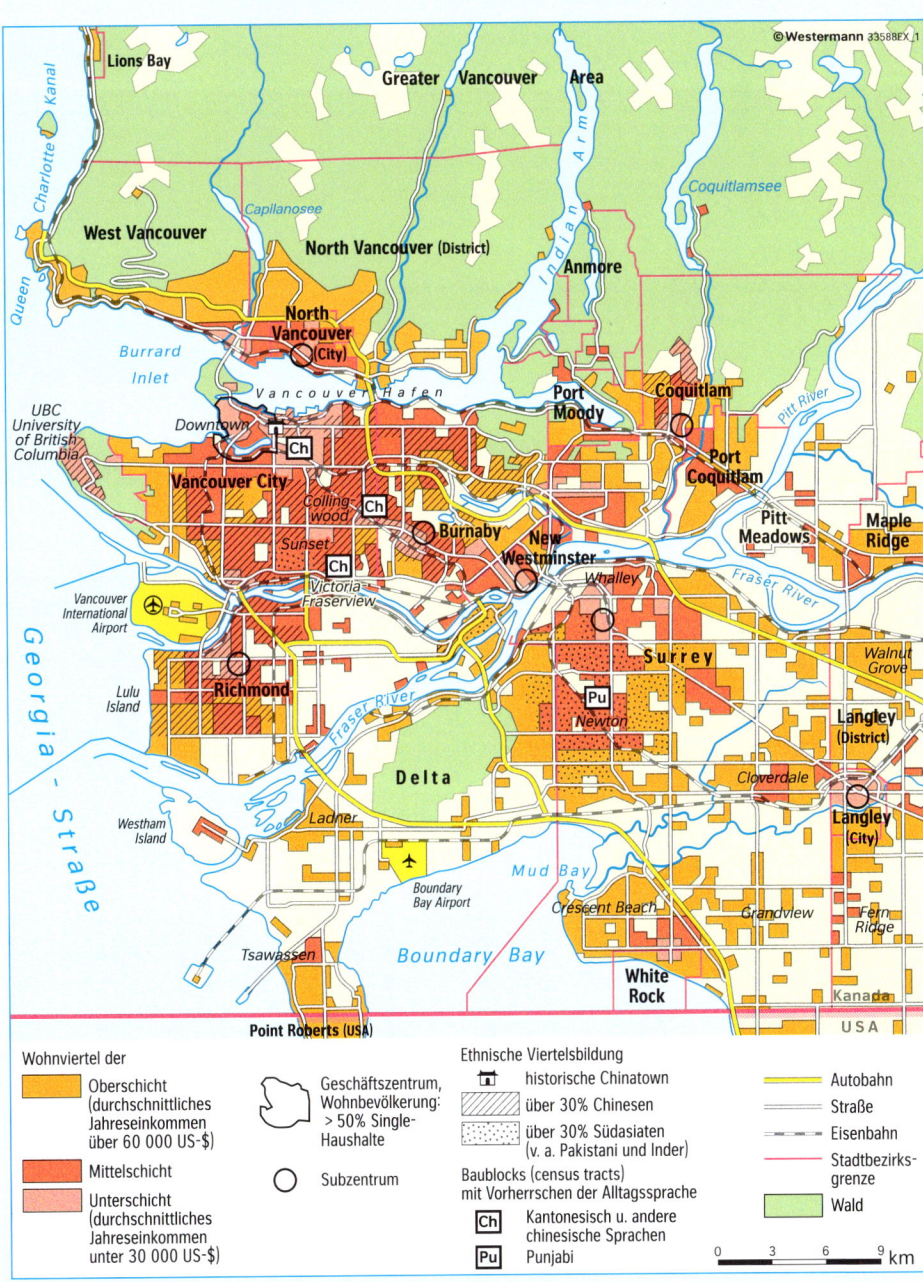

M 11 Großraum Vancouver: sozialräumliche Differenzierung

Zusammenfassung

Die US-amerikanische Stadt
Bis auf wenige Ausnahmen an der Ostküste blicken viele Städte in Angloamerika nur auf eine kurze Vergangenheit zurück. Dies hat zum einen zur Folge, dass ihnen oft ein charakteristisches Stadtbild fehlt, zum anderen aber auch, dass bei der Stadtplanung auf keine historische Bausubstanz Rücksicht genommen werden musste. Seit den Stadtstrukturmodellen der Chicagoer Schule wurde immer wieder versucht, die oft gleichförmige nordamerikanische (besser die US-amerikanische) Stadt modellhaft darzustellen. Typisch für sie ist
- der schachbrettartige Grundriss,
- die Überhöhung des Central Business Districts durch Hochhäuser,
- die Bebauung der äußeren Stadtviertel mit niedrigen Einfamilienhäusern, die sich weit in die Fläche ausdehnen (Urban sprawl),
- durch ausufernde Suburbanisierung die Entstehung von metropolitanen Ballungsräumen (z.B. Großraum Los Angeles, BosWash),
- eine ausgeprägte funktionale Differenzierung sowohl des CBD (Banken, Einzelhandel, Gastronomie) als auch zwischen Wohnvierteln, Gewerbegebieten (Industrie/Office Parks) und Versorgungszentren (Shoppings Malls, Commercial Strips),
- die Ausbildung von Edge Cities (Arbeitsplatz- und Versorgungszentren im suburbanen Raum) und Edgeless Cities (einem Stadt-Land-Kontinuum ohne Grenzen und Zentren/Verdichtungen), verbunden mit dem Bedeutungsverlust des CBD,
- das Vorherrschen des Individualverkehrs (und das weitgehende Fehlen des öffentlichen Personennahverkehrs),
- die Errichtung von Stadtteilen, Wohnvororten und Industrie- und Dienstleistungszentren durch private Immobiliengesellschaften, ohne übergeordnete kommunale Stadtplanung.

Soziale und ethnische Segregation
Die Wohnviertel vieler US-amerikanischer Städte weisen ein hohes Maß an sozialer und ethnischer Segregation auf. Dies meint heute nicht nur die Ghettos der Unterschicht und bestimmter ethnischer Gruppen (Chinatown, Little Russia etc.) in Downtown, die oft durch den Wegzug der weißen Mittel-/Oberschicht in den suburbanen Raum und unfreiwillige Diskriminierung entstanden. Auch im Umland wurden Viertel errichtet, die sich durch eine selbstgewählte soziale Homogenität auszeichnen (Gated Communities für die Oberschicht, Einfamilienhaussiedlungen für die Mittelschicht, Trailer Parks für die Unterschicht). Die Bildung von Wohneigentum ist in allen Schichten Ausdruck sozialen Aufstiegs.

Global City New York City
Eine Sonderrolle nicht nur innerhalb der angloamerikanischen Städte spielt New York. Die Tatsache, dass sie viele internationale Konzerne beherbergt, mit der „Wallstreet" den bedeutendsten Börsenplatz der Welt besitzt und zahlreiche große Banken und Versicherungen mit ihren Zentralen auf sich vereint, verdeutlicht die nationale und internationale Strahlkraft der Stadt. Dass sich in New York darüber hinaus 500 Kunstgalerien, etwa 200 Museen und mehr als 150 Theater befinden, stellt zusätzlich die kulturelle Rolle der Stadt unter Beweis. Auch internationale Organisationen, die neben den Vereinten Nationen ihre Headquarter in New York haben, sorgen dafür, dass es sich bei New York seit mehreren Jahren unangefochten um die Nummer Eins der Global Cities handelt.

Revitalisierung der Innenstädte
Um die zum Teil unattraktiven Downtowns der US-amerikanischen Städte wiederzubeleben, finden öffentliche und private Sanierungsmaßnahmen statt. Zudem wurden Unterhaltungs- und Sportkomplexe zur Attraktivitätssteigerung in den Innenstädten errichtet. Vielerorts kommt es auch zu Gentrifzierungsprozessen, bei denen zum Beispiel wie in New York Williamsburg zunächst Künstler und Kreative ein Viertel entdecken, um dann später wohlhabenderen Zuzüglern und aufwändigen Immobilienprojekten Platz machen zu müssen.

Kanadische Städte
Viele Städte in Kanada entsprechen weniger dem US-amerikanischen Modell, da ihre Innenstädte lebendiger sind und mehr europäischen Städten ähneln. Auch die Suburbanisierung und die ethnische Segregation ist weniger ausgeprägt. Das multikulturelle Vancouver gilt als eine der lebenswertesten Städte der Welt.

Weiterführende Literatur und Internetlinks

Geographische Rundschau
- Der Osten der USA 11/2017
- Westen der USA 12/2016
- Kanada 2/2008

Diercke 360°
- Themenheft Megastädte 2/2007

Klaus Claaßen, Thilo Girndt: Stadt und Stadtentwicklung
Braunschweig: Westermann 2019

Klaus Claaßen: Diercke Spezial – Siedlungsräume
Braunschweig: Westermann 2011

Jürgen Bähr, Ulrich Jürgens: Stadtgeographie II.
Braunschweig: Westermann 2009

Barbara Hahn: Die US-amerikanische Stadt im Wandel.
Berlin: Springer 2014

Heinz Heineberg: Stadtgeographie
Paderborn: Ferdinand Schöningh 2017

Werner Gamerith, Ulrike Gerhard (Hrsg.): Kulturgeographie der USA.
Berlin: Springer 2017

Los Angeles County
- https://lacounty.gov/

New York City
- www1.nyc.gov

UN World Urbanization Prospects 2018
- https://population.un.org/wup

Metropolitan Areas in den USA
- www.census.gov/history/www/programs/geography/metropolitan_areas.html

Daten zur Ungleichheit und Armut
World Bank
- http://povertydata.worldbank.org/poverty/home/

Statistiken zu Global Cities
Globalization and World Cities Research Network (GaWC)
- www.lboro.ac.uk/gawc
Global City Index
- www.kearney.com/global-cities
Global Power City Index
- http://mori-m-foundation.or.jp/english/ius2/gpci2/

Verbindliche Operatoren

Anforderungsbereich I	Anforderungsbereich II	Anforderungsbereich III
beschreiben strukturiert und fachsprachlich angemessen Materialien vorstellen und/oder Sachverhalte darlegen	**analysieren** Materialien, Sachverhalte oder Räume beschreiben, kriterienorientiert oder aspektgeleitet erschließen und strukturiert darstellen	**begründen** komplexe Grundgedanken durch Argumente stützen und nachvollziehbare Zusammenhänge herstellen
darstellen Sachverhalte detailliert und fachsprachlich angemessen aufzeigen	**charakterisieren** Sachverhalte in ihren Eigenarten beschreiben, typische Merkmale kennzeichnen und diese dann gegebenenfalls unter einem oder mehreren bestimmten Gesichtspunkten zusammenführen	**beurteilen** den Stellenwert von Sachverhalten oder Prozessen in einem Zusammenhang bestimmen, um kriterienorientiert zu einem begründeten Sachurteil zu gelangen
gliedern einen Raum, eine Zeit oder einen Sachverhalt nach selbst gewählten oder vorgegebenen Kriterien systematisierend ordnen	**einordnen** begründet eine Position/Material zuordnen oder einen Sachverhalt begründet in einen Zusammenhang stellen	**entwickeln** zu einem Sachverhalt oder zu einer Problemstellung eine Einschätzung, ein Lösungsmodell, eine Gegenposition oder ein begründetes Lösungskonzept darlegen
wiedergeben Kenntnisse (Sachverhalte, Fachbegriffe, Daten, Fakten, Modelle) und/oder (Teil-)Aussagen mit eigenen Worten sprachlich distanziert, unkommentiert und strukturiert darstellen	**erklären** Sachverhalte so darstellen – gegebenenfalls mit Theorien und Modellen –, dass Bedingungen, Ursachen, Gesetzmäßigkeiten und/oder Funktionszusammenhänge verständlich werden	**erörtern** zu einer vorgegebenen Problemstellung eine reflektierte, abwägende Auseinandersetzung führen und zu einem begründeten Sach- und/oder Werturteil kommen
zusammenfassen Sachverhalte auf wesentliche Aspekte reduzieren und sprachlich distanziert, unkommentiert und strukturiert wiedergeben	**erläutern** Sachverhalte erklären und in ihren komplexen Beziehungen an Beispielen und/oder Theorien verdeutlichen (auf Grundlage von Kenntnissen bzw. Materialanalyse)	**Stellung nehmen** Beurteilung mit zusätzlicher Reflexion individueller, sachbezogener und/oder politischer Wertmaßstäbe, die Pluralität gewährleistet und zu einem begründeten eigenen Werturteil führt
	vergleichen Gemeinsamkeiten, Ähnlichkeiten und Unterschiede von Sachverhalten kriterienorientiert darlegen	**überprüfen** Inhalte, Sachverhalte, Vermutungen oder Hypothesen auf der Grundlage eigener Kenntnisse oder mithilfe zusätzlicher Materialien auf ihre sachliche Richtigkeit bzw. auf ihre innere Logik hin untersuchen

Glossar

Abwertung
Verminderung des nominalen Wechselkurses der eigenen Währung gegenüber Fremdwährungen. Eine Abwertung führt tendenziell über eine relative Verteuerung von Importen und eine relative Verbilligung von Exporten zur Wiederherstellung der internationalen Wettbewerbsfähigkeit und zum Ausgleich der Zahlungsbilanz durch Erhöhung der Währungsreserven im abwertenden Staat.

ADI/Ausländische Direktinvestitionen
Kapitalanlagen im Ausland durch Erwerb von Immobilien, Gründung von Auslandsniederlassungen und Tochterunternehmen, Übernahme von ausländischen Geschäftsanteilen (z.B. Aktien) bzw. von Unternehmen sowie gezielte Reinvestitionen und Direktinvestitionen in Unternehmen.

Agglomeration
Ballungsraum, städtischer Verdichtungsraum mit hoher Wirtschaftskraft und gut ausgebauter Infrastruktur.

Agrarindustrielles Unternehmen
agrarisches Großunternehmen, bei dem industrielle Produktionsweisen zum Einsatz kommen (z.B. hoher Spezialisierungsgrad, standardisierte Massenproduktion, Einsatz moderner Agrartechnik und agrarwissenschaftlicher Erkenntnisse, hoher Kapital- und Energieeinsatz, hohe Produktivität, Einsatz betriebsfremder Arbeitskräfte, ausgefeilte Logistik und In-Time-Produktion) und das häufig eine hohe vertikale Integration aufweist.

Agrobusiness
Produktionsstruktur, bei der neben der Landwirtschaft auch die mit ihr verflochtenen Wirtschaftsbereiche (Zulieferbetriebe, Verarbeitungsunternehmen und Absatzorganisationen) zusammengefasst sind.

American way of life
Der amerikanische Lebensstil ist von Optimismus und Aktivität geprägt, er verbindet Ideale mit einer pragmatischen und beschönigenden Einstellung. Er steht für stark ausgeprägten Individualismus, Freiheitsliebe und das Streben nach Glück und Wohlstand. Der Lebensstil wird aber auch mit einer hohen Mobilität, mit einem hohen Energieaufwand sowie mit einem hohen Ressourcenverbrauch verbunden.

Amerikanisierung (S. 11)

Binnenmarkt
abgegrenztes Wirtschaftsgebiet, das durch den freien Verkehr von Waren, Dienstleistungen, Kapital und Arbeitnehmern sowie eine angeglichene Rechtsordnung gekennzeichnet ist.

Bio-Anbau
(auch biologische Landwirtschaft) eine an Naturfunktionen orientierte Landwirtschaft. Die verschiedenen Produktionsverfahren zielen auf die Erzeugung gesundheitlich unbedenklicher und zugleich biologisch hochwertiger Agrarprodukte bei gleichzeitiger Ressourcenschonung.

BIP/Bruttoinlandsprodukt
Maß für die wirtschaftliche Leistung einer Volkswirtschaft, definiert als Gesamtwert aller Güter, d. h. Waren und Dienstleistungen, die innerhalb eines Jahres innerhalb der Landesgrenzen einer Volkswirtschaft hergestellt wurden, nach Abzug aller Vorleistungen.

Bitumen
natürlich vorkommende oder aus Erdöl gewonnene teerartige Masse (durch Vakuumdestillation), besteht hauptsächlich aus langkettigen Kohlenwasserstoffen.

Blizzard (S. 25)

Brain Drain
volkswirtschaftliche Verluste durch die Migration von hochqualifizierten Arbeitskräften (durch Verlust von Know-how und Ausbildungsinvestitionen und Schwächung der heimischen Wirtschaft und Wissenschaft).

Central Business District (S. 78)

Chicagoer Schule
Forschungsrichtung, die seit den 1920er-Jahren Werke zur soziologischen Stadtgliederung hervorbrachte und damit die Stadtstrukturforschung einleitete.

City/Town/Village (S. 78)

Cluster
räumliche Konzentration von kooperierenden Unternehmen und Institutionen (Forschungseinrichtungen, Hochschulen) innerhalb eines Wirtschaftsbereichs.

CO_2-Äquivalent
(auch Treibhauspotenzial) Maßzahl für den relativen Effekt eines chemischen Elements über einen bestimmten Zeitraum zum Treibhauseffekt, relativ zum Kohlendioxid.

County
regionale Verwaltungseinheit in den USA, etwa wie Landkreis in Deutschland.

Dienstleistungen
Bei Dienstleistungen steht nicht die materielle Produktion im Vordergrund, sondern die in einem Zeitraum erbrachten Leistungen zur Deckung eines Bedarfs. Der Erbringer solcher Leistungen wird als Dienstleister bezeichnet. Es wird zwischen personenbezogenen Dienstleistungen, die von Privatpersonen nachgefragt werden (z. B. medizinische Dienstleistungen, Gastronomie) und unternehmensorientierten Dienstleistungen, die von Unternehmen nachgefragt werden (z. B. Sicherheitsdienste, Unternehmensberatung) unterschieden.

Downtown
Innenstadt

Edge City
Wachstumszentren, die an den Kreuzungen großer Autobahnen im suburbanen Raum entstanden und mit allen städtischen Funktionen (Arbeitsplätze, Einkaufs-, Freizeit- und Wohneinrichtungen) ausgestattet sind (Merkmale in M 10, S. 81).

Entwaldung/Deforestation
Umwandlung einer Waldfläche hin zu einer anderen Landnutzungsform (z.B. Siedlung, Straße, Landwirtschaft)

Erosion
Abtragung von Boden und Gestein durch die natürlichen Kräfte Wind (äolisch), Wasser (fluviatil) und Eis (glazial).

Filtering Down
(Begriff aus dem Wohnungswesen) Wechsel einer Wohnung von einer Qualitätsstufe auf die nächste, niedrigere Stufe.

Ölfördermaximum (Peak Oil)
Zeitpunkt, an dem die Förderrate einer Ölquelle/aller Ölquellen ihr Maximum erreicht.

Feedlot
großer, meist hochtechnisierter Viehmastbetrieb.

Flusseinzugsgebiet
Quellgebiete eines Gewässers bis zu dessen Mündung und die dazugehörigen Grundwassersysteme.

Fordismus
standardisierte Massenfertigung in der Industrie mit hierarchischer Organisationsstruktur und hoher Fertigungstiefe. Benannt nach dem Erfinder Henry Ford.

Gaskondensat
(auch Natural Gas Liquids, NGL) flüssiges Nebenprodukt bei der Erdgasgewinnung.

Gated Community
geschlossener Wohnkomplex mit verschiedenen Arten von Zugangsbeschränkungen.

Gentrifzierung/Gentrifikation
Aufwertung von Wohnquartieren: Modernisierung und Veränderung der sozialen Zusammensetzung der Bewohnerschaft.

Ghetto/Getto (S. 78)

Gini-Koeffizient (S. 84)

Global City
Städte mit einer zentralen Steuerungsfunktion innerhalb der globalisierten Weltwirtschaft.

Globalisierung
Bezeichnung für die globale Durchdringung der Märkte. Sie wird vor allem bewirkt durch die zunehmende Bedeutung der internationalen Finanzmärkte, den Welthandel sowie die internationale Ausrichtung von Unternehmen und wird begünstigt durch neue Kommunikationstechniken.

Handelsbilanz
(auch Außenhandelsbilanz, Warenbilanz oder Warenhandelsbilanz) rechnerische Gegenüberstellung aller Warenimporte (Einfuhr) und Warenexporte (Ausfuhr) einer Volkswirtschaft innerhalb eines bestimmten Zeitraums.

Haushaltseinkommen
Summe der Einkommen eines privaten Haushalts. Statistisch lässt es sich auf zweierlei Weise angeben: Als mittleres Einkommen oder Medianeinkommen, d.h die Einkommenshöhe, bei der gleich viele Personen/Haushalte höhere und niedrigere Einkommen aufweisen oder als Durchschnittseinkommen, d.h. als arithmetisches Mittel aller Einkommen bezogen auf die Anzahl aller Einkommen bzw. die Anzahl aller Haushalte.

Hightech-Branche
Wirtschaftszweig, der forschungs- und entwicklungsintensiv ist und auf modernster Technologie basiert.

Hispanics
Ethnie, die alle US-Einwohner mit hispano-amerikanischer oder spanischer Herkunft umfasst, Zuordnung im US-Census erfolgt nach Selbsteinschätzung.

Homestead-Gesetz
Heimstättengesetz, Bundesgesetz von 1862 zum Landerwerb. Es erlaubte jeder Person über 21 Jahren, sich auf einem bis dahin unbesiedelten Stück Land niederzulassen, sich ein 160 Acre (etwa 64 ha) großes Land abzustecken und zu bewirtschaften (später auch 640 acre). Nach einer Dauer von fünf Jahren wurde der Siedler dann zum Eigentümer.

horizontale Integration
Zusammenarbeit/Zusammenschluss von Betrieben gleicher Produktionsstufe mit gleichem Produktionsziel zum Zweck der gemeinsamen Beschaffung von Betriebsmitteln und/oder der Vermarktung von Erzeugnissen.

Hotspot (Wirtschaft)
Ort, der eine große Anziehungskraft auf Menschen/Unternehmen ausübt.

Infrastruktur
Ausstattung eines Raumes mit materiellen Einrichtungen, die die Grundlage für die Ausübung der Daseinsgrundfunktionen von Mensch und Gesellschaft bilden und wirtschaftliche und soziale Entwicklung ermöglichen (Ver- und Entsorgung, Verkehrsmittel und -wege, Kommunikationsnetze, Einrichtungen des Gesundheits- und Bildungswesens).

Kaufkraftparität
Maßeinheit zum Vergleich verschiedener

Währungen. Dies geschieht nicht über den Wechselkurs, sondern über die Kaufkraft. Diese wird über einen repräsentativen Warenkorb ermittelt.

Klimawandel
Begriff, der die Veränderungen des globalen Klimas zusammenfasst, im speziellen meint der Begriff die von Menschen verursachte globale Erwärmung seit Beginn der Industrialisierung durch Anreicherung von Treibhausgasen in der Atmosphäre.

Kondratieff-Wellen
Theorie des russischen Statistikers W. Kondratieff zur Erklärung der langfristigen wirtschaftlichen Entwicklung. Die zentrale Aussage der Theorie lautet, dass grundlegende technische Neuerungen in zyklischen Abständen gehäuft auftreten und lange Wachstumsschübe auszulösen vermögen.

Liquids
Energieklassifizierung, die Erdöl, flüssige Biokraftstoffe (wie Ethanol und Biodiesel) und Derivate umfasst.

Lorenzkurve (S. 84)

Marktwirtschaft (freie)
Wirtschaftssystem, in dem die Produktion und der Preis von Waren durch Angebot und Nachfrage geregelt werden ohne/mit geringer staatlicher Lenkung der wirtschaftlichen Prozesse. Der Staat setzt nur die Rahmenbedingungen, innerhalb derer die wettbewerbliche Koordination wirkungsvoll erfolgen kann, und stellt öffentliche Güter bereit.

Metropolitan Region (S. 78)

Migration
Wanderung von Individuen oder Gruppen mit dem Ergebnis eines nicht nur kurzzeitigen Wohnortwechsels.

Nachhaltigkeit
Leitgedanke für eine zukunftsfähige Entwicklung in allen Lebensbereichen. Dabei sollte so gehandelt werden, dass künftigen Generationen ein intaktes ökologisches, soziales und wirtschaftliches Gefüge bleibt.

Nicht-konventionelles Erdöl (S. 67)

Öläquivalent
Maßeinheit für die Energiemenge, die beim Verbrennen von einem Kilogramm Erdöl freigesetzt wird.

Ölsande
(engl.: oil sands, tar sands) natürlich vorkommende Gemische aus Bitumen (ca. 13 %), Wasser (4 %), Sanden und Tonen (83 %). Sie gehören wie die Schwerstöle und Ölschiefer zu den nicht-konventionellen Erdölen. Zwei Tonnen Ölsand enthalten etwa ein Barrel (159 Liter) Erdöl.

Onshore/Offshore
Erdölförderung an Land/auf See.

ÖPNV
Öffentlicher Personennahverkehr, öffentlicher Verkehr mit Fahrzeugen des Straßen-, Schienen- und Schiffsverkehrs im Linienbetrieb.

Primärenergieverbrauch (S. 67)

Produktivität
volkswirtschaftliche Kennzahl für Leistungsfähigkeit. Sie bezeichnet das Verhältnis zwischen produzierten Gütern und den dafür benötigten Produktionsfaktoren.

Produzierendes Gewerbe
nach der Abgrenzung der amtlichen Statistik die Wirtschaftsbereiche Bergbau, verarbeitendes Gewerbe, Energie- und Wasserversorgung, Baugewerbe sowie die Betriebe des produzierenden Handwerks. Das produzierende Gewerbe kann gleichbedeutend mit der Industrie bzw. dem industriellen Sektor gesehen werden.

Ranching
stationäre Form der extensiven, kommerziell betriebenen Weidewirtschaft vor allem in den Trockensteppen der mittleren Breiten und der Subtropen sowie den semiariden Savannen.

Reserven/ Ressourcen (S. 67)

Revitalisierung
(Stadtentwicklung) Aufwertungsprozesse von Innenstädten.

Rezession
Eine Volkswirtschaft befindet sich dann in einer Rezession, wenn sich ihr Wirtschaftswachstum in mindestens zwei aufeinander folgenden Quartalen negativ entwickelt.

Segregation (S. 85)

Shopping Center/Mall (S. 81)

Soziale Disparitäten
ungleiche Lebensbedingungen von Menschen in sozialer/wirtschaftlicher Hinsicht auf regionaler, nationaler und globaler Ebene.

Spin-Off
Abteilungsausgliederung aus einer Unternehmung oder eine Unternehmensgründung aus einer Institution heraus.

Stadtentwicklung
räumliche und historische, insbesondere aber auch die zukünftige Gesamtentwicklung einer Stadt. Im Unterschied zur Stadtplanung, die primär die baulich-räumliche Entwicklung einer Stadt oder deren Bereiche in einem relativ kurzen Zeithorizont lenkt, zielt Stadtentwicklung auf die langfristige Steuerung der Gesamtentwicklung einer Stadt ab. Sie umfasst neben den baulich-räumlichen Entwicklungen auch gesellschaftliche, wirtschaftliche, kulturelle und ökologische Bereiche.

Standortfaktor
Einflussgrößen, die bei der Auswahl eines Standorts für Unternehmen eine wichtige Rolle spielen. Man unterscheidet harte Standortfaktoren wie Infrastrukur, Arbeitskräftepotenzial und Lohnniveau von weichen Standortfaktoren wie Freizeitangebot, Image des Standorts oder Versorgungsmöglichkeiten.

Statische Reichweite
Wenn die am Ende eines Jahres verbleibenden Reserven eines Rohstoffs durch die Höhe der Produktion in diesem Jahr geteilt werden, ergibt sich die Zeitdauer, die diese Reserven bei gleichbleibender Produktionshöhe reichen würden. Die dynamische Reichweite basiert hingegen auf einem Modell zur Verbrauchsentwicklung, im einfachsten Fall auf der Annahme einer jährlich konstanten Verbrauchszunahme.

Strukturwandel
Der Begriff wird vorwiegend im wirtschaftlichen Sinne verwendet und bedeutet hier, dass sich die bisherigen Beziehungen zwischen (intersektoraler Strukturwandel) bzw. innerhalb der einzelnen Wirtschaftsbranchen (intrasektoraler Strukturwandel) bzw. innerhalb einzelner Regionen (regionaler Strukturwandel) drastisch ändern.

Suburb
Vorort, am Stadtrand einer größeren Stadt gelegene Siedlung ohne alle städtische Funktionen (Arbeitsplätze, Einkaufs-, Freizeit- und Wohneinrichtungen).

Suburbanisierung
Verlagerung von Nutzungen und Bevölkerung aus der Kernstadt, dem ländlichen Raum oder anderen metropolitanen Gebieten in das städtische Umland bei gleichzeitiger Reorganisation der Verteilung von Nutzungen und Bevölkerung in der gesamten Fläche des metropolitanen Raums.

Sukzession
(in der Sozialgeographie) Änderung der Bevölkerungszusammensetzung eines Stadtviertels, d.h. die Ablösung einer sozioökonomischen Gruppe - oder einer bestimmten Nutzung - durch eine nachfolgende.

Taylorismus
Teilung der Arbeit in kleinste Einheiten, zu deren Bewältigung keine oder nur geringe Denkvorgänge zu leisten und die aufgrund des geringen Umfangs bzw. Arbeitsinhalts schnell zu wiederholen sind, zur Steigerung der Produktivität menschlicher Arbeit.

Tertiäre Ölgewinnung
(Enhanced Oil Recovery) Verfahren zur Ölgewinnung aus Ölquellen, die mit herkömmlichen Verfahren bereits erschöpft sind, z.B. durch Einpressung physikalischer oder chemischer Zusatzstoffe.

Tight Oil
Erdöl, das in kleinen Poren in einem undurchlässigen Untergrundgestein vorkommt und nur durch Aufbrechen des Gesteins mittels Fracking gefördert werden kann.

Treibhausgas
Gase in der Atmosphäre (wie Kohlenstoffdioxid, Methan, Lachgas), die einerseits Sonnenstrahlen zur Erde durchlassen, andererseits die von der Erde ausgehende Wärmestrahlung zurückhalten (ähnlich wie bei einem Treibhaus).

Urban Sprawl
zunehmende Flächenausdehnung der Siedlungsräume und deren ungeplante Zersiedelung (negativ besetzter Begriff).

Verarbeitendes Gewerbe
Bezeichnung für alle Industriebetriebe, die Rohstoffe und Zwischenprodukte weiterverarbeiten und dabei auch Endprodukte erzeugen. Zum Wirtschaftsbereich der verarbeitenden Industrie zählt das Grundstoff- und Produktionsgütergewerbe, das Investitionsgüter produzierende Gewerbe, das Verbrauchsgüter produzierende Gewerbe sowie das Nahrungs- und Genussmittelgewerbe. In der Wirtschaftsstatistik ist das verarbeitende Gewerbe der wichtigste Bereich des produzierenden Gewerbes.

Versalzung
durch Verdunstung bewirkte Anreicherung von Mineralien, besonders Salzen, im Oberboden oder an der Erdoberfläche. Dieser in ariden und semiariden Klimaten natürliche Prozess wird dort bei Bewässerung noch verstärkt.

Verstädterungsgrad
Anteil der Stadtbevölkerung an der Gesamtbevölkerung.

Vertikale Integration
Zusammenarbeit/Zusammenschluss von Betrieben aufeinanderfolgender Produktionsstufen mit gemeinsamer Organisation.

Waterfront
Als Waterfront werden in der modernen Stadtplanung die am Ufer größerer Gewässer (Flüsse, Kanäle, Seen, Meer) gelegenen Stadtteile bezeichnet. Statt der überflüssig gewordenen Hafen- und Industrieanlagen entstehen große Wohnungs- und Bürokomplexe im Sinne einer städtischen Revitalisierung.

Wechselkurs
Preis einer Währung, ausgedrückt in einer anderen Währung, Verhältnis zweier Währungen (Bsp. 0,92 Euro ≙ 1,08 US-$)

Wertschöpfung
Gesamtheit der in einem Wirtschaftszweig oder der gesamten Volkswirtschaft geschaffenen Werte. Die Bruttowertschöpfung wird bei Marktproduzenten als Differenz zwischen dem Produktionswert (zu Herstellpreisen) und den Vorleistungen berechnet.

Bildnachweis

|akg-images GmbH, Berlin: 12.2. |alamy images, Abingdon/Oxfordshire: APFootage 17.1; Contraband Collection 16.4; Ellingvag, Orjan 3.3, 53.1; Grant Heilman Photography 32.2; Jeffrey Isaac Greenberg 3 15.2. |Alfred-Wegener-Institut (AWI)/Helmholtz-Zentrum für Polar- und Meeresforschung, Bremerhaven: 29.4, 29.5. |BMW Group, München: 60.1. |Colourbox.com, Odense: 87.2. |dreamstime.com, Brentwood: Vindalv 90.2. |fotolia.com, New York: Martin M303 6.3. |Getty Images, München: Brown, Frederic J. 64.1. |Getty Images (RF), München: Art Wager Titel. |Greenpeace e.V., Hamburg: 71.2. |Harley-Davidson Presse Service, Köln: 57.1. |HüttenWerke, Klaus Kühner, Hamburg: 79.2. |Imago, Berlin: ZUMA Press/West , Jim 38.1. |iStockphoto.com, Calgary: 6.4, 7.1, 7.3, 8.3, 8.4, 9.1, 9.4, 16.3, 23.1, 23.2, 25.1, 25.2, 36.1, 36.2, 36.3, 46.1, 57.3, 66.1, 67.1, 71.1, 76.1, 81.1, 82.1, 83.2, 84.1, 85.1; alacatr 41.3; Art Wager 35.2, 83.1; dan_prat 70.1; DenisTangneyJr 59.1; Dutcher-Aerials 27.2; ImagineGolf 3.1, 5.1; jeremyiswild 80.3; kali9 37.2; Laser1987 51.1; luca gavagna 87.2; miromiro 87.4; Pgiam 3.2, 31.1; Schug, Charles 6.5; vivalapenler 13.1; Vuckovic, Predrag 3.4, 75.1; winhorse 10.2. |Kartographie Michael Hermes, Hardegsen Hevensen: 11.3, 11.4, 11.5, 15.1, 16.1, 17.2, 19.1, 26.1, 26.2, 26.3, 27.1, 27.3, 27.4, 29.2, 29.3, 36.4, 37.1, 41.1, 43.2, 43.3, 47.3, 48.1, 48.2, 51.3, 60.2, 60.3, 62.2, 64.2, 65.1, 65.2, 65.3, 66.2, 66.3, 71.3, 72.1, 72.2, 72.3, 72.4, 86.1. |Library of Congress, Washington, D.C.: King, Rt. (Robert), 1774 oc 1775-1831. 77.1. |Magnot, C.: 33.2, 43.1, 49.1. |Mithoff, Stephanie, Hardegsen-Hevensen: 80.2. |NASA, Washington: 80.1. |NASA - Earth Observatory: 33.1, 48.3, 49.2, 49.3. |Picture-Alliance GmbH, Frankfurt/M.: AP Photo/Getty Images/Moore, John 16.2; Dan Cepeda/The Casper Star-Tribune 6.1; Denette, Nathan 20.2; dpa epa/Vincent Laforet/New York Times 7.5; dpa/Spata, Ole 57.2; Hart, John 18.1; Olsen, Steffen M. 29.1; West, Jim 18.2. |Seipelt, Andrea, Vechelde: 40.1. |Shutterstock.com, New York: 9.3, 69.1, 88.2; Bart Everett 50.1; cdrin 90.1; Duka, Larisa 51.2; Elena Elisseeva 76.2; ESB Professional 87.3; Everett Historical 24.1; Golden Shrimp 20.1; grebeshkovmaxim 8.2; Izzotti, Andrea 7.4; John Gress Media Inc 7.2; Jon Bilous 23.3; kavram 35.1; Laschon, Richard 6.2; marchello74 79.1; Nolichuckyjake 55.1; Rob Crandal 9.2; rSnapshotPhotos 77.2; Saad, Julie Angel 88.1; saraporn 8.1; Urban, Nicky 11.2; w_p_o 10.1; Wallace, Alastair 45.1; Xavier MARCHANT 81.2; YES Market Media 21.1; Yung Chi Wai Derek 11.1. |stock.adobe.com, Dublin: Andrei/SUNDRY PHOTOGRAPHY 63.1; Dale 42.1; Goodyear , Johanna 47.1; ingusk 89.1; jordi2r 89.2; maxdigi 46.2; mdurson 41.2; moodboard 32.1; Newport Coast Media 62.1; Sadura, Henryk 82.2; SeanPavonePhoto 59.2; skyf 47.2. |U.S. Geological Survey/Cascades Volcano Observatory, Washington: 24.3; Harry Glicken 24.2. |University of Virginia, Weldon Cooper Center for Public Service, Charlottesville, Virginia: 85.2. |USDA-ARS United States Department of Agriculture, Beltsville MD: Scott Bauer 42.3. |USGS - U.S. Geological Survey, Reston: Justin Brandt 42.2. |wikimedia.commons: Butcher, Solomon D. (Solomon Devore), 1856-1927 12.3; U.S. National Archives and Records Administration 12.1. |www.ethicaloil.org: 71.4.

Musikquelle
79 M 6 Little boxes on. Text: Reynolds, Malvina Copyright: Schroder-Music Co. für D/A/CH Essex Musikvertrieb GmbH, Hamburg

Wir arbeiten sehr sorgfältig daran, für alle verwendeten Abbildungen die Rechteinhaberinnen und Rechteinhaber zu ermitteln. Sollte uns dies im Einzelfall nicht vollständig gelungen sein, werden berechtigte Ansprüche selbstverständlich im Rahmen der üblichen Vereinbarungen abgegolten.